KB160127

뮤직 파라디소

영화 속 클래식 이야기

뮤직 파라디소

영화 속 클래식 이야기

심광도 지음

※ 뮤직 파라디소(Music Paradiso)는 음악 천국 또는 음악 낙원을 뜻한다. 파라디소는 이탈리어로 천국 또는 낙원을 말한다.

책 머리에

어린 시절, 책과 음반이 있던 외갓집, 하루가 멀다며 찾아갔었고, 빙글빙글 돌아가는 레코드의 소리에 감탄하는 것은 좋은 놀이였다. 그러다 갑자기 '퍽'소리를 내며 전축은 소리 내어주기를 멈추었고 그럴 때면 도망치듯 그곳을 빠져 나왔다. 며칠이 지나 찾아갔을 땐 다시 제 소리를 내어주었다. 이제 와 알았지만 퓨즈란 것이 나간 것이었다. 교체하는 것이 어려운 일은 아니지만 자주 그랬으니 귀찮았을 것이다. 하지만 누구도 '오지 말라'며 말리거나 '손대지 말라'며 경고치 않았다.

조카의 음악사랑을 소중히 지켜 주신 큰외삼촌께 감사드린다.

아름다운 세상으로의 여행은 누구나 꿈꾸는 것이다. 스위스에는 알프스가, 남미에는 아마존과 우유니 사막이, 이집트에는 피라미드가……. 우리는 '그곳에 그것이 있다'는 것을 알기에 꿈꾸며 설렌다.

음악으로의 여행은 어떨까? 아름다운 선율에 몸과 마음을 맡기다 보면 평범한 일상을 벗어나 여행이라도 떠난 듯 자유로워진 기분에 젖는다. 시대를 뛰어넘은 위대한 천재들의 작품에 빠져들 수 있고, 행복한 상상을 하며 노르웨이 요정들을 만나거나 신밧드와 함께 모험의 배를 탈 수도 있는 것이다.

영화에 사용된 클래식을 소개함으로 이러한 음악으로의 여행에 초대한다. 클래식을 어렵고 지루하다 느끼는, 그래서 '그곳에 그것이 있다'는 걸 알지 못하는 이들에게 음악이 주는 위안과 즐거움을 전하려는 것이다.

음악감상과 더불어 모든 예술적 경험을 통한 감동의 순간과의 조우는 산을 오르는 것과 같다. 뚜벅뚜벅 한 걸음씩 모아 새로운 산을 찾아 오르면 처음엔 힘에 겨워 한발을 떼는 것이 전부다. 그렇지만 계속하여 오르다 보면 힘겨움에 스쳐 지나가 내 것이 아니던 것들이 눈에 들어오기 시작한다. '이곳에 이런 멋진 나무가 있었던가?' '여기서 들려오는 물소리는 정말 아름답구나.'

하니 이제 인류가 남겨 놓은 위대한 음악으로의 등정을 시작해 보면 어떨까? 낯설어 두려웠고, 그 깊이가 아득하며 높이가 아찔하여 도저히 엄두가 나지 않던 그곳으로 말이다. 가보지 않고서야 어찌 알겠는가? 그 절경과 감동의 순간을.

그렇게 이 책이 수평선을 바라만 보고 있는 이들에게 좋은 길잡이가 되기를 바란다.

2021년 봄 창원에서

심광도

MUSIC PARADISO

책 머리에

01 일그러진 진주 바로크와 고전

02 신에게서 인간으로, 낭만주의

03 새로운 음악을 향한 도전, 후기낭만과 민족주의

01

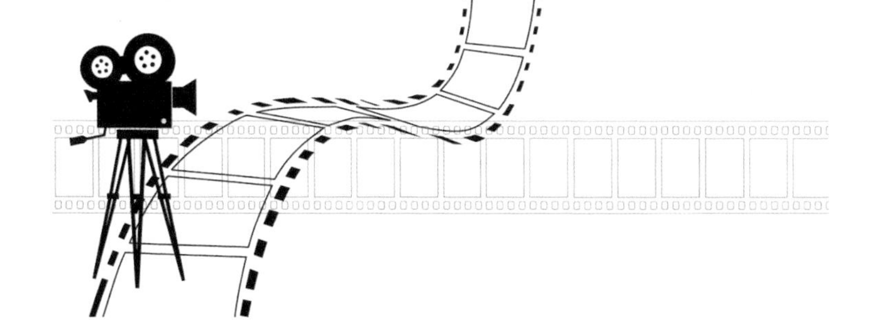

일그러진 진주 바로크와 고전

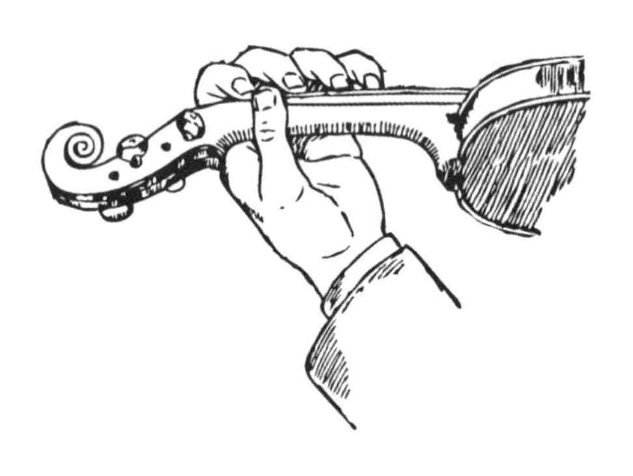

천지창조를 타고 흐르던 신비로운 음악

알레그리 <미제레레>(Miserere)

— 영화 <불의 전차>(Chariots of Fire)(1981)
주연: 벤 크로스, 이안 찰슨 / 감독: 휴 허드슨

흔히들 스포츠를 두고 각본 없는 드라마라 한다. 영화 시나리오 작가들에게는 고마운 일일 것이다. 그저 있었던 사실을 바탕으로 약간의 각색만 이루어진다면 멋진 영화 한편이 탄생하니 말이다. 하지만 영화 '우리 생애 최고의 순간'은 재료를 잘못 고른 듯 하다. 드라마틱하지 않아서가 아니라 너무나 드라마틱하여 어떠한 영상과 각색으로도 그때의 감동을 다 담아낼 수 없기에 그렇다. 2004년, 거리에서 홀린 듯 발이 묶여 경기가 끝날 때까지 자리를 지키다 결국 뜨거워진 눈가를 훔치며 발길을 옮겼던 기억이 생생하다. 다음날 지인들과의 대화로 나만 그러했던 것이 아니란 것을 알 수 있었다. 이는 인기 스포츠에 밀려 초라한 관심만을 등에 지고 경기장에 오른 그녀들의 투혼이 벅찬 감동을 선사하기에 차고 넘쳤음이다. 주제곡 <버터플라이>(Butterfly)가 힘찼던 영화 <국가대표> 역시 소외된 이들이 스키점프라는 낯선 종목을 통해 하나

가 되어가는 과정을 멋지게 보여준 수작으로 이처럼 한계와 벽을 뛰어넘는 순간의 환희는 우리 모두의 주먹을 불끈 쥐게 하는 힘을 지니고 있다.

영국의 한 해변, 모래사장을 힘차게 내달리는 건장한 남성들, 그 무리엔 '에이브라함'과 '리델'이 있고 그들의 표정은 희망에 찬 듯 밝다. 에이브라함은 그 이름에서 알 수 있듯 유대인으로 제1차 세계대전 이후 싹튼 강한 민족주의의 영향으로 평생 차별과 편견을 업고 살아 왔다. 이에 진정한 영국인으로 대접받길 원하던 그는 노력 끝에 최고의 명문 케임브리지대에 입학하고, 모든 분야에서 최고가 되기 위해 최선을 다한다. 특히 달리기에 재능이 있던 그는 누군가가 앞서 뛰는 것을 결코 용납할 수 없는 완벽주의자인 것이다.

'에릭 리델', 그는 미식축구 선수였던 과거를 뒤로 하고 현재 여동생과 함께 선교 활동에 집중하고 있지만 스코틀랜드에서 가장 빠른 남자임에 틀림없다. 이에 동생의 반대에도 불구, 달리기에 열중하고 이때의 얼굴은 행복으로 가득하다. 이제 1924년 파리 올림픽에 영국의 육상 국가대표로 함께 출전하는 에이브라함과 리델, 하지만 독실한 신자인 리델은 안식일인 일요일에 경기가 있음을 알고 출전을 포기한다.

▶ 영화 <불의 전차>

당황스런 영국 대표단, 그 속엔 장차 영국의 왕이 될 왕자도 포함되어 있다. 리델에게 국가를 위하여 희생할 것을 요구해 보지만 국가보다 신이 먼저라는 그의 신념에는 변함이 없고 장애물 경기에서 매달을 획득한 선수가 400m 경기를 양보하여 극적인 경기 참가가 결정된다. 100m 스프린터 앞에 선 에이브라함, 프로의 지도를 받을 수 없다는 교칙마저 무시하며 최고가 되기 위한 노력을 해 온 그는 마침내 강력한 우승 후보들을 뒤에 두고 먼저 결승 테이프를 끊는다. 이어서 400m에 출전하는 리델, 과연 그는 단거리 선수라는 약점을 넘어 금메달을 목에 걸 수 있을까? 하지만 결과가 무슨 상관인가? 사랑하는 동생과 친구들이 지켜보는 가운데 힘차게 출발선을 박차고 나간 그의 표정은 세상 가장 행복한 자의 것이다.

전쟁으로 희생된 선배들의 추모로 시작된 케임브리지 학생으로서의 생활, 다양한 서클활동이 이루어지고 있는 이곳에서 친구들 몇은 합창단 활동에 참여하지만 에이브라함의 관심은 오직 달리기. 그리고 세상에서 가장 빠른 사나이가 되겠다는 포부를 룸메이트에게 말하는 장면에서 학교의 성당인 듯한 그곳엔 어린이 합창단의 리허설이 한창이다. 그들의 목소리는 지상의 것이 아닌 듯 경이로우며 노래하는 선율은 바로 이탈리아의 작곡가 '그레고리오 알레그리'(Gregorio Allegri, 1582~1652)의 '미제레레'(Miserere: 불쌍히 여기소서).

이탈리아의 작곡가 알레그리는 1582년, 바흐보다 100년 이상 앞서 태어나 1629년 이후 교황청 합창단에 뽑혀 세상을 떠날 때까지 그곳에서 다수의 종교곡과 기악곡을 남긴 작곡가다. 그런 그가 음악사에 있어 불멸의 이름으로 남게 된 것은 그의 대표작이자 영화에 사용된 '미제레레' 때문이라 해도 과언이 아니다. 성경의 시편 51편에 가사를 붙여 만들어진 미제레레는 경건한 종교음악으로 5파트의 합창단과 4명의 솔로가 서로 의 노래를 주고 받는 무반주 다성음악(Polyphony)의 형식을 취한다. 이는 1638년에 성주간(Holy week)을 위하여 작곡된 것인데 매년 이 기간이면 시스티나 대성당에서 연주되었으며 현재까지도 지속되고 있으니 전통이 어린 것이다. '미켈란젤로'(Michelangelo)의 역작 <천지창조>와 <최후의 심판>이 그려진 천장과 벽을 타고 흘렀을 그 신비로운 음악적 순간은 상상만으로도 소름이 돋는 것으로 '영혼을 맑게 해주는 음악' '사람의 입으로 내는 가장 아름다운 소리', '신비로움의 극치'라는 찬사가 지나치지 않을 만큼의 걸작인 것이다.

더불어 곡에 얽힌 유명한 일화, 음악 자체로도 환상적이지만 작품이 더욱 유명해진 것은 교황청이 이 곡의 유출을 봉인했다는 데에서 온다. 지상의 것이 아닌 듯한 곡의 아름다움과 성스러움에 당시 권위적이던 교황청은 악보가 외부에 공개되거나 교황이 거주하는 시스티나 성당 외 다른 곳에서 연주되는 것을 엄격히 금지시킨 것이다. 말인즉 독

▶ 미켈란젤리의 '천지창조', 그 첫째 날

▶ 그레고리오 알레그리, 1582~1652

점 사용권. 하지만 이러한 강력한 봉인은 어느 한 천재에 의해 풀리고 마는데 그 음악의 천재가 바로 '모차르트'(Mozart)다. 1770년, 14세의 나이로 시스티나 성당을 찾은 그는 10분이 넘어가는 이 곡을 처음 듣고는 단번에 매료된다. 그리고는 숙소로 돌아와 단지 기억에만 의존, 9성부에 달하는 곡을 기어이 악보에 옮겨 놓고야 마는데 이 사실을 안 엄격했던 교황마저도 그의 재능에 놀라워하며 벌이 아닌 상을 주었다고 하니 그의 천부적인 재능을 유감없이 보여주는 에피소드인 것이다. 100년을 넘게 세상 밖으로 나오지 못하다 어린 신동으로 인해 빛을 보게 된 <미제레레>. 하지만 곡은 그 자체만으로도 이런 일화조차 무의미하게 느껴질 만큼 신비로우며 시간여행을 떠나 수세기 전의 한 고요한 성당에 앉은 듯 영적인 체험을 선사한다.

또 하나 영화에서 빼놓을 수 없는 음악이 있다. 바로 이 영화의 주제곡으로 작곡가인 '반젤리스'(Vangelis)에게 1982년 제54회 아카데미 음악상을 안겨준 영화음악의 걸작이다. 영화가 시작되고 해변을 달리는 선수들의 모습을 배경으로 신이 내리는 시상식에 입장하는 듯 엄숙히 울리던 이 선율은 아직도 올림픽의 명 장면이나 인간 승리의 순간과 함께하는 음악으로 자주 사용된다. 강압적이거나 힘겹게 밀어붙이는 팡파르가 아닌 신시사이저의 음향에 얹힌 은은한 피아노 선율만으로도 환희의 순간을 이토록 멋지게 담아내다니 놀랍다. 이처럼 심장을 두근거리게 하는 음악을 만들어내는 데 있어 반젤리스의 능력은 탁월한데 영화 <1492 콜럼버스>(1992)와 <블레이드 러너>(1982)의 주제곡 역시 그의 작품이니 명실상부한 영화음악의 거장이다.

프로의 참가는 엄격히 금지되었던 올림픽, 이제 그 올림픽도 프로의 진입이 허용되었으며 세상의 모든 스포츠는 비즈니스로 변한 듯하다.

아마추어 합창대회, 아마추어이니 즐거워야 하며 미숙하지만 노래를 사랑하는 이들의 축제여야 한다. 하지만 생각과는 달리 수상의 확률을 높이기 위한 버거운 곡들이 난무하며 무엇보다도 실망스러운 것은 이기기 위하여 조직된 듯 아마추어라 보기 힘든 참가 팀원들의 구성이다. 이렇듯 순수한 아마추어들이 자리할 무대가 사라진 요즈음, 문득 소설 『삼미 슈퍼스타즈의 마지막 팬클럽』 중 한 구절이 떠오른다. 순수함을 잃은 친구를 향한 안타까운 충고다.

"너 어쩌다 프로 따위가 돼버렸냐?"

추천 음반

ALLEGRI: Miserere Mei
David Willcocks
The Choir King's College Cambridge
1963/3, The Chapel of King's College

'피터 필립스'(Peter Phillips)의 휘하 르네상스 음악 전문 연주 단체인 '탈리스 스콜라스'(The Tallis Scholars)는 현장감 넘치는 녹음(GIMELL, 1980)을 바탕으로 최상의 소리를 들려주는데 시스티나 성당에서 직접 연주했다는 의미와 더불어 기도와 같은 노래로 감동을 전한다. 영국의 합창 지휘자이며 오르간 연주자로서 킹스 칼리지 합창단의 전성기를 이끈 '데이비드 윌콕스'는 공간을 가득 채우는 경건한 울림으로 영혼이 정화되는 듯한 경험을 선사하는데, 이 곡에 있어 최초 녹음이라는 역사적 의미 또한 깊은 명반이다. 특히 고 음역을 담당한 당시 11세였던 '로이 굿맨'(Roy Goodman)의 맑고 순수한 목소리는 결코 흉내 낼 수 없는 순결한 것으로 만약 그 순간, 그 자리에 있었더라면 정말 천사가 내려오는 것은 아닌지 천장을 올려다 봤을 법한 순간이다.

크리스마스에 전해진 음악 선물

코렐리 <크리스마스 협주곡>(Concerto Grosso in G minor op.6 no.8)

— 영화 <나 홀로 집에>(1990)
감독: 크리스 콜럼버스 / 주연: 맥컬리 컬킨

놀랍게도 크리스마스가 주는 스트레스가 매우 크다고 한다. 왠지 그동안 소원했던 것들이 이루어질 것만 같으며, 문득 밤하늘을 바라보다 빨간 코의 루돌프를 만날 것 같지만 막상 평소와 다름 없는 하루이기 때문이란다. 바쁘고 힘든 세상살이로 어릴 적 마음 속 산타가 거하던 자리를 현실적인 것들에 내어 준지 이미 오래다. 그런데도 스트레스를 받는다? 그것은 마음 속에 크리스마스의 기적을 믿으며 바라는 어린아이와 같은 설렘이 아직도 남아 있다는 것이다.

평화로운 크리스마스를 앞두고 어수선한 가족, 그들은 프랑스에 있는 친척집 방문을 위한 준비에 분주하다. 귀여운 금발머리의 개구쟁이 '케빈', 짓궂은 형제들의 장난에 결국 실수를 하고 다락방에 보내지는 벌을 받게 된다. 그리고 그날 밤의 거칠어진 날씨로 전화와 전기가 모두 끊겨버린 바람에 늦잠을 잔 가족들은 모두가 허둥지둥 비행기 시간을 맞추기 위해 정신이 없다. 어느 정도로? 케빈을 두고 공항으로 달려갈 정도로. 이미 이륙한 비행기 안에서 뭔가 잊은 듯한 느낌의 엄마는 곧 아들을 집에 두고 왔음을 알고 혼이 나가버린 듯하다.

▶ 교회에서 평소 무섭게만 여기던 이웃집 할아버지와 만난 케빈

하지만 막상 집에 홀로 남겨진 케빈은 전날 했던 자신의 기도가 이루어졌다며 기뻐한다. 혼자만의 자유를 맘껏 누리며 평소 해보고 싶었던 일들을 잔망스럽게 해 나가는 케빈. 하지만 그의 집은 크리스마스 시즌을 노린 빈집 털이범들의 목표물이 되고, 영리한 케빈은 재치를 발휘해 집에 어른이 있는 듯 꾸며 보지만 결국 아이 혼자 집에 있다는 사실을 알아 챈 악당들은 작전을 세운다. 시간이 지날수록 외로운 케빈, 도둑들의 계획을 알고 치밀한 도둑소탕 플랜으로 집 지키기 작전에 돌입한다. 결전의 날, 성당을 찾은 케빈은 이전과 다른 기도를 한다. '가족들이 돌아 오게 해주세요.' 이곳에서 케빈은 그동안 무섭게만 생각해 오던 옆집 할아버지를 만나 오해를 풀고 가족이 돌아올 공간을 반드시 지켜야 한다는 생각에 용기를 내어 집으로 달려간다. 이때 악당들은 아이 홀로

지키는 목표물을 향해 발걸음을 옮기는데. 과연 이 맹한 2인조는 케빈이 짜 놓은 트랩을 깨고 자신들의 목적을 달성할 수 있을까? 어린 케빈은 어떻게 홀로 그들을 감당할 것인가?

크리스마스 하면 떠오르는 것들로 무엇이 있을까? 그동안 건네지 못했던 이야기를 조심스럽게 담아 보내던, 그 마음만큼이나 예뻤던 카드. 이불 속에 숨어 기다리다 스르륵 잠이 들어 깨어보면 가진 양말 중 가장 큰 것을 꺼내었음에도 그 안을 가득 채웠던, 희한하게도 며칠전 아빠가 '뭐 받고 싶어?' 하며 물었을 때 분명 아무에게도 들리지 않게 귓속말로 속삭였던 크리스마스 선물. 이러한 추억들과 함께 우리의 세포 속에 깊이 새겨져 있는 '크리스마스 캐럴'을 빼놓을 수 없을 것이다. 캐럴이란 '크리스마스에 불려지는 종교성을 띤 민요적 선율'을 총칭하는 것으로 소박하면서도 따라 부르기 쉬우며, 대체로 밝은 분위기인 것이 특징이다.

각 나라마다 다른 호칭으로 불리며[1] 중세부터 18세기에 이르는 시기 동안 널리 보급되었는데 이 중 예술적인 가치가 인정받는 곡들은 찬송가에 채택되기도 한다. 반면 크리스마스를 위해 비교적 최근 만들어진 곡들은 POP적인 분위기를 띠며 종교적 색채보다는 연인과 가족간의 사랑, 인류의 평화, 그리고 크리스마스의 신비로운 분위기를 묘사하는 곡들이 주를 이루는데 '비틀즈'의 멤버 '존 레논'이 만든 <happy Christmas - War is over>, '조지 마이클'이 부른 <Last Christmas>, 1982년 영국의 애니메이션 <스노우 맨>(The Snow Man)에서 흐르던 <Walking in the air>,

1) 프랑스에서는 노엘 Noël 이라 한다.

'머라이어 캐리'의 성탄 히트곡 <All I want for Christmas is you> 등이 그렇다.

성당에서 가족을 돌려달라 기도하던 케빈, 이제 그는 결심한 듯 달린다. 사랑하는 가족들이 돌아와야 할 그곳을 지켜야 하는 것이다. 이때 성당에서 울려 퍼지던 'Oh! Holy Night'(오! 성스러운 밤)의 경건했던 멜로디는 왠지 불길한 듯한 선율로 이어지며 긴박감을 더해 주는데, 이 곡은 바로 <Carol of the bells(종의 캐럴)>. 캐럴 치곤 어딘지 어두운 분위기의 곡은 많은 가수들에 의해 리메이크되어 왔지만 어린이 합창단에게 더욱 어울리는 화성적 아름다움을 지닌 것으로 <나 홀로 집에>의 OST에서도 역시 어린이 합창단의 음성이다. 본래는 중세 우크라이나 지방에서 4월 봄을 맞이하며 풍년을 기원하는 민속 노래로 전해져 오던 것으로, 20세기 초 우크라이나의 작곡가 '미콜라 레온토비치'(Mykola Leontovych)가 '풍성한 저녁에 부르는 노래'라는 뜻의 '슈체드리크'로 편곡한 것이다. 그리고 이후 우크라이나계 미국인 음악가 '피터 윌후스키'(Peter Willhousky)가 다시 편곡, 영어 가사를 붙이는 과정에서 <Carol of the bells>가 탄생하게 된다.

종소리를 묘사한 '딩 동 댕 동' 네 개의 음으로 진행되는 화성을 바탕으로 서두르라는 듯 불길한 선율이 터져 나온다. 이는 밝고 평화로운 여타 캐럴들 과는 다른 묘한 매력을 지닌 것으로, 뉴 에이지를 대표하는 피아니스트 '조지 윈스턴'(George Winston)의 대

표앨범 'December'에서도 만나볼 수 있다.

자, 그렇다면 민요적 전통캐럴, 현대의 Pop캐럴과 함께 크리스마스와 관련된 클래식은 없을까? 답은 '당연히 있다'이다. 중세에서 고전에 이르기까지 종교가 음악을 지배하던 시대, 많은 작곡가들이 교회에 종사하였으니 가장 중요한 절기라 할 크리스마스를 위한 작품이 많은 것은 놀라운 일이 아니며, 바로크시대 대부분의 작곡가들이 크리스마스를 위한 작품을 남겼다고 보아야 할 것이다.

독일의 '바흐'는 <크리스마스 오라토리오>(Weihnachts - Oratorium BWV248)라는 작품으로 성탄절을 기념, 이는 총 6부로 구성되어 성탄절기 동안 며칠에 나누어 연주된 대작이다. 동갑내기 작곡가 '헨델'의 대표작 오라토리오 <메시아>(Messiah) 역시도 작품의 3할 이상이 '예수의 탄생'을 이야기하고 있어 크리스마스 시즌 곳곳에서 만나볼 수 있다. 더불어 이들보다 100년 먼저 독일음악의 뼈대를 구축해 나간 '하인리히 쉬츠'(Heinrich Schütz, 1585 ~1672)의 <크리스마스 이야기>도 들어 봐야 할 걸작이다.

하지만 이러한 곡들을 뒤로 하고 가장 유명한 것은 이탈리아의 작곡가 '코렐리'(Arcangelo Corelli)가 남긴 <크리스마스 협주곡>(합주협주곡 in G minor op.6 no.8)이다. 많은 바로크 음악가들이[2] 크리스마스협주곡을 남겼음에도 '코렐리'의 것이 가장 널리 연주되며 사랑 받고 있는 것이다. 그렇다면 왜 크리스마스 협주곡일까? 이유는 크리스마스 이브에 연주할 목적으로 작곡하였기 때문이며 이는 "그리스도 탄생의 밤을 위하여"라는 글귀로 악보에 정확히 명시되어 있다.

17세기 이탈리아를 대표하는 작곡가 '코렐리'는 기악음악에 있어 탁

2) 토렐리(Giacomo Torelli), 타르티니(Giuseppe Tartini), 만프레디니(Francesco Manfredini) 등

▶ 코렐리(Arcangelo Corelli, 1653-1713)

월한 업적을 남긴 작곡가로 특히 '합주협주곡'(Concerto Grosso) 형식을 확립한 것으로 유명하다. 합주 협주곡이란 여러 개의 독주 악기 무리(콘체르티노)와 합주단(리피에노, 이탈리아어로 '꽉 찬')이 함께 하는 악곡 양식을 일컫는 것으로, 이후 많은 후배 작곡가들이 자신들만의 합주협주곡을 완성함으로 바로크 시대를 대표적인 양식으로 자리잡는다. 대표적인 작품으로는 '헨델'의 <콘체르토 그로소 Op.6>가 유명하며 '바흐'의 <브란덴부르크 협주곡>(Brandenburg Concerto BWV 1046~1051) 역시 이 분야에 있어 최고의 걸작으로 남아 있다. 또한 당시 완전치 않았던 바이올린의 연주 기법을 개척, 이를 위한 다양한 작품들을 남기며 발전시킨 것 역시 '코렐리'가 남긴 위대한 업적으로, 고전음악사 중 현악의 발전에 있어 많은 공헌을 남긴 작곡가로 위치한다.

초등학교 저학년을 지난 딸아이가 크리스마스를 얼마 남지 않은 어느 날 울며 들어온다.

"왜 울어?"

"친구들이 놀렸어"

"왜?"

"친구들이 산타 할아버지가 없다고 해서 있다고 했더니 놀렸어"

<아더 크리스마스>(Arthur Christmas), <1번가의 기적>과 같은 영화들을 보여주며 산타 할아버지는 당연 있다며 줄기차게 가르쳤고, 친구를

산타인 척 시켜 받고 싶은 선물을 통화하도록 작당하였으니 언젠가는 맞이할 사달인 줄 알았지만 되도록 늦추고 싶었다. 하지만 아이가 받을 상처가 걱정되어 '이제 그만' 싶었지만 쉬 결정을 못하고 있을 때 문득 한 현명한 친구의 말이 떠올랐다. '산타를 믿는 아이와 믿지 않는 아이 중 누가 더 행복할까?' 그래, 산타는 빨간 모자에 흰 수염을 가진 할아버지를 말하는 것이 아니라 '꿈과 희망'이라는 추상적인 개념을 인물화한 것이지. 이러한 생각에 미치자 사랑하는 딸에게 해줄 말이 명확해졌다. 나의 대답에 딸의 표정이 환해지는 것은 물론, 그 미소는 내가 가장 바라던 크리스마스 선물이다.

"야! 누가 그래? 걔 이제 큰일 났다. 산타 할아버지께 혼나겠는데."

추천 음반

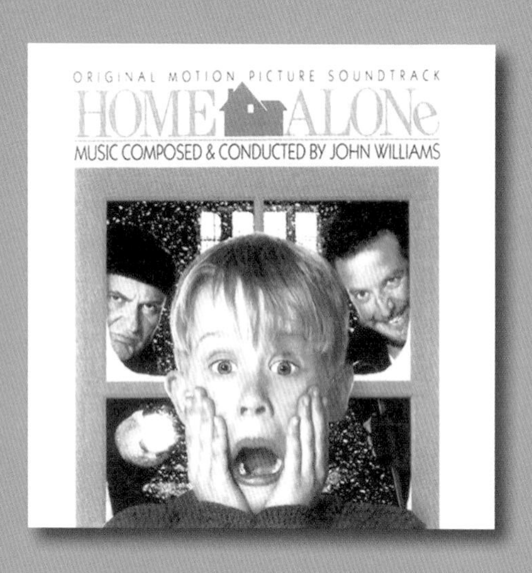

모두가 사랑하는 캐럴 <White Christmas>. 가수이자 배우인 '빙 크로스비'(1903~1977)의 목소리로 1941년 처음 세상에 등장한 이 곡은 이제는 크리스마스를 대표하는 곡으로, 가족들이 함께 모여 앉은 따뜻한 거실을 떠올리게 하는 '빙'의 목소리는 그 음색만으로도 이미 화목한 것이다. 이와 더불어 시즌을 대표할 만한 음반, 영화 <나 홀로 집에>(1990) OST. 성탄절이면 어김없이 TV에서 만나던 늙지 않는 캐빈의 모험을 배경으로 흐르던 음악은 할리우드 영화 음악계의 거장 '존 윌리엄스'(John Williams)의 것으로, 그가 만들어 놓은 음악은 추억과 함께 우리를 크리스마스 시즌으로 데려다 놓는다. <거룩한 밤>(Oh, Holy Night)과 이어지는 <Carol of the bells>(종의 캐럴)에서 들려오는 어린이들의 목소리는 천사인 듯 아름다우며 함께 수록된 다양하고도 익숙한 크리스마스 타이틀들은 반가운 선물이다.

추위에 떨며 휘몰아치는 매서운 바람을 향해

비발디 <사계>(Quattro Stagioni)

— 영화 <올드 보이>(2003)
감독: 박찬욱 / 주연: 최민식, 유지태, 강혜정

2004년 칸 영화제 시상식에서 한국영화 <올드 보이>가 심사위원 대상을 수상했다는 낭보가 날아든다. 이미 한국에서 3백만 이상의 관객을 동원하였으니 흥행과 작품성 두 마리 토끼를 모두 잡은 셈이다. 한국을 방문하는 유명 영화인들에게 기억에 남는 한국영화를 물어 보면 열에 아홉은 <올드 보이>를 언급하며, 각종 매체에서 발표하는 웰 메이드 영화 순위에서 이 영화의 제목을 발견하는 것이 어렵지 않으니 그 신드롬은 아직도 유효하다.

오대수, 그는 오늘도 술에 취해 경찰서에서 밤을 지내다 식구와의 짧은 전화를 끝으로 싸구려 여관을 연상시키는 공간으로 납치되면서 이제 그의 8평 인생이 시작된다. 그렇게 가족이 붕괴되고 이유조차 알지 못한 채 무려 15년이란 시간이 흐르고서야 풀려난 그에겐 오직 복수의

일념뿐이다. 그러다 우연히 들어간 일식집에서 만난 미도, 어디선가 본 듯한 느낌이지만 알 길이 없는 가운데 그 유명한 생낙지 장면이 끝날 때쯤 순간적으로 정신을 잃어 깨어나 보니 그녀의 집. 그녀는 무슨 이유에서인지 오대수에게 연민을 넘어서는 묘한 감정을 느껴 자신의 집으로 데려 온 것이다. 이제 오대수는 가진 유일한 단서를 바탕으로 수백 개의 만두를 삼키는 고역 끝에 기어이 자신이 감금되었던 장소를 찾아낸다. 그리고 듣게 된 의뢰인의 목소리, "오대수는요, 말이 너무 많아요." 과연 이게 15년이나 감금되어 있어야 할 정도로 큰 죄인가? 하지만 결말에 이르면 농담인 듯 스쳤던 이 말이 모든 비극의 시작점을 아주 간결하고도 명쾌히 알려준 것이었음을 알게 될 것이다. 오대수는 이제 자신을 감금했던 우진을 만나 그 이유를 알아 내는 게임을 시작한다. 성공하면 깨끗이 죽어주겠다는 우진의 약속과 함께. 에버그린이라는 단어에서 힌트를 얻어 찾아간 모교, 여기서 오대수는 졸업 앨범 속 우진을 발견하고 과거의 기억을 쫓는다. 그리고 마침내 알게 된 자신이 무심히 내뱉은 말 한마디가 가져 왔던 비극, 그는 우진을 찾아가 이제는 죽으라 한다. 하지만 여기엔 더욱 슬프고도 잔인한 우진의 복수가 숨겨져 있었으니…….

▶ 자신을 감금했던 곳을 찾아낸 오대수.
비발디의 사계 중 겨울 1악장이 흐른다. /스틸컷

보랏빛과 핏빛이 감도는 영상으로 우리의 시각을 무겁게 누르는 영화 <올드 보이>. 하지만 여기서 단연 고개를 돌리고픈 하나를 뽑으라면 오대수가 자신을 감금했던 자의 이를 하나씩 뽑는 장면일 것이다. 이때 "1년에 하나씩"이라던 오대수의 대사는 온몸의 세포를 얼어붙게 하는데, 이러한 잔인한 장면에서 사용된 음악이 행복의 기운 가득한 바로크 음악이라는 것이 놀라우면서도 기발하다. 이탈리아 작곡가 '안토니오 비발디'(Antonio Vivaldi, 1678~1741)의 <사계>(Quattro Stagioni) 중 '겨울' 1악장, 이 곡은 이후 복수를 위해 찾아 온 감금사업자가 자신이 당한 그대로 오대수의 이를 뽑으려는 장면에서도 사용되었으니 '발치 테마'라고나 할까.

바흐(Bach)보다 7살 형인 비발디는 베네치아 태생으로 1703년 사제 서품을 받아 '빨간 머리 신부'라 불리며 많은 사랑을 받은 작곡가이다. 그런 그는 다작으로도 유명한데, 자선 병원 부속의 고아원 학교에서 학생들에게 음악을 가르친 것이 그 요인이다. 즉, 교육과 연주회를 위해 끊임없이 작업을 이어갔던 것으로 제자들과 함께한 연주회는 당시 상당한 인기를 얻어 그의 명성은 베네치아를 넘어 전 유럽으로 뻗어 나간다. 하지만 이처럼 대중으로부터 사랑 받던 비발디의 말년은 비참했다.

음악적 성공을 위하여 오스트리아 황제의 초청을 받아 빈으로 옮겨간 비발디, 그는 갑작스런 황제의 죽음과 청중들로부터의 외면으로 곤란한 지경에 이르렀고 생활을 유지하기 위하여 악보를 헐값에 팔아 넘기며 근근이 살아가다 결국 그곳에서 객사하고 만 것이다.

빈에 위치한 '음악가들의 무덤'에 가면 위대한 음악가들의 묘를 만날 수 있다. 이곳은 1년 내내 방문객들의 발길이 끊이지 않으며 꽃다발로 가득하다. 비발디의 묘 역시 빈에 있다. 하지만 그곳에서 그의 자리

안토니오 비발디 (Antonio Vivaldi)
1678~1741.07.28.

를 찾을 순 없으니, 가난한 죽음으로 인해 빈민 묘지에 초라하게 묻히고 만 것이다. 이후 세상으로부터 서서히 잊혀 간 그의 이름, 하지만 그의 서럽던 영혼이 이끌었을까? 그렇게 2백 년이 지나 베네치아의 한 음악 도서관, 그의 <사계> 악보가 발견되며 비발디라는 이름이 새롭게 조명되기 시작한다. 하니 실제 우리가 그의 음악을 곁에 두며 즐긴 것은 반세기 정도에 지나지 않은 것이다.

이처럼 기적적으로 부활한 <사계>는 비발디의 <화성과 창의에의 시도>(Il Cimento dell'Armonia e dell'Invenzione, Op.8)라는 제목의 12개의 바이올린 협주곡 모음 중 첫 네 개의 것이다. 곡은 각 계절의 매 악장(3악장 구성)마다 소네트(정형 서정시)가 붙어 있어 그 계절을 음악적으로 묘사하였는데 이는 표제음악[1]의 역사에 있어서 상당히 앞쪽에 위치한 것이다. 이 중 가장 유명한 것은 봄이며 그 1악장일 테지만 영화에 사용된 것은 겨울이며 그 1악장이다.

"차가운 눈 속, 추위에 벌벌 떨며 휘몰아치는 매서운 바람을 향해 걸어간다. 쉬지 않고 걷고 있지만 제자리 걸음에 불과하고, 혹독한 추위에 이가 덜덜 떨린다."

이처럼 그려지듯 생생한 소네트에 이라는 단어가 등장하여 이 곡을 사용하였는지, 아니면 덜덜 떨린다는 소절 때문이었는지는 알 수 없지만 영화의 장면과 어울려 절묘한 선택인 것은 분명하다.

이 곡이 사용된 또 하나의 영화라면 <존 윅>이 있으며 영화 전편의 마지막 대결 장면이면 어김없이 흘러 나와 긴박감을 더해 주었다. 영화 <타오르는 여인의 초상>(2019)에서는 '여름'의 3악장으로 주인공들의 격정에 휩싸여 주체할 수 없는 감정을 음악적으로 보여준 바 있다. 더

1) 곡의 내용을 설명·암시하는 표제로써 구체적 또는 추상적인 대상을 묘사하려는 음악

불어 겨울의 2악장 역시 국내 가요에 사용되어 유명한데, 곡에서 느껴지는 따뜻하면서도 서정적인 감성이 언뜻 겨울이라는 계절과 어울리지 않는 듯하지만 그 소네트를 안다면 고개가 끄덕여질 것으로 난롯가에 모인 가족들의 평화로운 장면을 묘사한 것이다. 국내의 한 예능프로그램, 퀴즈에 서둘러 틀려야 하는 우스운 상황에서 이 곡을 들은 한 멤버가 오답일거라 확신한 채 '겨울!'이라고 외친다. 이처럼 참으로 이 계절과는 어울리지 않다 할 포근한 선율인 것이다.

이처럼 12개의 악장 어느 하나 아름답지 않은 것이 없는 '사계', 오늘날에 있어 가장 유명한 클래식이라 해도 틀린 말이 아니다. 유럽을 여행하다 보면 어느 도시에서든 비발디를 연주하는 거리의 음악가들을 쉽게 만나볼 수 있으며 베네치아의 어느 성당에선 1년 365일 하루도 빠짐없이 <사계>가 연주됨에도 빈 자리를 찾아볼 수 없으니 말이다.

▶ 베네치아의 산 비달 성당, 1년 내 비발디의 음악이 흐른다.

영화 <올드 보이>가 호평을 받는 이유 중 반 이상은 배우 최민식의 연기에 있다. 유명한 산낙지 욱여넣기 장면과 화려한 장도리 액션이 많이 회자되지만 영화의 후반부, 모든 것을 알게 된 오대수가 오열하듯 협박하듯 우진에게 용서를 비는 장면은 얼굴을 찡그려 가며 몰입할 수밖에 없다. 그리고 그의 대사 중 뇌리에 남아 잊혀지지 않는 것이 있으니 거기엔 반드시 복수하겠다는 처절한 의지가 실려 있는 것이다. 하니 살아가는 동안 결코 들어서도, 해서도 안될 말이다.

"누구냐, 넌?"

추천 음반

VIVALDI: Le Quattro Stagioni op. 8 Nos. 1-4
Giuliano Carmignola
Sonatori de la Gioiosa marca
1992/03&10, Chiesa di S.Vigilio, Italy

이 곡이 세계적인 명성을 얻는데 일등 공신이라 할 '펠릭스 아요(Felix Ayo)'와 '이 무지치(I Musici)'의 음반(PHILIPS, 1959)은 세월의 흐름에도 그 가치가 변할 수 없는 음반사에 기록될 역사적인 순간이다. 이후 그들은 바이올리니스트 '까르미렐레(Pina carmirelli, violin)'와 다시 한번 동곡의 녹음(PHILIPS, 1982)에 도전하는데 이 또한 명연으로 이전의 녹음이 다소 고풍스러워 심심하게 느껴진다면 훌륭한 대안이 될 수 있을 것이다.

이후 비발디 <사계>의 해석에 있어 새롭고도 혁명적인 변화들이 일어나는데 그 선봉에 '파비오 비온디'(Fabio Biondi)가 섰었다. 하지만 참신했던 시도는 계속해서 자극적인 방향으로만 흘러가 허망한 가운데 '까르미놀라'(Giuliano Carmignola)의 신선한 해석이 예술적 감흥을 바탕으로 한 최고의 감동을 선사한다. 이는 파격적이지만 거부감을 일으키지 않는 묘한 매력을 지닌 것으로 동적인 힘까지 겸비, 헤비메탈 그룹과의 대결에도 결코 밀리지 않을 자신감과 파워를 보여준다.

시간으로도 지울 수 없는 절대 상처

헨델 <메시아>(Messiah) 중 'He shall feed his flock'

— 영화 <맨체스터 바이 더 씨>(2016)
주연: 케이시 애플렉 / 감독: 케네스 로너건

재난영화를 좋아한다. 우선 스펙터클한 장면들이 주는 시각적 쾌감이 좋다. 영화 <투모로우>(2004)를 통해 뉴욕을 삼켜버리는 거대 해일을 경험했고 영화 <2012>(2009)에선 바닷속으로 빨려 들어가는 고층빌딩들을 바라봤으며 거대한 화산 폭발의 화염을 뚫고 탈출에 성공했었다. 거대 상어와 사투를 벌이기도 하였고(영화 <딥 블루 씨>), 인류를 말살시키려는 외계인으로부터 살아남기 위한 여정을 떠나기도 하며(영화 <우주 전쟁>) 현실에서는 만나기 힘든 경험을 했던 것이다. 하지만 이런 영화를 즐기기 위해선 전제조건이 있다. 결코 나의 이야기여서는 안 된다는 것. 하여 감당하기 힘든 재난으로부터 벗어나 있다는 안도감이 이러한 영화가 주는 또 하나의 매력이다.

영화 <맨체스터 바이 더 씨>는 거대한 재난영화다. 개인의 인생사에 있어 일어날 수 있는 최대의 재난, 차라리 바다 한가운데에서 식인 상

어를 만나거나, 사방이 용암으로 둘러싸인 곳에 고립되는 편이 나으리라 여겨지게 만드는 지옥 같은 재난이다. 우리는 만약이라는 가정을 흔히 하며 만약이기에 극단적인 경우가 많다. 하지만 이 영화의 주인공이 겪은 재앙은 만약이라는 전제라 해도 상상조차 싫다.

보스턴에서 주택 관리인으로 살아가는 주인공 '리'는 어두워 보인다. 매일 반복되는 일상도 우울하려니와 원활한 인간 관계 형성의 의지라고는 도무지 보이지 않는 것이다. 그러던 어느 날, 형 '조'의 사망 소식을 접한 그가 이전 살던 맨체스터를 방문하면서 이제 영화는 현재와 과거의 모습을 오가며 그의 아픔을 보여주기 시작한다. 형의 주검을 마주한 '리', 서둘러 장례식을 준비하는 가운데 한가지 당혹스러운 것은 형이 유언장에 자신을 조카 '패트릭'의 후견인으로 지목했다는 사실이다. 훌쩍 커버린 조카와의 의견 충돌, 맨체스터를 빨리 벗어나고 싶어하는 '리'와 그곳을 떠나기 싫은 조카, 이미 낡아 모터를 교체해야 하는 요트를 팔 것인지 말 것인지, 그들은 줄곧 언쟁이다. 그리고 왠지 그를 대하는 지인들의 태도가 살갑지 않으며 주인공 또한 다가오는 누구에게라도 조금의 틈을 내어주지 않는다. 과연 무슨 일이 있었던 것일까?

'리'의 삶이 파괴되어 버린 그날 밤, 늦도록 끝날 줄 모르던 '리'와 친

구들의 모임, 흥겨움은 아내 '랜디'의 핀잔으로 막을 내리고 '리'는 난로에 땔감을 넣고는 안전망도 잊은 채 술을 사러 나선다. 그리고 평소보다 먼 거리를 돌아 집으로 도착한 '리'가 정신이 나간 듯 바라봐야 하는 것은 화염에 휩싸인 자신의 집과 아이들이 아직 집안에 있다며 울부짖는 아내 '랜디'. 그렇듯 자신의 실수로 사랑하는 자녀들을 잃은 주인공은 죄책감인 듯 오열도 없이 그저 멍하다. 누구든 실수할 수 있다며 위로하는 경찰관의 총을 빼앗아 자신의 머리를 향해 방아쇠를 당겨 보지만 이마저도 실패, 그는 그렇게 아픈 기억을 지닌 채 맨체스터를 떠나 반 지하 단칸방을 감옥인양 아무런 희망도 없이 스스로를 벌하며 살아가고 있었던 것이다.

이제 우여곡절 끝에 장례식이 치러지고 형 '조'와 가깝게 지내던 지인이 조카의 후견인이 된 가운데 우연히 길에서 만난 전 아내는 못되게 굴어 미안하다며 울음으로 사죄하지만 이마저도 주인공에게는 어줍고 부끄러워 아직도 자신을 용서할 마음이 없다. 절대 요트를 팔 수 없다는 조카의 의견에 따라 결국 새 모터를 장착한 주인공 '리', 그들은 그 옛날 특별할 것 없지만 소소한 행복을 누리며 살았던 때처럼 그리던 바다로 나간다. 하지만 낚싯대를 드리운 둘의 모습 뒤로 잿빛 바닷가 그 조그마한 도시는 을씨년스럽기만 하다.

2시간이 넘는 러닝타임 동안 모든 장면이 천천히 흘러감에도 감독은 주인공과 관객에게 있어 가장 슬프면서도 돌아보기 싫은 순간을 더욱 느리게 처리하는 잔인함을 보인다. 그리고 비극이 시작되는 순간부터 아이들의 시체가 수습되는 긴 장면 동안을 줄곧 화면의 속도만큼 느리게 흘러가던 비장한 곡이 있으니 18세기 베네치아 악파를 대표하는 이탈리아의 작곡가 '알비노니'(Tomaso Albinoni, 1671-1751)의 <현과 오르간을

위한 '아다지오' g단조>(Adagio in G minor)이며 오늘날 알비노니의 이름을 세상에 알리는데 결정적인 역할을 한 대표작이다.

하지만 여기서 반전, 알고 보면 이 곡은 알비노니의 생과 음악을 전문적으로 연구했던 이탈리아의 음악가 '레모 지아조토'(Remo Giazotto, 1910-1998)가 도서관에서 발견한 알비노니의 교회 소나타 중 불완전하고도 짧은 파편들을 바탕으로 새롭게 작곡한 것이라 한다. 하니 <지아조토의 알비노니의 주제에 영감을 얻은 아다지오 G단조>라 함이 더 정확한 표현일 것이다. 오르간이 울려내는 장중한 저음을 바탕으로 흐르는 애잔한 바이올린 선율이 처연하여 영화의 장면과 어우러지니 주저 앉을 듯 슬프게 다가온다. 이는 비극적 순간을 영상으로 늘임으로써 주인공의 그 순간에 대한 시각적 각인을 보여주었다면, 여기서 흐르던 아다지오는 주인공의 헤어나오지 못할 어둠으로의 심리적 추락을 귀로 들려준 것이니 참으로 모진 감독이다.

빵을 구하기 위하여 길게 늘어선 줄, 1992년 사라예보의 풍경이다. 그들은 외부로부터 고립되어 먹을 것이 없어 굶주리다 빵을 구할 수 있다는 소식에 모여 든 것이다. 이제 아이들을 먹일 수 있다는 생각에 행복했을 모습들. 하지만 그때, 그들의 머리 위로 날아온 포탄, 이 무심한 쇳덩어리는 결국 22명의 무고한 생명을 앗아간다. 그리고 다음날, 무거운 침묵만이 흐르던 그 곳에 검은 옷을 입은 한 남자가 나타난다. '베드란 스마일로비치'(Vedran Smailović), 첼리스트인 그는 이제 악기를 꺼내어 들고 자신이 할 수 있는 일은 이것밖에 없다는 듯 연주를 시작한다. 그리고 회색 빛 공기를 가르며 울려 나오는 '아다지오 g단조'(Adagio in G minor), 공포만이 가득한 이 땅에서 죽은 자들에겐 위로가 살은 자들에겐 희망이 되기를.

— '사라예보의 첼리스트'

이렇듯 심장을 내려 앉히는 곡과 함께 영화에 사용된 또 하나의 명곡이 있으니 이번엔 안식과 위로다. 형 '조'의 장례식 장면에서 망자를 인도하러 온 천사의 노래인 듯 은은히 울려 퍼지던 곡, 바로 '헨델'(Georg Friedrich Händel, 1685~1759)의 오라토리오 <메시아>(Messiah HWV 56) 중 콘트라알토와 소프라노의 2중창인 'He shall feed his flock'(그는 그의 무리를 먹이시고). <메시아>는 헨델의 대표작일뿐 아니라 종교 음악의 정수라 할 명곡으로 누구나 알고 있을 <할렐루야> 합창은 너무도 유명하다. 이 곡에 감명을 받은 영국의 국왕 조지 2세가 갑자기 일어났기에 이 곡이 연주될 때는 일어나 경청해야 하는 전통이 생긴 일화 또한 유명한데, 실제 연주회장에서 눈치를 보며 일어나 옆자리의 관객과 겸연쩍은 웃음을 나누어야 했던 기억이 있다. 음악 한 곡 듣는데 뭘 그렇게까지 하나 싶지만 인류가 만들어 낸 위대한 위업에 잠시 일어나 경의를 표하는 것도 나쁘지 않을 것이다.

▶ 2000여 명의 합창단과 500여 명의 오케스트라의 공연이 이루어진 베를린 크리스탈 궁에서의 헨델 페스티발 장면, 1857

작품은 제1부 '예언과 탄생', 제2부 '수난과 속죄', 제3부 '부활과 영생'을 내용으로 3파트 53곡으로 이루어졌으며, 전곡을 감상하는데 있어 2시간을 넘게 자리를 지켜야 한다. 하지만 한 곡 한 곡 모두 주옥 같아 지루하지 않으며 모든 음악을 통틀어서도 정점에 있는 걸작이니 종교인이 아니더라도 그 매력에 빠져 볼만하다. 그리고 이 중 'He shall feed his flock'(그는 그의 무리를 먹이시고), 영화에서 곡이 흘러 나오는 순간 천사의 목소리를 들었으며 그 선율에서 죽은 자만이 아닌 살아 죽음보다 못한 삶을 이어가는 주인공마저도 위안하는 힘을 느낄 수 있다. 늪에 빠진 이를 끌어올리는 구원의 손길처럼, 영화를 보는 내내 가득했던 심리적 불안감마저 지워버리는 음악적으로 절묘한 순간인 것이다.

영화는 계속해서 불편하게 흘러간다. 있어야 할 것이 제자리에 있지 않고 필요한 것이 그 순간에 없다. 냉장고 문조차 한번에 닫히는 법이 없으며 차를 세워 두었지만 어디 있는지 기억이 나지 않는다. 어린 조카는 뒤늦게 배웅 인사를 나오지만 이미 지쳐 떠나버린 후이며 낮은 톤으로 이야기하지만 언제 고성과 욕설이 튀어나올지 모를 것 같은 묘한 긴장감이 영화 전체를 휘도는 것이다. 그렇게 모터가 고장 나 움직일 수 없는, 조류에 맡겨 멋대로 흘러가는 표류가 주인공의 삶이며 모터가 낡아 버린 배를 팔자는 주인공의 주장은 자신의 삶을 포기한 은유적 표현이었을 것이다. 반면 결코 팔 수 없다며 새로운 모터를 위해 돈을 모으는 조카는 포기하지 말고 새로운 인생을 살아보는 것이 어떻겠냐는 조카의 진심 어린 조언이다. 그는 조카의 바람대로 새로운 모터를 달아 바다로 나간다. 희망처럼 보였으며 그러기를 바란다. 하지만 그가 겪은 슬픔을 다시 한번 생각해 보았을 때 그에게 모터를 달아주는 것이 옳은 것일까? 치유되지 못할 아픔은 없다지만, 시간이 모든 것을 잊게 한다

▶ 바다로 나간 그는 자신의 삶을 다시 살아낼 수 있을까?

지만 과연 그럴까? 예전처럼 낚싯대를 드리웠지만 말이 없는 둘을 비추며 그렇게 영화가 끝나기에 이후 주인공의 삶은 상상력의 몫이다. 하지만 그에게 섣부른 위로의 말을 건네거나 쉬이 희망을 이야기하지 말아야 할 것은 그가 가진 상처의 크기를 짐작조차 할 수 없기 때문이다.

하니 아직도 헛갈린다. 감독은 어떠한 상처도 치유될 수 있으니 새로운 모터를 달고 바다로 나가라는 것인지, 결코 지울 수 없는 상처도 있다는 말을 하고 싶었던 것인지. 힌트가 있다면 형 '조'가 했던 "경험이 지도가 되고 이를 참고하면 실수를 줄일 수 있다."는 조언에서 찾을 수 있겠다. 하지만 아무리 큰 참고가 되더라도 이러한 지도는 결코 만들고 싶지 않다. 영화가 끝나고, 러시아의 문인 '푸시킨'이 남긴, 변치 않을 진리로 느껴져 늘 마음 속에 품었던 그 유명한 시(詩)마저 이젠 왠지 거짓말처럼 들린다.

"삶이 그대를 속일지라도 / 슬퍼하거나 노여워 말라 / 설움의 날 참고 기다리면 / 기쁨의 날이 오리니?"

게오르크 프리드리히 헨델 (George Frideric Handel)

1685.02.23.~1759.04.14.

추천 음반

HANDEL: Messiah HWV 56
JOHN ELIOT GARDINER
ENGLISH BAROQUE SOLOISTS
MONTEVERDI CHOIR
1982/11, LONDON

지휘자 '토마스 비첨(THOMAS BEECHAM)은 대규모 오케스트라와 합창단을 기용, 화끈한 <메시아>(RCA, 1959)를 들려주며, 바로크 종교곡의 대가 '칼 리히터'(Karl Richter)는 72년 녹음(DG)을 통해 곡이 지녀야 할 엄숙함을 가장 이상적으로 표현한다. 추구하는 연주의 방향은 다를지라도 모두가 이 곡에 있어 빼 놓을 수 없는 수연으로 깊은 감동을 전하는 것이다.

영국의 지휘자 '존 엘리엇 가디너' 역시 동 곡에 있어 최고의 연주(Philips)를 들려주는데 그동안 쌓아왔던 정격연주의 성과를 한꺼번에 녹여 낸 듯 강한 설득력으로 다가온다. 악단과 성악진의 기교는 흠잡을 데 없으며, 특히 '몬테베르디 합창단'의 앙상블은 '완벽'이라는 단어 외에는 달리 표현할 방법이 없다. '아름답고도 영적인 연주'.

인간으로의 그 근본, 그리고 음악의 시작

바흐 <평균율 클라이버곡집> 1권 중 '전주곡'(Prelude)

— 영화 <스윙키즈>(2018)
감독: 강형철 / 주연 : 디오

"재즈가 뭐야?" 평소 잘 몰라 궁금했고 왠지 매력적이라 여기던 참에 일가견이 있는 후배에게 던진 질문이다. 친절한 설명이 이어지고 흘러나오던 음악을 함께 듣던 중 '참 좋은 연주다'라고 하기에 다시 한번 묻는다. "이게 왜 좋은 연주야?" "스윙이 있잖아요." 이제 스윙이 뭔지 물어보려는데 포기한 듯 바라보기에 이해하는 척 그냥 넘어갔었다. 그리고 몰래 찾아본 어학사전, '스윙 풍으로 연주하다.' '그러니깐 스윙 풍이 어떤 거냐고?!' 아무튼 스윙이라는 것이 영화 속 주인공 말을 빌어 사람 환장하게 하는 것임에는 틀림없는가 보다. 그러고 보니 <swing, swing, swing>(스윙 스윙 스윙)이라는 멋진 곡이 있다. 오래 전 재미있게 봤던 일본 영화 <스윙 걸즈>(2006)의 마지막 장면, 우여곡절 끝에 무대에 오른 소녀들이 연주했었고, 영화 <스윙키즈>의 마지막 장면에서도 주인공들은 이 곡에 맞춰 그들의 흥을 펼치니 스윙의 대표 곡임에 틀림없나

보다. 제목부터가 스윙을 세 번이나 외치고 있지 않은가.

한국전쟁 당시의 거제도 포로수용소, 북으로의 송환을 원하는 포로들과 남쪽에 남으려는 이들이 또 하나의 철조망을 사이에 두고 양립하고 있다. 당연 서로간의 대립이 첨예한 상황에서 수용소장은 수용소의 이미지를 개선하여 자신의 입지를 세울 계략으로 브로드웨이 출신의 흑인 하사 '잭슨'에게 탭 댄스 단을 만들 것을 지시하지만 이런 곳에서 탭 댄스라니 터무니없는 명령일 뿐이다.

하지만 그곳엔 정식으로 춤을 배운 적이 있는 북측 포로 '로기수'가 있었다. 우연히 그의 춤을 목격한 잭슨은 그를 댄스 단으로 끌어들이고 먹보 중국인 포로를 포함, 다양한 사연을 지닌 이들이 함께 춤을 배워 나가기 시작한다. 인민의 영웅으로 추앙 받는 로기수는 동료들의 비판을 피하기 위하여 조심스럽지만 그의 재능은 특별하였고 춤이 주는 짜릿함에 매료되어 점차 탭 댄스에 빠져들게 되면서 영화는 이제 그렇게 흥겹게 흘러간다.

그러다 주인공의 친구 '광국'의 등장은 모두를 다시 잔인한 현실로 데려다 놓는다. 그의 주도하에 남북의 대립이 더욱 깊어지고 광국은 점점 로기수의 행동을 의심하게 되는 것이다. 하지만 이미 그 어떠한 것도 그의 춤에 대한 열정을 빼앗을 수 없다. 잭슨을 죽여 자신의 사상을 검증할 기회조차 걷어차 버린 로기수에게 남은 것은 가족 같은 댄스 단원들과 잭슨밖에 없는 것이다. 혼자 남겨진 아내를 걱정하는 남편, 가족의 생계를 책임져야 하기에 억척스러울 수밖에 없는 소녀, 말도 통하지 않는 나라의 전쟁에 영문도 모른 채 참전한 중국 젊은이, 타고난 춤꾼 로기수, 그리고 이들에게 춤의 즐거움을 가르쳐준 또 한 명의 아웃사이더 잭슨. 이들은 가혹한 상황을 비웃듯 춤을 이어가고 상상만으로도 행복한 약속은 현실이 혹독하기에 부질없으며 "너는 좋겠다. 돌아갈 나라가 있고 춤도 출 수 있어서."라는 로기수의 뱉음은 그 시대를 살았던 모든 이들의 한탄인 듯하여 서글픈 것이다.

그렇게 크리스마스 축하 공연, 그들은 앞서 언급한 <swing, swing, swing>(스윙 스윙 스윙)에 맞추어 춤을 추고, 이때 잭슨은 곡의 제목을 이렇게 소개한다. '엿먹어 이데올로기'(Fucking Ideology). 각자 춤을 시작한 이유가 달랐고 무대 뒤에는 검은 그림자가 웅크리고 있으며 무대 앞의 사령관에게 있어 이 무대는 자신의 안위를 위한 이벤트에 지나지 않지만 무슨 상관인가? 그들은 춤을 추고 있고 그럴 수 있기에 행복한 것이다. 신명 나는 한 판의 춤 사위, 이렇게 모든 것을 쏟아 부은 그들의 춤이 끝날 무렵, 사령관을 향한 테러는 실패로 돌아가고 이제 댄스 팀에게로 향해진 총구, 잭슨의 만류에도 발사된 탄환은 더 이상 그들을 춤출 수 없게 하고 부둥켜 안은 듯 바닥에 쓰러진 그들은 한마디 말이 없다. 그런 그들 앞에 엎드려 숨 죽이 듯 눈물을 흘리는 로기수 또한……

이렇게 시대는 젊은이들의 푸르른 목숨을 앗아간다.

▶ 영화 <스윙키즈> 스틸컷

▶ 평균율 클라이버곡집 1권 중 프렐류드(Plelude)

수용소 소장이 '잭슨'에게 본국 소환의 소식을 알리러 온다. 이때 잭슨이 잔잔히 연주하던 귀에 익은 선율이 있으니 바로 독일의 작곡가 '바흐'(Johann Sebastian Bach, 1685~1750)의 <평균율 클라이버곡집>(Das wohltemperierte Klavier, BWV 846-893) 1권 중 제1곡인 '전주곡'(Prelude). 제목이 어렵다 느껴지겠지만 누구나가 들었을 선율이다. 작품의 제목은 옥타브를 12개의 반음으로 나눈 평균율과 건반악기를 뜻하는 클라이버가 합쳐진 것으로, 1722년과 1744년, 2차례에 걸쳐 작곡되었으며 각 권은 공히 전주곡과 푸가 24곡으로 구성되어 있다. 이는 서구 음악의 기초라 할 수 있는 12음계의 모든 장조와 단조가 사용되어 있는 것으로, "세상의 모든 음악이 사라져도 평균율만 있으면 복원 가능하다"라는 말이 있을 정도이다. 이처럼 곡은 서양 음악의 기초를 이루는 조성의 기술적인 모든 가능성을 구체적이면서도 획기적으로 보여준 것으로 아들과 제자들의 교육 목적으로 쓰여졌다 알려져 있지만 이미 교본으로서의 의미를 넘어 그 예술적 가치 또한 높은 것이다.

특히 영화에 등장하는 전주곡은 너무나 유명하여 재즈 등 다양한 장르로 편곡되어 연주되고 있다. 그 중 가장 매력적인 활용이라면 역시 프랑스의 작곡가 '구노'(Gounod, 1818~1893)가 이 곡을 바탕으로 이루어 놓은 유명한 <아베 마리아>(Ave Maria)로, 기초가 탄탄하니 그 위에서 마음껏 노닐 수 있었던 것이다. 또한 <평균율 클라비어곡집>은 그 가치를 표현함에 있어 '피아노의 구약성서'라 불리는데 그렇다면 신약성서는 무엇일까? 바로 '베토벤'(Beethoven)이 남긴 32개의 피아노 소나타로, 이러한 평가는 음악사에 있어 두 작곡가의 건반악기를 위한 음악에 있어 위치를 가늠할 수 있게 해주는 완곡한 헌사인 것이다.

이러한 음악의 시작이라 할 수 있는 작품의 그것도 그 첫 곡이 고향으로 돌아갈 수 있게 됐다는 소식을 전하는 장면에서 사용된 것은 의미가 있다. 세상과 어울려, 그마저 냉혹한 현실에 휩쓸리다 결국은 돌아가야 하는 시작점인 고향, 이때 소식을 전하던 출세에 눈이 먼 소장도 무언가를 느꼈는지 이렇게 이야기한다. "그 곡을 듣고 있으니 나도 고향으로 돌아가고 싶은걸." 이처럼 음악에 있어서도 '바흐'는 고향 같은 존재인가 보다. 독일의 작곡가 '막스 레거'(Max Reger, 1873~1976)는 그를 두고 "모든 음악의 시작과 끝"이라 했고 작곡가 '스트라빈스키'(Igor Stravinsky, 1882~1971)는 "바흐로 돌아가자!"라고 외쳤으며, 스페인의 영화감독 '포르타벨라'(Pere Portabella)는 그의 2010년작 <바흐 이전의 침묵>을 통해 "바흐 이전의 세상은 아무런 울림도 없는 텅 빈 공간일 뿐이다."라는 다소 과하다 여겨질 대사로 그가 음악의 시작이었음을 웅변했던 것이다.

이 곡이 흐르던 또 하나의 영화로는 <바그다드 카페>(1987)가 있다. 주제곡 <Calling you>가 매혹적인 영화로 바흐의 평균율이 장면의 분위기에 따라 느리거나 빠르게, 그리고 끊어 치거나 혹은 이어 치며 다양하게 변형, 연주되어 곡이 지닌 표현의 가능성을 효과적으로 보여주며 그 감동을 더한다.

그렇게 영화를 보며 처음을 생각한다. 무엇이 먼저이고 나중이었던

▶ 영화 <바흐 이전의 침묵>의 스틸컷

가? 생각의 차이로 서로를 헐뜯고 그로 인하여 서로에게 생채기를 내며 심지어 죽음으로 몰아가는, 그러한 것들이 결코 우리의 시작일 리 없다. 그러하여 영화 <박하사탕>(1999)의 주인공 영호는 시대의 가해자로서 그리고 어찌 보면 피해자로서 모든 것을 버리고 "나 돌아갈래." 라며 외치는 것이다. 순수로의 회귀, 인간으로서 지녀야 할 기본으로 돌아가기. 영화에 등장하는 '만철', 그는 항상 '로기수'의 옆에서 그를 인민영웅으로 칭호하며 닮기를 원한다. 아니 닮아보려 한다. 하지만 그는 결국 수용소장의 스파이가 되고 만다. 왜? 자신의 할머니를 살리기 위해. 이 사실을 알게 된 '로기수'는 그를 닦달하고 이때 만철은 이렇게 대답한다. 그는 인간으로서의 처음과 가장 가깝게 닿아 있었던 것이다.

"미쳤냐?!"

"이념이라는거이 그거 다 사람이 만들어 낸 거 아이가. 왜 그것 땜에 우리 할머니가 죽어야 하는데? 이념 갖고 사람 죽이고 하는거이 미친 거이지. 내는 지금이 제일로 말짱하다."

추천 음반

BACH: The Well-tempered Clavier Book 1 BWV 846-869
Rosalyn Tureck
1975/09&10, 1976/04, BBC Concert Hall Studio, London

대다수의 피아니스트들이 정성스러운 연주로 이 곡에 대한 헌사를 바치고 있는 가운데 러시아의 피아니스트 '스비아토슬라프 리히터'(Sviatoslav Richter)는 열악한 음질을 뚫고 낭만적이면서도 깊이 있는 연주(RCA, 1970)를 남겨 놓았다. 빈 삼총사의 일원인 '프리드리히 굴다'(Friedrich Gulda)의 연주(PHILIPS, 1972)는 곡이 지닌 의미를 최대한 훼손하지 않으며 잘 올려진 구조물을 보는 듯 견고하다. 이 곡에 있어 여러 번의 녹음을 남긴 '로잘린 투렉'(Rosalyn Tureck) 여사 역시 1975 년 실황음반(BBC)을 통해 신비롭고도 따스한 음색으로 곡의 위대함을 잘 드러내며 그녀가 왜 바흐 연주의 여제임을 여실히 보여준다. 바흐의 거의 모든 피아노 독주곡에 있어 명반을 남긴 '글렌 굴드'(Glenn Gould)는 여느 음반과 같이 개성 넘치는 연주와 허밍으로 이 곡에 있어 별식(SONY, 1962)을 마련해 놓았다.

요한 제바스티안 바흐 (Johann Sebastian Bach)

1685.03.21.~1750.07.28.

도시 속의 사랑, 쓸쓸하게 혹은 찬란하게

바흐 <미뉴에트 G장조>(Minuet in G Major)

— 영화 <접속>(1997)
감독: 장윤현 / 주연: 한석규, 전도연

그 시절에도 사랑이 있었다. 너무도 당연한 이야기겠지만 "그때엔 이런 사랑을 했었다"라고 외치고 싶은 것이다. 명배우 한석규, 전도연이 만들어 낸 1990년대식 아련한 사랑 이야기, 이러한 설렘은 뛰어난 영화 속 음악들로 인하여 더욱 빛을 발한다. 바로 국산 멜로 영화의 명작 <접속>이다.

라디오 방송국 PD인 동현(한석규)은 아픈 사랑의 기억을 간직한 남자다. 늘 옛사랑을 그리워하며 만나고 싶어하기에 새로운 사랑을 하기엔 아직은 그녀에 대한 그리움이 너무나 크다. 케이블 TV 전화 상담사 수현(전도연), 그녀는 여린 마음을 지녔기에 이미 친구의 애인이 되어버린 기철을 사랑하지만 뺏을 용기는 없다. 그러던 어느 날, 방송국으로 전해진 오래된 LP, 그것을 받아 든 동현은 과거 사랑하던 여인이 보낸 것이

라 여기고 당일 예정되었던 프로그램마저 바꾸며 그 음반을 튼다. 이때 사랑 싸움을 피해 밤 드라이브에 나섰던 수현은 우연히 그 음악을 듣게 되고 동시에 자동차 사고를 목격하면서 왠지 곡에 매료되어 버린다. 이에 수현은 그 곡이 다시 듣고 싶어 방송국에 신청을 하고, 동현은 사랑하던 그녀이거나 그녀를 아는 사람일거란 생각에 인터넷 접속을 통해 수현에게 접근하며 그들의 인연이 시작된다. 그렇게 한번의 만남도 없이 통신(접속)을 통해 서로를 알아가는 가운데 서로의 아픔을 이해하게 되고 위로와 때로는 현실적인 충고도 아끼지 않으며 친밀해져 가다 드디어 그들은 만날 약속을 한다. 하지만 옛 사랑의 사망 소식에 병원으로 달려간 동현, 그렇게 약속 장소에 나가지 못한 그로 인하여 두 사람은 결국 만나지 못한다. 이제 모든 것을 버리고 호주로의 이민을 결심한 동현, 수현은 아무도 받지 않는 그의 집 전화기에 녹음을 남긴다. 극장 앞에서 기다리겠다고, 호주로 가기 전 동현이 수현에게 우편으로 보낸 바로 그 음반을 들고서 말이다. 떠나기 하루 전에서야 그녀의 메시지를 확인한 동현. 그는 급히 달려가 극장 앞에 선 그녀를 발견하지만 모른 척 2층 카페로 올라가 그저 바라만 볼 뿐이다. 밤이 늦도록 자리를 지키는 그녀. 과연 그들은 만났을까? 그렇게 아픔을 딛고 새로운 사랑을 시작할 수 있을까?

그렇다면 영화의 이야기 속 그 곡은 과연 무엇일까? 영화에서 주요하게 사용되며 그 둘의 인연을 이어준 것은 바로 '벨벳 언더그라운드'(The Velvet Underground) 그룹의 대표 곡 <창백한 푸른 눈동자>(Pale Blue Eyes)다. 이는 영화가 그려내는 고독한 분위기에 너무나 어울리는 선곡으로 '사랑하는 여인을 떠나 보내고 눈앞에 그녀의 푸른 눈동자가 아른거린다'며 노래한다. 동현은 어디에 있는지도 모르는 옛 사랑에 매달려 허우적대며, 수현은 손 닿을 듯 가까이 있지만 자신의 것이 될 수 없는 아픈 사랑을 하고 있으니 어쩌면 이 두 사람을 위하여 만든 곡이 아닌가 하는 생각이 들 정도로 영화의 내용과 맞아 있는 것이다.

▶ <Pale Blue eyes>가 수록된 '벨벳 언더그라운드'의 앨범

벨벳 언더그라운드의 노래와 함께 영화를 관통하며 흐르는 친숙한 선율이 있다. 바로 다양한 장르로 편곡된 '바흐'(Johann Sebastian Bach, 1685 ~ 1750)의 <미뉴에트 G장조>(Minuet In G Major BWV Anh.II 114). "바흐의 미뉴에트 들려 주세요." 누군가에게 음악을 들려줄 기회가 생기면 가끔 들어오는 요청이다. 그럴 때면 분명 이 곡임이 틀림없을 것임에도 농담처럼 되묻곤 한다. "한 200개쯤 될 듯 한데 어느 거요?" 그리곤 G 장조를 들려주면 대부분 "예 그거요." 하며 당황하던 청자가 안도의 한숨을 내쉬는 것이다. 미뉴에트는 프랑스에서 시작하여 16~17세기경 영국과 프랑스에서 크게 유행한 무곡의 형식을 일컫는 것으로, 바로크와 고전주의 시대 기악곡과 특히 교향곡의 3악장에서 흔히 찾아 볼 수 있기에 이러한 농담이 가능하다.

미뉴에트는 4분의 3박자 혹은 8분의 3박자로 이루어져 있어 얼핏 왈츠와 비슷한 느낌이라 할 수 있으나 좀 더 분절적이며 아기자기한 느낌으로, 바흐의 것과 함께 이탈리아 작곡가 '보케리니'(Luigi Boccherini)의 것(현악 5중주 E장조 11-5 3악장, The String Quintet in E Major, Op.11 No.5)이 특히 유명하다. 더불어 '하이든'(Haydn)은 교향곡 <시계>(Symphony No. 101

'The clock')를 포함, 자신이 남긴 많은 교향곡의 3악장에서, 그리고 '모차르트'(Mozart)는 <미뉴에트 K.334>를 포함한 자신의 많은 작품 속에서 동 형식의 아름다운 작품들을 남긴 바 있다. 왠지 엄숙할 것만 같은 '베토벤'(Beethoven) 역시 바흐와 같은 조성의 사랑스러운 곡(Minuet No.2 In G Major WoO.10)을 작곡하였으니 당시 미뉴에트의 인기를 가늠해 볼 수 있는 것이다.

▶ 영화 <안나 막달레나 바흐의 연대기>, 1968

이 중 영화에 사용된 바흐의 미뉴에트는 1권과 2권으로 나뉘어진 '안나 막달레나를 위한 음악 노트'(Anna Magdalena`s Notebook Book) 중 2권에 속한 것으로 피아노의 전신인 쳄발로를 위한 작품이다. 그렇다면 '안나 막달레나'는 누구인가? 그녀는 첫 번째 부인을 잃고 얻은 바흐의 두 번째 부인으로, 가수였던 그녀는 무척이나 사려 깊었을 뿐 아니라 악보 사보에 있어서도 뛰어난 재능이 있어 바흐의 작품 활동에 많은 도움을 준 음악적 조력자였으며 많은 자녀들을 훌륭히 키워낸 어머니였다고 한다. 그런 그녀를 바흐는 무척이나 사랑했기에 음악 노트라는 제목을 빌어 연습곡 형태의 짧은 소품적 성격을 띤 모음곡을 헌정, 그녀를 위한 피아노 교본으로 쓰였다고 전해지나 확실치 않으며, 오히려 그녀를 향한 사랑의 마음을 담은 음악 편지인 듯 여기는 것이 맞을지도 모를 일이다.

영화에선 쳄발로의 원곡이 짧게 쓰이기는 하나 전반적으로 흐르는 선율은 재즈 편곡의 연주로, 기타와 피아노가 사용되어 은은하면서도 쓸쓸한 분위기를 자아낸다. OST에는 <사랑의 송가>와 <해피앤드 & 여인 2>라는 제목으로 표기되어 있다. 하지만 영화에 있어 같은 선율이 사용된 최고의 순간이라면 바로 영화의 마지막 장면일 것이다. 여성 재즈 가수 '사라 본'(Sarah Vaughan)의 음성으로 듣는 <Lover's Concerto>.

▶ 끝내 만난 두 사람, 사라 본의 <A Lover's Concerto>가 흐른다. / 스틸컷

동현을 기다리던 수현이 이제 지쳐 포기한 듯 동현이 앉아 있는 카페로 들어와 마지막 전화를 건다. 이때 '창백한 푸른 눈동자'가 흘러 나오는 가운데 아무도 받지 않는 전화기에 대고 말을 건네는 수현, "언젠가 만나야 할 사람은 반드시 만난다는 것을 믿는다고 했죠? 이젠 그 말 믿지 않을래요. 오늘 당신을 만나 이 음악을 함께 듣고 싶었어요." 그렇게 전화를 끊은 수현은 힘없이 거리로 나서고 동현은 용기를 내어 그녀에게 향한다. 이제 서로는 서로를 마주 바라볼 뿐이며 카메라는 이 둘의 웃는 모습을 담고 있을 뿐이다. 이때 흐르는 애처롭고도 짧은 바이올린 가락, 그리곤 힘차게 울리는 드럼 소리에 이어 희망을 담은 사랑의

찬가가 멋지게 울려 퍼지는 가운데 영화를 지배하던 잿빛 분위기가 바뀌어 무지개 빛 결말을 맺는다. 이렇듯 영화는 분위기 전환을 음악으로 표현하는데 있어 절묘하며 동일한 선율이 사용되었기에 영리하다. 같은 선율일지라도 장르적 편곡에 따라 얼마나 다양한 분위기를 빚어낼 수 있는 지를 감각적으로 보여준 음악적 장면인 것이다.

영화 <접속>은 뛰어난 영화적 성취와 함께 OST에서도 명반을 남긴다. 먼저 재즈로 편곡된 미뉴에트가 복잡한 도시 속 개인의 역설적 외로움을 쓸쓸히 녹여내고 있으며, 앞서 언급한 '벨벳 언더그라운드'와 '사라 본'의 목소리가 담겨 있어 들을 거리가 풍부하다. 또한 한국영화 OST 최초로 미국 스튜디오 현지 녹음이 이루어져 사운드에 있어 탁월하며, 개봉 후 영화의 사운드트랙으론 드물게 80만장의 판매고를 올린 것 역시 주목할 만하다. 하지만 무엇보다도 이 OST가 가진 최고의 장점은 젊은 시절의 한석규와 전도연의 목소리를 들을 수 있다는 것이다. 그들의 목소리로 독백과 같은 대사가 끝나면 흘러 나오는 음악, 이는 우리로 하여금 다시 한번 영화의 장면들을 기억하게 한다. 이런 것이 바로 진정한 OST 아닌가.

용기를 내어 동현을 찾아 간 수현, 하지만 만나지 못하고 그가 곧 호주로 떠날 거란 소식만을 안은 채 지하철을 탄다. 바로 옆에 동현이 앉아 있지만 그녀는 알지 못한다. 모든 것을 체념하고 다시 혼자가 될 준비를 하려는 수현, 하지만 이때 말을 심하게 더듬는 어느 젊은이가 많은 사람들을 앞에 두고 자신에게 있어 가장 어려운 도전을 시작한다.

"저는 어릴 적부터 말을 더듬었습니다. 하지만 지금 이렇게 용기를 내어 말하는 걸 연습하고 있습니다. 왜냐하면 친구도 사귀고 싶고…… 무엇보다도 사랑하는 사람이 생겼기 때문입니다."

그래, 그렇게 용기를 낼 때인 것이다.

추천 음반

쳄발로로 연주한 것으로는 고음악의 대가 '레온하르트'(Gustav Leonhardt)의 녹음(DHM, 1966)이 이 분야에 있어 그가 이룬 성과로 인해 더욱 믿음으로 다가오는데, 영화의 OST에도 사용되었기에 더욱 의미가 있다. 피아노를 사용한 '야노시 세베슈첸(János Sebestyén)'의 녹음(NAXOS 1992) 역시 영롱하고도 사랑스러운 음색으로 편안한 음악을 들려주니 기억해야 할 연주다. 그렇지만 이번만큼은 영화의 OST로 바흐가 남긴 천진한 곡을 다양한 분위기로 즐겨보는 것이 어떨까?

바흐, 음악으로 인류를 구하다

바흐 <골드베르크 변주곡>(Goldberg Variations)

— 영화 <지구가 멈추는 날>(2008)
감독: 스콧 데릭슨 / 주연: 키아누 리브스

이 영화를 향한 낮은 평점에 깜짝 놀랐다. 무엇을 기대하는가에 따라 호불호가 갈릴 영화임에는 분명한 듯한데 아마도 화려한 액션을 기대하고 극장을 찾았던 이들이 많았던가 보다. 영화 <매트릭스>(1999)를 통해 새로운 SF장르를 개척하며 놀라운 액션을 보여준 '키아누 리브스'와 누아르의 명작 <원스 어폰 어 타임 인 아메리카>(1984)에서 어린 '데보라'로 인상적인 등장을 선보였던 여배우 '제니퍼 코넬리'가 함께 등장하니 그들에게 거는 기대도 제법 컸을 것이다. 그렇지만 이 영화에서의 '키아누 리브스'는 인류를 구하기 위하여 동분서주하는 히어로가 아니다. 하니 가진 능력으로 위기로부터 인류를 구하는 영웅으로서의 그를 보기 위하여 영화관을 찾은 이들이 느낀 배반감은 만만치 않았을 것이다. 더불어 허술한 스토리 또한 이 영화의 평점을 낮추는데 크게 작용하고 있다. 하지만 이러한 것들을 물린다면 영화 <지구가 멈추는 날>

이 전하는 메시지는 결코 가볍지 않다.

무서운 속도로 지구를 향해 날아오는 비행물체, 이것이 혜성이 아닌 것은 다가오는 속도를 스스로 줄이고 있기 때문이다. 사뿐히 뉴욕의 센트럴파크에 내려 앉은 구슬 모양의 비행체. 어릴 적 가지고 놀던 구슬과 닮았지만 그 크기가 어마어마하다. 이것이 외계에서 온 우주선이라는 것을 알게 되는 데에는 그리 오랜 시간이 필요치 않았는데, 곧 그곳에서 엄청난 빛과 더불어 한 우주 생명체와 한대의 거대 로봇이 걸어나왔기 때문이다. 공격을 시도해 보지만 모든 게 허사, 되려 역습을 당하던 중 어찌 된 영문인지 돌연 거대 로봇은 공격을 멈추고 외계 생물은 실험실로 옮겨져 마침내 드러낸 형상은 인간의 모습과 같은 '클라투'(키아누 리브스), 이제 그는 세계의 모든 의사결정권자들과의 면담을 요구한다. 하지만 이러한 요구는 무시 당하고, 정부 기관은 외계인의 방문 목적을 알아내기 위해 혈안인 가운데 왠지 모를 두려움을 느낀 '헬렌'(제니퍼 코넬리)은 그의 탈출을 돕는다.

▶ 지구에 내려 앉은 우주선 /스틸컷

결국 기관에게 쫓기는 신세가 되어 찾아간 곳은 평소 그녀가 존경하던 닥터 '바하트'의 집, 여기서 헬렌과 닥터 바하트는 이제 인류는 가망이 없으니 소멸되어야 한다는 결론을 내린 클라투를 설득한다. 위기의 끝에서 진화하는 인류이니 한번만 더 기회를 달라고 호소하는 것이다. 하지만 이미 인류를 향한 거대로봇의 공격이 시작되었다. 모든 것을 쓸어 버리는 메뚜기 떼, 거대로봇은 메뚜기 형상의 수억의 미세로봇으로 분해 인류와 그들이 만들어 낸 모든 것을 세상에서 지워나가기 시작한 것이다. 어떠한 반격도 무의미해 사라져 가는 세상을 뜬 눈으로 지켜만 봐야 하는 상황, 이제 정말 인류의 종말이 오는 것인가?

▶ <골드베르크변주곡>의 초판 악보

외계인 '클라투'와 함께 숨어든 박사 '바하트'의 집, 그곳에 도착했을 때 감돌던 따뜻한 기운과 함께 고요히 흐르던 포근한 선율이 있으니 바로 작곡가 '바흐'(J.S. Bach)의 <골드베르크 변주곡>(Goldberg Variations BWV 988) 중 '아리아'(Aria)다. 골드베르크 변주곡은 바흐가 남긴 건반악기를 위한 마지막 작품으로 총 연주 시간이 무려 50여분에 이르는 대작이자 변주 양식의 작품에 있어 최고의 위치에 자리한 걸작이다. 하지만 이토록 경이로운 작품의 탄생에 얽힌 일화는 정겹고도 인간적이다.

드레스덴 주재 러시아 대사였던 '카이저링크' 백작, 그는 이전 바흐가 작센 공작의 궁정 음악가가 되도록 많은 도움을 주었던 인물로 심한 불면증에 시달리고 있었다. 음악 애호가였던 그는 '골드베르크'라는 이름의 연주자를 고용하여 그의 연주를 통해 잠자기를 시도해 보지만 허사였고 결국 바흐에게 수면을 위한 곡을 의뢰, 바흐는 그에 대한 감사의 마음을 실어 이 곡을 작곡하게 되니 은인을 위한 자장가였던 셈이다. 백작은 이 곡을 자신을 위한 것이라며 좋아했다곤 하지만 실제 불면증 치료에 효과를 보았는지는 알려진 바 없다. 이렇듯 소소하면서도 흐뭇한 일화를 지닌 <골드베르크 변주곡>, 하지만 바흐가 누구인가? 이처럼 사소한 작곡 배경에도 불구하고 음악사에 남을 명곡을 탄생시키니 과연 음악의 아버지인 것이다.

곡을 좀 더 들여다 보자. <골드베르크 변주곡>은 첫 곡 '아리아'로 문을 열고는 30개의 변주를 지나 다시 한번 같은 선율의 '아리아'로 그 문을 닫는 구성으로 이루어져 있다. 이는 마치 어느 인생의 시작과 끝을 음악으로 지나온 듯 지닌 구조의 신묘함이 놀랍다. 아무런 의미 없이 흘러가는 듯 하지만 사실 30개의 변주가 각기 엄격한 틀 속에서 한치의 어긋남 없이 음악을 쌓아간다는 뜻이다. 곡은 16번 변주를 중심으로 대칭을 이루며 1부와 2부가 나뉘었고, 모두 10 차례에 걸쳐 같은 조로 구성된 3개의 곡이 단순한 나열이 아닌, 화성적 치밀함을 바탕으로 배열되어 있는 등 단순한 자장가로는 도저히 여겨지지 않을 만큼 과학적이며 엄격하다. 그러다 결코 허물어지지 않을 듯 견고하던 구조는 갑자기 마지막 30번 변주에 이르러 '자유롭게'(쿼드리베트 quodlubet)가 놓이며 이제까지의 모든 것을 허물어 버리는 파격을 선물하는데, 이는 바흐가 던지는 음악적 농담이자 "아, 뭐 꼭 지킬 필요는 없어, 아름다우면 되지" 하며 건네는 다독임이자 그의 인간적인 따스함이다. 하여 그 여유로움이 선율에 녹아 우리의 귀를 사로잡는 것인데, 영화 <양들의 침묵>(1991) 속 살인마 한니발이 이 곡에 대한 애정을 나타내며 심지어 배경 삼아 살인을 저지르는 것은 곡이 지닌 철학에 대한 철저한 모독이며 그러하기에 더욱 잔혹하게 다가오는 것이다.

▶ <골드베르크 변주곡>에 있어 두 번의 명연을 남긴 피아니스트 '글렌 굴드'(Glenn Gould, 1932~1982)

<골드베르크 변주곡>의 '아리아'가 흐르는 가운데 거실에 놓인 칠판에 어지럽게 쓰여진 수학 공식들, 그리고 이를 바라보던 '클라투'는 거의 정답에 근접했지만 틀렸다며 분필을 들어 수정해 나가기 시작한다. 그러자 불완전하여 어지럽던 것이 마침내 정돈되고 박사 바하트는 이게 가능하냐며 묻는다. 아마도 박사는 이미 인류의 위기를 알아차리고 그 해결을 위하여 많은 고민을 했을 것이다. 그렇기에 인류에게 한번의 기회를 더 달라며 호소하는 것이다. 조용히 돌아서는 '클라투', 이때 <골드베르크 변주곡>의 '아리아'가 끝나고 제1 변주가 들려오자 그가 반응한다. "아름답군요." 오래 전 살았던 한 사람이 전 인류를 구하는 순간이다. 그렇다면 클라투에게 있어 이 곡이 왜 아름다운가? 지구

를 구하러 온 '클라투', 그는 '우리 지구'라고 말하는 인류에게 '너희 지구?'라 반문하며, 인류로부터 지구를 구해야 한다는 그의 논리에는 한 줌의 오류도 없다. 지구를 위하여 당연히 사라져야 할 인류, 자본의 논리 속에서 엄청난 속도로 소비되어 가는 지구를 구해야 하는 것이다. 있어야 할 질서가 사라져 버린 세상, 희망이라고는 보이지 않는 인류, 하지만 이 순간 그의 귀에 닿은 음악은 자연과 닮은 완벽한 균형 속에서 이루어 낸 선율이니 아름다울 수밖에.

영화의 마지막, 인류에게 또 한번의 기회가 주어지는 순간 세상의 모든 것은 멈춰 선다. 쉬지 않던 시계도, 바쁘게 돌아가던 공장도, 없으면 큰일 날 것 같던 핸드폰도. 지옥 같을 줄 알았지만 평화롭다. 영화 <투모로우>(2004)에선 우주 비행사가 제대로 한번 뒤집힌 후의 지구를 바라보며 동료에게 이렇게 묻는다. "이렇게 깨끗한 지구를 본 적이 있어?" 가수 '한영애'는 잠자는 하늘 님을 깨워 그 옛날 하늘빛처럼 조율 한번 해 달라며 조르고, 플라스틱 빨대가 코에 박힌 바다거북이와 바다 한가운데 떠 있는 쓰레기 섬, 그리고 사라져 가는 빙하를 보며 모두가 지구가 아프다며 걱정하지만 어찌된 영문인지 지구는 멈출 줄 모른다. 아니 속도조차 줄지 않는다. 지구가 먼저 거칠게 멈춰 세우기 전 인류가 먼저 서야 할 것이다. 이제 인류는 지구 침략을 멈추고 지구와 평화 공존 협약을 맺어야 할 때인 것이다.

추천 음반

BACH: Goldberg Variations BWV 988
Dmitry Sitkovetsky
NES Chamber Orchestra
1993/10

건반악기를 위한 작품에 있어 최고봉이란 평가를 받는 곡이다 보니 이를 정복하기 위한 피아니스트들의 도전에도 끝이 없다. 비단 피아니스트뿐일까? 곡이 지닌 가치로 인하여 많은 편곡버전을 통하여 다양한 형태로 연주되었으니 <골드베르크 변주곡>의 디스코그라피는 방대한 것이다. 먼저 시대악기인 쳄발로 연주를 살펴보자. '피에르 앙타이'(Pierre Hantai)는 그의 1992년 녹음(OPUS 111)을 통해 "이 악기로도 이토록 윤기 있는 소리를 낼 수 있다."는 것을 들려주며 주목할 만한 해석과 연주를 남겼다.

피아노로 연주된 것으로는 바흐 해석의 대가 '로잘린 투렉'(Rosalyn Tureck), '니콜라예바'(Tatiana Nikolayeva) 등의 여류 피아니스트들과 함께 '머레이 페라이어'(Murray Perahia), '글렌 굴드'(Glenn Gould), 그리고 '안드라스 쉬프'(Andras Schiff)의 이름이 거론되는 가운데 이중 쉬프의 연주(ECM, 2001)가 조금은 과하다 싶은 장식음에도 불구, 생동감 있는 타건을 바탕으로 환상적인 연주를 들려 준다. 편곡 연주 버전에 있어서는 '시트코베츠키'(DMITRY SITKOVETSKY)의 이름을 빼놓을 수 없다. 그가 현악 3중주로 편곡하여 '제라르 코세'(Gerard Causse), 그리고 '미샤 마이스키'(Micha Maisky)와 함께 한 오르페오 음반(ORFEO, 1985)은 서로간의 멋진 앙상블로 곡을 차분히 전개한 감동적인 연주로 남아 있다. 이후 시트코베츠키는 이를 현악 오케스트라 버전으로 다시 한 번 확대 편곡, 뉴 유러피언 챔버오케스트라(NES Chamber Orchestra)를 이끌어 녹음을 남기는데 푸른 숲을 거니는 듯, 구름 위를 떠다니는 듯 유려하면서도 상쾌한 연주로 현악 앙상블이 지닌 묘미를 아낌없이 들려준다.

음악으로 드리는 기도

바흐 칸타타 BWV 140 <눈 뜨라 부르는 소리 있어>
(Wachet auf, ruft uns die Stimme)

— 영화 <검은 사제들>(2015)
감독: 장재현 / 주연: 김윤석, 강동원, 박소담

사제복을 입은 두 외국인이 다급히 움직인다. 무언가에 쫓기듯 두려움에 휩싸인 그들, 이렇듯 서두르던 그들은 결국 어린 여학생을 차로 치고 상황이 절박함에 서둘러 자리를 피하려다 그들 또한 우연한 사고를 당한다. 그리고 이때, 어두운 기운이 주위를 휘감고 간신히 몸을 일으킨 영신(박소담)은 악마에 빙의되고 만다. 박 신부(김윤석)는 오랫동안 영신과 알고 지내던 구마 사제다. 그는 악마로부터 그녀를 구하기 위하여 힘겨운 싸움을 이어가지만 그 세력이 너무도 강하다. 그들 돕던 동료는 두려움으로 결국 박 신부를 떠나고 종교 지도자들 또한 그에게 우호적이지는 않으며 심지어 거짓말쟁이, 성 추행자로 의심하는 상황. 조력자가 떠난 자리를 대신하기 위하여 선택된 최부제(강동원), 그는 신학교의 말썽 많은 학생으로, 쾌활하고 밝은 성격인 듯하지만 실상은 감당하기 힘든 죄책감을 지닌 채 살아가고 있다. 어릴 적 맹견으로부터 공

격 당하는 여동생을 두고 달아난 악몽과도 같은 기억을 지니고 있는 것이다. 이제 교장은 최부제를 파견하며 감시와 그의 부정을 밝힐 증거를 가져올 것을 지시한다. "뭐 별거 있겠습니까? 근데 궁금하긴 하네요." 이렇듯 상황을 가볍게 여기던 최부제, 하지만 점차 그 심각성을 알아가게 되고 이제 인류의 운명을 건 구마 의식을 시작하려 한다. 과연 그들은 서로에 대한 신뢰를 회복하고 악마로부터 영신을 구할 수 있을 것인가? 집요하게 약점을 파고드는 악마로부터 최부제는 어떤 선택을 할까? 영신은 과연 목숨을 건 구마 의식에서 살아남을 수 있을까?

▶ 영화 속 박 신부와 최부제

두 구마 사제와 악마의 피 말리는 접전. 오직 설전으로만, 그것도 알아 듣지 못할 라틴어로 오가는 상황의 긴장감이 놀랍다. 십자가를 가슴에 꽂지도 않으며 악마가 입에게 불 따위를 내뿜지도 않는다. 오직 "왜 왔느냐?" "떠나라"는 기도와 "너희를 증오한다', '너희를 파멸시키겠다' 는 악마의 증오에 찬 울림뿐이지만 치열한 것이다. 이 어려운 싸움에서 구마 사제들의 무기는 무엇인가? 성경, 성수, 기도문, 영대, 소금, 프란

치스코의 종, 그리고 '바흐'(Johann Sebastian Bach, 1685~1750)의 음악이다.

구마 의식의 시작과 함께 어둡고 좁은 방안을 빛으로 가득 채우던 성스러운 울림, 칸타타 <BWV 140 '눈 뜨라 부르는 소리 있어'>(Wachet auf, ruft uns die Stimme), 이때 악마는 '빌어먹을 바흐'라며 저주하고, 영화 <프랑켄슈타인: 불멸의 영웅>에서도 악마를 퇴치하는데 바흐의 음악(<골드베르크 변주곡: Goldberg Variations>)이 효과를 발휘하니 음침한 길을 지날 때를 대비해 바흐 작품 하나 정도는 외워 부를 수 있어야 하나 싶다. 그렇다면 악마는 왜 이토록 바흐를 싫어할까? 독실한 기독교 신자였던 바흐는 평생에 걸쳐 교회를 위한 음악적 봉사에 성실한 삶을 살았던 인물로, 음표 하나 하나에 기독교적 의미를 부여하여 하나님을 찬양하는데 있어 최고의 음악을 만들어 내기 위하여 최선을 다한 것으로 알려진다.

이탈리아어 'Cantare'(노래하다)가 어원인 칸타타(Cantata)는 크게 세속 칸타타와 교회 칸타타로 나누어진다. 이 중 바흐는 독일 교회 칸타타에 있어 대가다. 그는 세속 칸타타 역시 작곡하였는데 대표적인 작품이라면 <커피 칸타타>일 것으로 제목이 말해 주듯 '커피가 좋아'라는 내용이니 아마도 동명의 커피 제품은 여기에서 아이디어를 얻었음에 분명하다. 하지만 바흐를 대표하는 것이라면 역시 200여개가 넘는 교회 칸타타이며 이 분야에 있어 최고봉임에 이견이 없다. 교회의 매 절기에 맞추어 그는 다양한 형식과 내용, 그리고 깊이로 성실히 작곡에 임했으며, 칸타타 하나 하나가 깊은 신앙심이 담긴 그의 기도였던 것이다. 하니 악마가 싫어할 수 밖에. 영화 <검은 사제들>에 사용된 작품은 <BWV 140 '눈 뜨라 부르는 소리 있어'>이다. 그토록 많은 바흐의 칸타타 중 가장 밝은 기운이 깃들어 있다는 평가를 받는 작품으로, 4번째 곡 '파수꾼의 노래를 시온성은 듣네'(Zion hört die Wächter singen)의 선율은

특히 유명하다.[1)]

구마 의식을 행하던 중 위기에 빠진 최부제에게 악마가 속삭인다. "도망가, 네가 제일 잘하는 거잖아." 어린 시절 위험에 빠진 동생을 버려 두고 달아난 죄책감에 시달리는 그는 이번에도 두려움을 이기지 못해 결국 그 자리를 달아난다. 어두운 골목으로부터 밝은 거리로 도망쳐 나온 최부제, 어릴 적 동생을 버릴 적은 신발 한 짝만이었지만 지금은 두 짝 모두를 벗은 채이다. 눈물을 흘리며 괴로워하던 그는 어두운 골목 안에서 울고 있는 어릴 적 자신과 동생의 모습을 본다. 둘은 손을 꼭 붙잡고 있다. 이때 서서히 번지는 동생의 미소, 용서한단 말인가? 이해한단 것인가? 결심한 듯 돌아온 그에게 박 신부가 묻는다. "왜 왔냐?" "신발을 두고 가서요."

▶ 그레고리안 성가의 악보

이 둘은 "두려워하지 말라."는 성경 구절을 함께 외우며 다시 한번 결전에 나선다. 유황과 몰약의 향로를 들고 영신을 향하는 최부제, 많은 이들이 이 장면에서 배우 강동원에게 빠져 들었다고 한다. 하지만 이 장면에서의 짜릿함은 사제복을 입은 강동원의 외모가 아니라 사제 최부제가 악마와 맞서며 부르는 노래에서 온다. 먼 옛날 수도사들이 부르던 '그레고리안 성가'. 곧 박 신부도 따라 부르기 시작한다. 최부제의 소리가 아름답다면 박신부의 노래는 거룩하다. 'Victimae paschali Laudes'(파스카의 희생을 찬미하라)

---

1) 소설 『퇴마록』에는 「눈 뜨라 부르는 소리 있어」라는 제목의 단편이 있다.

그레고리안 성가는 중세 유럽의 수도원에서 불리던 미사 성가로 남성들로만 이루어진 무반주 합창곡을 말하는데 7세기 초 '대 그레고리오 교황'이 산재되어 있던 곡들을 정리토록 하였기에 그레고리안 성가로 통칭하는 것이다. 이는 화음이 들어가는 예배음악이 나오기까지 오랜 기간 미사를 위한 음악으로 사용되어 왔으며 화음이 없는 단 선율인 것이 특징이다. 글을 읽듯 말을 하듯 이어지는 나지막한 수도사들의 음성은 신비로움으로 가득 차 있으며 음악을 통한 정신적 정화를 원하는 이들에게 유용하다. 실제 이탈리아에서는 교통사고가 가장 많이 발생하는 시간대에 그레고리안 성가를 방송하게 함으로 사고 발생률을 현저히 낮춘 사례도 있다 하니 음악으로의 기도이며 참선인 셈이다.

소설 『퇴마록』에는 이러한 장면이 있다. 가장 강력한 악마를 소환하려는 찰나 여인의 뱃속에 있던 그것은 서서히 소멸되어 간다. 퇴마사들의 강력한 주술이나 박 신부의 기도 때문이 아니다. 여인의 뱃속에 잉태해 있던 새 생명, 그 조그마한 생명이 자신의 자리를 주장하며 누구도 막을 수 없을 것이라 여기던 악마를 몰아내고 있는 것이다. 영화에서의 박 신부도 그것을 알고 있었던 것일까? 힘든 싸움이 끝난 후, 숨이 끊긴 영신을 보며 눈물을 흘리며 말한다. '네가 다 했다.' 악마와 두 구마 사제의 결전인 듯 하나 실제 악마와 가장 치열하게 싸운 것은 바로 어리고 약하지만 착한 마음으로 무장한 영신이었던 것이다. 자신의 몸에 악마가 들어온 사실을 안 그녀는 안타까워하는 박 신부를 향해 웃으며 이야기했었다.

"신부님…… 저 괜찮아요…… 제가 꼭 붙잡고 있을게요."

추천 음반

Bach Cantata BWV 140 " Wachet auf, ruft uns die Stimme"
Edith Mathis / Peter Schreier / Dietrich Fischer-Dieskau
Manfred Clement / Martin Spanner / Edgar Shann / Kurt Guntner
Karl Richter (conductor)
Münchener Bach-Orchester / Münchener Bach-Chor
1978/03 & 05, Herkulessaal, München

바흐 음악의 거장 '칼 리히터'(Karl Richter)가 그의 수족이라 할 뮌헨 바흐 오케스트라와 합창단(Münchener Bach-Orchester & Chor)과 함께 완성해 낸 1978년 녹음(DG). 바흐의 음악에 평생을 바친 거장은 존경을 담아 연주에 임하고 있으며 분석에 의해 해체된 음악이 아닌 곡이 지닌 거룩함을 보여주기에 감동적이다.

너의 평범함을 사하노라

모차르트 <레퀴엠>(Requiem)

— 영화 <아마데우스>(1985)
감독: 밀로스 포만 / 주연: 톰 헐스, F. 머레이 아브라함, 엘리자베스 베리지

영화에 등장하는 클래식을 소개하며 <아마데우스>(Amadeus)를 재료로 삼는다면 명백한 반칙이다. 모차르트의 일생을 다룬 영화이니 그 시작과 끝을 관통하며 아름다운 음악들로 가득 채워져 있기 때문이다. 그렇다고 피해갈 수도 없다. 영화라는 매체를 통하여 클래식과 가까워지고 싶은 이라면 누구든 처음으로 놓아야 할 작품이기 때문이다. 1985년 아카데미 작품상, 남우주연상, 감독상 등 총 8개 상을 수상하며 전기 영화에 있어 걸작의 반열에 오른 <아마데우스>, 영화는 평범한 음악가의 천재 음악가를 향한 선망과 질투, 그리고 단지 이에 그치지 않아 신이 선택한 그를 서서히 파멸시켜 나가는 과정을 비극적으로 그려낸다.

옛 영광은 사라지고 노쇠한 몸덩이만 남은 '살리에리'(Antonio Salieri), 30년을 넘도록 죄책감에 시달려오던 그는 '모차르트'에게 용서를 빌

며 자살을 시도하고, 이때 '모차르트'(W. A. Mozart)의 <교향곡 25번>(Symphony No.25 in g minor)의 1악장이 영화의 시작을 알린다. 이 곡은 1773년 작곡가의 생에 있어 3번째 빈으로의 여행을 마치고 돌아온 후 완성되었으며 그의 교향곡 작품에 있어 첫 단조(Minor) 조성이자 독창적인 작풍의 시작을 알리는, 최초의 걸작이라는 평가로 당시 빈에서 유행하던 질풍노도의 사조에 영감을 받은 예술적 성취이며 이러한 변화는 영화에 사용된 1악장에서 어렵지 않게 찾아 볼 수 있다. 이는 지극히 개인적인 감정의 묘사인 것으로, 그 선율의 비장함이 장면과 너무도 절묘하게 맞아 결국에 다가올 슬픈 운명의 결말을 예고하는 것이다.

상담을 위해 살리에리를 찾은 신부, 그는 무슨 이야기든 해 보라며 말을 걸어 보지만 반응이 시큰둥하다. 하지만 살리에리는 "신 앞에서는 누구나 평등하다"는 신부의 말에 정말이냐는 표정으로 자신의 이야기를 시작한다. 궁정악장이라는, 음악가로서의 최고의 성취를 이뤄낸 살리에리, 그런 그에게 있어서도 모차르트가 이루어 낸 음악은 자신의 한계를 더욱 또렷이 보여 줄 뿐이며, 노력으로는 결코 도달하지 못할 궁극의 아름다움을 보고(듣고) 말았던 것이다. 이제 평생을 바쳐 봉사하겠다던 신을 향한 성실한 마음은 분노로 바뀌고, 왜 자신에게는 그의 음악을 알아 볼 수(들을 수) 있는 능력만을 주셨는지 원망과 함께 복수를 다짐한다. 신께서 선택하신 그

를 파멸시킴으로써 말이다. 그렇게 모차르트는 안하무인, 천방지축의 성격에다 살리에리의 계략이 더해져 점차 변방으로 밀려나 몰락해 가고, 살리에리는 검은 망토를 입은 죽음의 사자를 시켜 모차르트에게 '레퀴엠'(Requiem 죽은 자를 위한 진혼곡)을 의뢰, 그의 장례식에 자신의 작품으로 연주되길 음모한다. 이는 그의 작품을 훔쳐 모든 음악적 영광을 빼겠다는 심산인 것이다.

심혈을 기울인 오페라 <돈 지오반니>(Don Giovanni) 마저도 초라한 박수에 만족해야 하고 건강마저 악화된 모차르트, 그는 결국 공연 도중 쓰러져 버리고 살리에리의 종용으로 침상에 누운 채 작품 <레퀴엠>을 써 나간다. 트럼펫은 이렇게 팀파니는 이렇게, 그리고 합창의 테너는, 베이스는, 이때 소프라노와 알토는……. 살리에리는 그렇게 음들이 쌓여가는 과정을 하나씩 받아 적으며 "너무 빠르다."를 외친다. 그리고 마침내 악보 속 음표들이 구현되어 음악으로 흘러나오는 순간, 파편적 조각에 지나지 않아 무의미한 공기의 파장에 불과했던 음들이 각기 의미를 지닌 필요한 존재로서 그 가치를 부여 받는다. 아름답고도 감동적인 완전한 "음악의 탄생!" 그리고 이때 완성되어 흐르던 곡이 바로 모차르트의 <레퀴엠> 중 'Confutatis'(사악한 자들이 혼란스러울 때), 격렬히 타오르는 저주의 남성 합창과 기도와 안식의 여성 합창이 만들어 내는 완벽한 대비가 마치 지옥과 천국을 오가는 듯 인상적이다.

라틴어로 안식이란 뜻을 지닌 레퀴엠은 말 그대로 죽은 자를 위한 미사에서 사용되는 위로의 곡이다. 모차르트가 이 곡에 대한 의뢰를 받을 당시 실제로 영화에서처럼 경제적 압박으로 인한 생활고로 고통 받고 있었기에 제시 받은 거액의 작곡료를 거부하기는 힘들었을 것이다. 하지만 쉴 틈 없는 작품 활동으로 건강이 악화된 그는 결국 이 작품을 완성시키지 못한 채 죽음을 맞이하고 만다. 계약이 파기될 것을 걱정한 아내 '콘스탄체'는 곡을 완성해 줄 이를 찾아 나서고, 그러다 결국 모차르트의 곁에서 작업을 돕던 제자 '쥐스마이어'(Süssmayr)에 의해 완전한 모습을 가지게 되는 것이니, 모차르트의 레퀴엠을 완성한 것 외에 찾아 듣는 그의 음악이 없는 것을 보면 그는 아마도 이 곡의 완성이란 사명을 지고 세상에 온 것이 아닐까 하는 생각마저 든다.

▶ 레퀴엠을 작곡 중인 모차르트와 그것을 악보에 옮기는 살리에리 /스틸컷

다시 영화로 돌아와, 그렇게 작품을 끝내지 못한 채 죽음에 이르는 모차르트, 버려지듯 장례가 치러지는 가운데 그의 레퀴엠 중 'Lacrimosa'(슬픔의 날)가 흐른다. 그리고 마지막 가사인 '아멘'을 울부짖는 코러스와 함께 장면은 현실로 돌아오고, 이래도 과연 신은 공평한가 묻는 듯한 표정의 살리에리는 슬픔에 잠긴 신부를 향해 자랑스럽게 말한다. 나는 보통 사람이며 그 중에서도 챔피언이라고. 이렇듯 영화는 천재를 향한 동경과 숭배가 아닌, 보통 사람에 대한 위로로 이야기를 맺

어 가고 그렇게 살리에리는 인생의 밑바닥에 놓인 죄인이거나 병자들에게 자비롭게 건네는 것이다. "너의 죄를 사하노라."

영화 <아마데우스>는 이러한 흥미로운 이야기와 배우들의 열연, 고증을 바탕으로 한 화려한 세트와 의상, 그리고 모차르트가 살던 당시의 아름답던 빈의 모습 등 많은 영화 장인들의 손길이 닿아 이루어진 명작이다. 이와 더불어 영화 전편에 흐르던 클래식의 명곡들 또한 귀를 홀려놓는다. 먼저 작곡가 '페르골레지'(Pergolesi)의 <Stabat Mater>(성모애상) 중 'Quando corpus'(이 세상 떠날 때), 이 곡은 살리에리가 자신의 어린 시절을 회상하는 장면에서 사용되었다. 원래 소프라노와 알토의 2중창인 곡을 여기서는 드물게 어린이 합창 버전으로 만나볼 수 있는데 그 선율의 성스러움에 마치 유럽의 오래된 성당에 와 있는 듯한 착각이 일어 두 손을 모으게 한다.

"죽는다는 것은 더 이상 모차르트를 들을 수 없다는 것이다."라며 음악의 천재를 향한 애정을 드러냈던 '아인슈타인'(Albert Einstein)이 '기적과 같은 작품'이라며 칭송했던 교향곡 29번 또한 찾기 어려울 정도의 짧은 장면에 등장하여 숨은 곡 찾기의 재미를 선사한다. 더불어 <피가로의 결혼>(Le Nozze Di Figaro) 중 '화해의 노래'(Ah Tutti Contenti), <돈 지오반니> 중 극 종반 두 마초의 핏발 어린 설전(Commendatore Scene) 등 주요 오페라의 장면들과 함께 <레퀴엠> 중 주요 합창곡들 역시 영화를 통해 만나 볼 수 있다. 그리고 드디어 <피아노 협주곡 20번>(Piano Concerto No. 20 D minor K. 466)의 2악장, 이는 '아름다워서 슬프다'라는 표현에 가장 적합하다 할 곡으로, 영화의 마지막 장면, 모차르트 특유의 천진한 웃음소리, 그리고 살리에리의 '너의 죄를 사하노라'는 용서의 목소리와 한데 어우러져 흐르며 특별할 것 없는 우리에게 조용한 위로

를 건넨다.

'평범해도 괜찮아.'

볼프강 아마데우스 모차르트 (Wolfgang Amadeus Mozart)

1756.01.27.~1791.12.05.

추천 음반

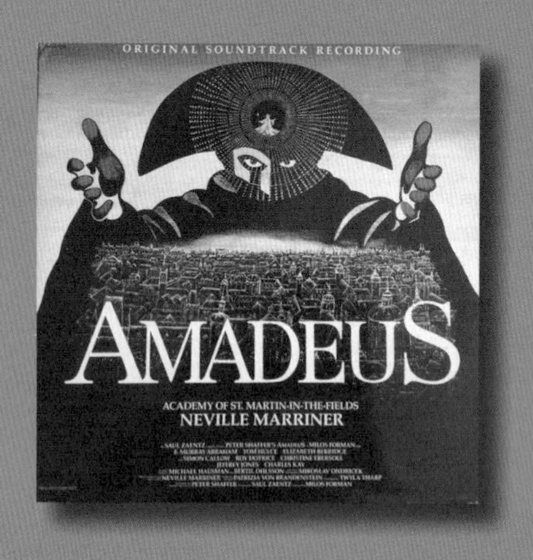

Amadeus : Original Soundtrack Recording
Neville mariner
Academy of st. martin-in-the-fields

영화 <아마데우스>의 OST 작업은 대부분 '네빌 마리너'(Neville mariner)의 지휘봉 아래 '아카데미 오브 세인트 마틴 인 더 필즈'(Academy of st. martin-in-the-fields)의 연주로 이루어져 있다. 모차르트 교향곡 25번의 1악장을 그 시작으로 피아노협주곡 20번 2악장으로 끝나는 이 앨범은 다양한 형식(교향곡, 협주곡, 성악곡, 오페라, 레퀴엠)들을 아우르며 모차르트의 아름다운 작품들로 가득차 있는데 연주 또한 최상급이라 클래식, 특히 모차르트와 친해지고자 하는 이들에게는 보물과도 같은 것이다.

부드러운 산들바람을 타고 온 자유

모차르트 <편지의 이중창>(Che soave zeffiretto)

— 영화 <쇼생크 탈출>(1994)
감독: 프랭크 다라본트 / 주연: 팀 로빈스, 모건 프리먼

영화에서 음악이 흘러나오는 순간, 화면 속 등장인물들과 함께 얼어붙었다. 그저 멍했고 왜인지 알 수 없는 눈물이 흘렀다. 함께 영화를 보던 이가 잠시 자리를 비운 사이의 일이었고 그 잠시 동안을 비웠던 친구에게 안타까워 말했다. 이 장면을 놓쳤으니 이 영화를 보지 않은 것과 다름없으니 꼭 다시 보라고. 이토록 음악과 장면이 어우러져 깊은 의미를 품었던 영화가 있었던가? 영화 <샤이닝>(1980)의 작가 '스티븐 킹'(Stephen Edwin King)이 만들어 낸 또 하나의 명작 <쇼생크 탈출>, '다라본트'(Frank Darabont) 감독은 그의 장기인 감옥 이야기를 다시 한번 탁월하게 연출하여 많은 이들의 인생영화를 만들어 낸다.

촉망 받는 은행원 '앤디', 그는 아내와 그녀의 정부를 살해했다는 혐의로 쇼생크에 수감된다. 그리고 인간으로서의 가치라고는 찾아볼 수

없는 세상의 밑바닥과 같은 이곳에서 만난 '레드', 그는 아일랜드 출신의 장기수로 죄수들에게 물건을 구해다 주는 역할을 하며, 이미 감옥 생활에 적응한 그에게 있어 앤디는 관찰 대상이다. 적응하기보다는 대항하며 불가능 속에서도 늘 자유를 꿈꾸는 그가 속절없어 보이면서도 가슴속에 무언가를 꿈틀거리게 하니 말이다. 그러던 어느 날, 옥외 작업 중 간수장의 세금 고민을 해결해 주고 얻어낸 맥주, 그것은 소박하지만 단순한 액체가 아닌 자유를 의미했으며 이후 그는 점차 모두에게 필요한 존재가 되어간다. 그렇게 어느덧 교도소장의 은밀한 자금까지 관리하게 된 앤디, 덕분에 교도소 내 도서관을 만들도록 허락 받은 그는 최장기 복역수인 '브룩스'와 함께 어렵지만 즐겁게 이 일을 해 나간다. 그러던 중, 40여 년의 복역 끝에 석방이 결정되자 어쩐 일인지 함께 일하던 죄수의 목에 칼을 들이대는 브룩스, 그는 이렇게 해서라도 그곳을 벗어나기 싫었던 것으로, 오랫동안 지내던 감옥 생활에서 벗어나 바깥 세상으로 나간다는 것이 그에게는 낯선 행성에 홀로 버려지는 것과 다름 없었던 것이다.

그렇게 세상으로 던져진 브룩스는 결국 목을 매 자살하고 만다. 새장 속에 가두어져 그곳이 세상의 전부가 되어버린 새에게 새장 밖은 도저히 감당할 수 없는 공간이었으며, 자유롭게 날아가라 했지만 그럴 수가 없었던 것이다. 그런 일이 있는 한편, 쇼생크엔 앤디의 무고를 증언해 줄 죄수가 나타난다. 하지만 앤디를 필요로 하는 교도소장은 그 죄수를 살해하고 마지막 희망마저 사라지는 듯 했으나 비와 천둥이 몰아치는 날, 드디어 앤디는 긴 시간을 준비해온 계획을 실행한다. 결코 새장에 적응할 수 없는 새, 과연 그는 탈출에 성공하여 그토록 바라던 자유를 찾을 수 있을 것인가?

기증받은 책들을 정리하던 중 우연히 발견한 플라스틱 레코더, 가만히 그 음반을 턴테이블에 올린 앤디는 눈을 감고 흘러나오는 선율에 젖어 든다. 그러다 곧 결심한 듯 방송실의 스위치를 올리고, 이어 쇼생크의 구석구석에 스며 드는 천국에서 들려오는 듯한 노래. 운동장을 산책하던 죄수들도, 작업장의 죄수들도, 심지어 그들에게서 감시의 눈을 떼어놓지 말아야 할 간수들조차 발은 땅에 달라 붙었고 눈은 모두 소리의 진원지인 스피커를 향했으며 귀는 가사를 알 수 없음에도 천사임에 분명할 두 여성의 목소리에 빠져 든다.

▶ 영화 <쇼생크 탈출> 스틸컷

영화사에 남을 명 장면, 그리고 이때 흐르는 곡은 '모차르트'(W.A Mozart, 1756~1791)의 오페라 <피가로의 결혼>(Le Nozze Di Figaro) 중 '편지의 이중창'(Che soave zeffiretto)이다. 오페라 <피가로의 결혼>은 수많은 명곡을 남긴 모차르트의 작품 중에서뿐만 아니라 음악사를 통틀어 최고의 작품으로 평가 받는 걸작으로 이탈리아 세비아 인근에 위치한 '알마비나' 백작의 저택을 배경으로 벌어지는 끊임없는 소동을 담은 익살 극이다. 이는 작곡가 '파이지엘로'(Giovanni Paisiello, 1740~1816)의 오페라 <세

빌리아의 이발사>(Il Barbiere di Siviglia)가 흥행하자 모차르트가 대본작가 '폰테'(Lorenzo Da Ponte, 1749~1838)에게 이를 이어 받기 위한 속편을 제안하면서 만들어진 결과물로, 그 내용이 당시의 신분 제도에 정면으로 도전하는 것이라 그 원작은 파리 초연 이후 상연이 금지될 정도였다고 한다.

▶ '편지의 이중창'이 흘러나오던 장면 / 스틸컷

결혼 준비가 한창인 피가로와 수산나, 하지만 바람둥이 백작은 이러한 순간에도 수산나에게 음흉한 마음을 품고,[1] 이를 알아챈 피가로는 "백작 나리, 춤을 추시겠다면 기타를 연주해 드리지요."(Se vuol ballare, signor Contino, il chitarrino le suonero)를 부르며 그를 골탕먹이기로 다짐한다. / 백작 부인이 자신의 신세를 한탄하고 있을 때 피가로가 나타나 백작의 관심을 돌릴 묘책을 제시하는데 이는 백작의 질투심을 불러 일으켜 수산나에 대한 관심을 부인에게로 돌리려는 것이다. / 피가로가 뭔가 음모를 꾸미고 있음을 알아 챈 백작은 그의 기를 꺾기 위해 압박하

1) <세빌리아의 이발사>가 백작의 사랑을 도와주는 피가로의 이야기이니 참으로 괘씸한 일이다.

지만 실패하고 이제 백작 부인과 수산나는 피가로의 묘략대로 백작에게 보낼 편지를 쓴다. 그리고 결혼식의 축하 분위기가 한창일 무렵을 이용해 백작에게 슬며시 건네는 것이다. 작전 시작. / 저택의 정원, 피가로가 몰래 숨어보는 가운데 수산나로 변장한 백작 부인이 약속 장소로 나가고, 백작은 부인을 수산나로 착각해 온갖 달콤한 말로 유혹한다. 하지만 결국 모든 것이 드러나 백작은 부끄럽고 화도 나지만 자신의 잘못에 변명의 여지가 없다. 이때 그곳의 모두가 '잘 해결됐다'며 합창하는 가운데 오페라는 행복한 막을 내리는 것이다. 그리고 여기서 영화 속에 쓰인 '편지의 이중창'은 백작 부인과 수산나가 백작을 유인하기 위한 편지를 쓰는 장면에서의 이중창으로, 백작 부인이 선창하면 수산나가 따라 부르는 모양새인데 이는 백작 부인이 편지 내용을 읊으면 수산나가 받아 적기 때문이다. '부드러운 산들바람이 오늘 저녁 불어옵니다~~~~'

이렇듯 영화 속 장면과 오페라 속 이중창과는 아무런 관련이 없다. 그렇지만 절묘하다. 왜? 그 이유는 음악이 흐르는 동안 들려주는 '레드'의 내레이션으로 대체할 수 있을 것이다.

▶ <피가로의 결혼>이 초연된 비엔나 궁전극장, 부르크데아터 (오른쪽 작은 건물)

▶ 영화 '아마데우스' 중 <피가로의 결혼> 공연 장면

"나는 지금도 그때 두 이탈리아 여자들이 무엇을 노래했는지 모른다. 사실 알고 싶지도 않았다. 때로는 말하지 않는 것이 최선인 경우도 있는 법이다. 노래가 말로 표현할 수 없을 정도로 아름다웠다. 그래서 가슴이 아팠다. 이렇게 비천한 곳에서는 상상도 할 수 없는 높고 먼 곳으로부터 새 한 마리가 날아와 우리가 갇혀 있는 삭막한 새장의 담벽을 무너뜨리는 것 같았다. 그 짧은 순간, 쇼생크에 있는 우리 모두는 자유를 느꼈다."

여태껏 인간 의지의 그 처음인 자유를 부르짖는 영화들은 많았다. <트루먼 쇼>(1998)가 그러했고 주제곡 '바람처럼 자유롭게'(Free as Wind)가 감동적인 <빠삐용>(1973)이 그랬다. 그렇지만 영화 <쇼생크 탈출>은 이러한 3분 남짓의 짧은 시간을 통해 가장 효과적으로 머리가 멍해질 만큼 절절히 자유를 말하고 있는 것이다.

가석방이 결정된 '레드', 그의 족적은 이전 결국 자살을 선택하고 말았던 '브룩스'의 것과 같다. 같은 아파트, 같은 직업, 그리고 부적응. 하지만 레드의 선택은 달랐다. 이미 앤디로부터 자유를 배우고 익혔기에 이제 쇼생크에서 탈출한 것은 앤디가 아니라 레드인 것이다. 적응과 포기에서 자유와 희망으로의 탈출. 브룩스가 자살하기 전 새겼던 "브룩스가 여기 있었다" 옆에 "나도 여기 있었다"를 보기 좋게 남긴 레드는 주거제한 지역을 넘어 '앤디'를 찾아 간다. 이미 방법을 알고 있기에 용기만이 필요했으며 이제 그 용기를 낸 것이다.

눈부신 해변, 레드는 마침내 앤디를 찾아내고 서로를 웃음으로 맞이한다. 이러한 푸르른 장면, 앤디가 실현한 파라다이스 해변, 육지와 바다가 만나는 그곳에서 자유에의 염원은 여기서 끝나지 않아 더 넓은 곳으로 향하고 있다는 듯 앤디는 바다로 나가기 위한 배를 손질하고 있다. 그리고 브룩스, 그는 악인은 아니지만 우리가 버려야 할 군상이며 그러하기에 내 안의 그를 버리고 앤디를 찾아내야 한다. 적응에 적응해버린 우리, 하지만 이제 희망을 희망한다. 희망, 그것은 꿈꾸는 자에게 있는 것이다. 그렇게 앤디가 레드에게 가르쳐 준 것은 희망이었고, 그 희망하기에 서투른 우리를 위해 레드가 선물한 희망하기 연습용 가이드가 있으니 숙지하자.

'꿈, 희망, 꿈을 갖고 살든가 희망 없이 죽든가…… 희망의 긴 여행을 떠날 수 있는 자유로운 사람…… 무사히 국경을 넘길 희망한다. 그를 만나 포옹할 수 있길 희망한다, 태평양이 꿈 속처럼 푸르기를 희망한다. 나는 희망한다, 나는 희망한다.'

추천 음반

MOZART: Le nozze di Figaro KV 492
Herman Prey, Edith Mathis,
Gundula Janowiz, Dietrich Fischer-Dieskau, etc.
Karl Bohm
Chor und Orchester der Deutschen Oper Berlin
1968/03/12-20, Jesus-Christus-Kirche, Berlin

'카를로스 클라이버'(Carlos Kleiber)의 아버지이자 20세기 초를 대표하는 명 지휘자 '에리히 클라이버'(Erich Kleiber)가 남긴 명반(DECCA, 1955), 그는 이 하나의 녹음으로도 많은 거장들 중 앞자리를 차지할 수 있는 것이다. 50년대 빈 오페라 전성기의 기운이 가득한 가운데 곡 전체를 감싸는 우아함이 빈 정취를 제대로 느끼게 하는 대표적인 '그때 그 시절, 그 가수의 그 노래.'

"천국에 가 베토벤을 만난다면 고개 숙여 인사하겠지만, 만약 모차르트를 만난다면 엎드려 절할 것이다."라고 한 지휘자 '칼 뵘', 그 역시 동곡에 있어 최고의 녹음을 남기는데 '에리히'의 것이 다소 익살스럽다면 그는 좀 더 진중하며 차분한 연주를 들려준다. 등장 가수들의 위용에서 기대할 수 있듯 어느 곡 하나 버릴 것 없는 완성도를 자랑하며, 특히 '야노비츠'(Janowiz)와 '마티스'(Mathis)가 부르는 <편지의 이중창>은 최고의 것으로 영화에서 플라스틱 레코더를 통해 흘러 나오던 노래가 바로 이들의 것이다.

02

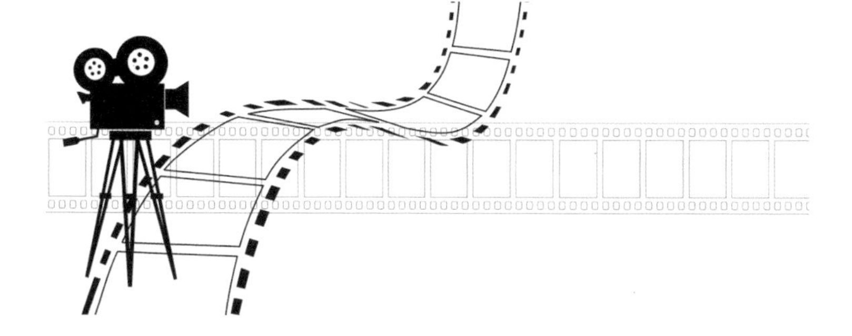

신에게서 인간으로, 낭만주의

마음속의 진심을 전하는 굳건한 신념의 소리

베토벤 <교향곡 7번>(Symphony No.7)

— 영화 <킹스 스피치>(2010)
감독: 톰 후퍼 / 주연 : 콜린 퍼스

이 영화는 영국 왕 조지 5세의 차남이자 후에 왕위를 이어받아 조지 6세가 되는 버티의 일화를 다룬 전기영화로, 2011년 아카데미 영화제에서 작품상, 버티 역을 맡은 '콜린 퍼스'에게 남우주연상을 안겨준 수작이다. 조지 6세는 현 영국 여왕 엘리자베스 2세의 아버지이기도 하다.

차남이긴 하나 왕자인 버티에게 있어 대중 앞에서 연설할 기회가 많은 것이 당연하다. 하지만 그는 어릴 적부터 말더듬이로 앞에 놓인 마이크가 늘 두렵다. 아내는 여러 방법을 동원하여 그를 치유하려 하지만 매번 실패하고 버티 역시 거의 포기 상태일 쯤 괴짜 말더듬이 치료사 라이오넬 로그를 만나게 된다. 처음에는 서로 삐걱거렸으나 점차 서로의 우정과 신뢰를 쌓아가며 치료를 계속해 나가는 버티, 그런 가운데 아버지인 조지 5세가 서거하고 그의 형이 새로운 왕으로 즉위하지만 이러한 생활에 회의적인 형은 1년도 되지 않아 이혼녀와 결혼하며 왕위에서 물러나 결국 버티가 조지 6세가 되어 왕위에 오른다. 그리고 얼마 후, 유럽 대륙은 히틀러에 의해 전쟁의 소용돌이에 휩싸이고 영국은 독일을 향해 전쟁을 선포하려 한다. 그는 이제 왕으로서 온 국민의 화합을 이끌어 내기 위하여 그토록 두려워하는 마이크 앞에 서야 하는 것이다.

▶ 영화에 등장하는 조지 6세

▶ 조지 6세

한 사람의 입술과 발음을 보고 듣는데 이토록 긴장하여 본적이 있었던가? 최고의 몰입감을 선사하는 전쟁 선포문 낭독 장면, 그는 준비된 연설문을 로그가 지켜보는 가운데 느리지만 신념을 담아 읽어나간다. 그리고 이때 마이크의 켜짐과 동시에 흘러 나오는 음악은 바로 '베토벤'의 <교향곡 7번>(Beethoven Symphony No.7 in A major op.92) 중 2악장 '알레그레토'(Allegretto, 조금 빠르게)로, 그 선율이 비장하여 왕의 연설이 더욱 장중히 다가오게 하는 놀라운 효과를 발휘한다.

베토벤의 7번째 교향곡을 표현하는데 있어 가장 많이 사용되는 단어

는 아마도 '술'일 것이다. 누군가는 이 곡을 베토벤이 술에 취해 작곡한 것 같다고 표현했으며 스스로 "나는 인류를 위하여 음악의 술을 빚는 바커스이다."라고 했던 베토벤의 말에 가장 어울리는 곡으로도 꼽히니 말이다. 다음으로는 리듬이다. 헝가리 작곡가 '리스트'는 이 곡을 가리켜 '리듬의 신격화'라는 말을 남겼는데 과연 들어보면 강박적으로 반복되는 리듬의 향연으로 이끌리 듯 몸이 들썩거리며, 특히 4악장에 들어 쏟아내는 에너지, 속도감, 그리고 그 강렬한 리듬은 실로 어마어마한 것이라 가만히 앉아 듣기가 쉽지 않다. 이렇듯 열정적이며 떠들썩하여 이 곡에서 베토벤은 그의 모든 에너지를 쏟아 부은 것이 아니었을까 생각이 들 정도다. 하지만 왜인지 곡의 2악장에 들어 단조 조성의 장송행진곡을 배치하는 파격을 선보이는데 그 의도가 무엇인지는 정확히 알 수 없지만 이어지는 악장의 질주를 더욱 부각시켜 준다는 것만은 분명하다.

곡은 그 처음을 목관악기의 불안한 화음으로 시작하여 장례 행렬을 연상시키는 저음 현악기들의 조용한 울림으로 이어지다 점차 참여 악기군을 확대, 분위기를 고조시켜 마침내 결의에 찬 클라이맥스를 맞아 강렬한 감정적 고양을 느끼게 한다. 이는 어눌한 듯 시작된 조지 6세의 연설이 점차 마음속의 진심을 전하는 굳건한 신념의 소리로 바뀌어 가는 과정을 음악으로 보여주는 것으로, 장면의 감동과 음악이 만나 절묘하게 조화되어 이루어진 예술적 순간인 것이다.

이 외에도 영화에서는 여러 클래식의 명곡들이 사용된다. 버티와 로그의 첫 대면, 로그는 돌아가려는 왕자 버티를 붙잡아 헤드폰을 쓰게 하고 누구나 한번쯤은 들어봤을 법한 문장을 읽게 한다. 이때 헤드폰을 통해 흘러나오던 곡은 바로 '모차르트'(Mozart)의 오페라 <피가로의 결혼>(Le Nozze Di Figaro) 중 서곡이다. 그리고 시작된 녹음, "죽느냐 사느냐

그것이 문제로다."

정신 나간 짓이라며 포기를 선언한 채 집으로 돌아온 버티, 하지만 녹음된 자신의 말을 우연히 듣고선 로그에게 치료를 맡겨 볼 것을 결심한다. 그리고 시작된 힘겨운 훈련 과정, 이때 흐르던 경쾌한 곡은 모차르트의 <클라리넷 협주곡>(Clarinet Concerto in A major, K.622) 중 1악장으로 그 선율이 천진하여 그의 말더듬이 곧 나아질 것만 같다. 그리고 영화의 마지막 장면, 연설을 성공리에 마친 조지 6세는 로그를 친구라 부르며 고마움을 표하고, 왕궁 앞에 모인 군중들에게 인사를 전하기 위하여 가족들과 함께 발코니로 나간다. 이때 베토벤의 <피아노 협주곡 5번 '황제'>(Piano Concerto No.5 'Emperor') 중 2악장이 흐르고, 그런 왕의 뒷모습을 조용히 지켜보는 로그를 비추며 영화는 막을 내린다.

연설을 끝낸 버티를 향해 로그가 농담을 건넨다. "아직 W에서 조금 더듬으세요." 그리고 이때, 버티는 그의 농담을 농담으로 받아 친다. 이는 바로 자신의 지금 모습 그대로를 따뜻이 안아 사랑할 수 있는 용기인 것이다.

"조금 더듬어야 난 줄 알지."

추천 음반

BEETHOVEN:Symphony No. 7 in A major op. 92
Carlos Kleiber(conductor)
Bavarian State Opera Orchestra
1982/05/03, Bavarian State Opera, Munich, Germany

베토벤 <교향곡 7번>을 논함에 있어 지휘자 '카를로스 클라이버'를 빼놓을 수 없다. 그는 항상 결벽에 가까운 음악적 완벽을 추구하였던 지휘자였기에 최소한의 레퍼토리로 최대한의 연습을 요구하였으며, 자신이 받아 들일 수 있는 수준에 도달하지 않았다고 판단될 때면 연주회를 취소하는 일도 서슴지 않았다. 음악계에 있어 이러한 그의 행보는 상당한 골칫거리였지만 그를 사랑하는 팬들에게는 오히려 그의 연주에 대한 믿음을 더하였으며 희귀하면서도 감동적인 음악적 경험으로 여겨지도록 하였다. 하여 그런 그가 남긴 녹음이 많지 않은 가운데 이들 대부분이 명연으로 여겨지며 특히 베토벤의 교향곡 7번에 있어서의 성취는 압도적이다. 먼저 1975년 빈 필을 대동한 음반(DG)이 자신의 타고난 리듬 감각을 잘 발현한 연주로 그 명성이 과연 허투루 이루어진 것이 아님을 증명한다. 하지만 답답하게 들려오는 금관이 다소 아쉽다면 1982년 실황음반(ORFEO)이 그 대안이자 이전 녹음의 아쉬움을 잊게 하는 강렬한 수연으로 추천한다.

감정은 사치인가?

베토벤 <교향곡 9번 '합창'>(Symphony No. 9 'Choral')

— 영화 <이퀼리브리엄>(Equilibrium, 2002)
감독: 커트 위머 / 주연 : 크리스천 베일

21세기 초 일어난 제3차 대전 이후의 세상, 전쟁을 일으킨 미움과 증오라는 감정을 질병으로 규정하고 인간의 모든 감정을 통제하며 이제는 전쟁 없는 시대라 선전한다. 하지만 인간적 감정을 가지고 살아가려는 이들을 감정유발자라 규정하고 무참히 살육하는 세상.

주인공 프레스턴(크리스천 베일)은 이러한 세상을 수호하기 위해 잘 훈련된 처단자다. 그는 감정유발자들을 찾아내 처단하고 그들이 지니고 있는 감정유발품, 즉 그림·음반·책 등을 소각하는 역할에 충실하다. 그는 감정유발자로 화형에 처해지는 아내를 바라볼 때 어떠한 감정을 느꼈냐는 질문에 "아무런 감정이 없었다."라고, "울고 있는 친구를 봤는데 신고해야 할까요?"라고 묻는 아들에게 "당연하지"라고 대답한다. 하지만 그런 그가 아일랜드의 시인 '예이츠'의 시집을 읽고 있던 파트너를 처단한 이후 감정의 변화를 일으킨다. 감정을 없애는 약물 '프로지엄'의 투약을 중단한 것이다. 그리고 마침내 감정을 지닌 이로서의 삶의 가치를 깨닫고 이를 지키려는 반군을 돕게 된다.

영화의 첫 장면, 감정유발자들의 아지트를 습격하여 찾아내 소각한 감정유발품은 바로 그 유명한 그림 '모나리자'이다. 이는 인류에 있어 이 그림이 지닌 인기와 그 가치를 알 수 있는 장면이다. 감정을 유발하는 물건으로 가장 먼저 등장하니 말이다. 지금도 파리의 루브르 박물관에 걸려 있을 그 그림이 그렇게 영화에서는 무참히 소각된다. 그리고 이곳에서 '예이츠'의 시집을 몰래 빼돌린 동료는 자신을 처단하러 온 프레스턴을 앞에 두고 조용히 한편의 시를 읽어 나간다. 바로 '하늘의 천'

"나 가난하여 가진 것은 꿈뿐이라, 내 꿈을 그대 발 밑에 깔아 놓습니다. 사뿐히 밟으소서, 그대 밟는 것 나의 꿈이니."

▶ 오래된 축음기에 음반을 올려주는 주인공

파트너를 처단하고 돌아온 주인공은 이제 약물 투여를 멈춘다. 그렇다면 이후 그런 그에게 감정을 일으킨 것들은 무엇이었을까? 먼저 아름다운 자연이다. 악몽에서 깨어난 프레스턴은 막아 놓은 창문에 어린 주황 빛에 끌리어 막을 걷는다. 그리고는 보게 된다. 황금빛으로 물든 아름다운 일출을. 다음으로 일어난 감정은 여인에 대한 사랑이다. 감정유발자로 살아가는 한 여인의 집을 습격한 그는 그녀의 아름다운 모습에 감정을 느끼는 것이다. 그녀는 '예이츠'의 시를 읽어 주던 이전 동료의 연인으로 그녀의 집에서 주인공은 감정유발품으로 가득한 방을 발견, 여기에는 동화 '마덜 구스', 영사기, 오래 된 아날로그 전화기, 그리고 현재를 살아가는 우리에게도 생소한 에디슨 축음기가 있다. 이때 축음기에 올려진 음반을 빼든 그는 조용히 이름을 불러본다.

"루드비히 판 베토벤(Ludwig van Beethoven, 1770~1827)?"

음반을 다시 올려 놓고 그녀의 방을 느껴보던 주인공, 그런데 갑자기 어디선가 신비로운 소리가 들리기 시작한다. 오래된 축음기에서 들려오는 위대한 작곡가의 마지막 교향곡. 바로 <교향곡 제9번 '합창'>(Symphony No. 9 op. 125 'Choral')이다. 압도하듯 들려오는 음악 소리에 손에 들려 있던 것을 떨어뜨리곤 알 수 없는 감정에 휩싸여 머리를 움켜지는 프레스턴. 영화를 보지 않았다면 아마도 '실러'의 시에 곡을 입힌 4악장의 멋진 합창 부분을 연상할 것이다. 그리고 실제 이 부분이 영화에 사용된 예는 많다. 먼저 떠오르는 영화로는 <죽은 시인의 사회>(1989), <시계태엽 오렌지>(1971) 등이며 심지어 영화 <다이하드>(1988)에서 금고 문이 열리는 장면에서도 울려 퍼진다.

하지만 영화에 사용된 것은 드물게도 1악장이다. 주인공의 혼을 빼놓은 이 유명한 도입부는 그 시작이 언제였는지 정확히 알 수 없도록 고요하다 점차 고조되는데, 마치 '무'에서 '유'가 창조되는 순간을 표현하는 듯 신비로우며 이어 터져 나오는 D단조의 주제는 단호하며 숭고

▶ '클림트'의 베토벤 프리즈(Frize)

하다. 이는 베토벤의 여타 교향곡에서 볼 수 없었던 새롭고도 파격적인 것으로, 이에 많은 이들이 그가 남긴 아홉 개 교향곡 중 최고의 악장으로 꼽기도 하는 것이다. 베토벤이 <교향곡 9번 '합창'>을 통해 보여준 파격은 이에 그치지 않는다. 일단은 유명한 4악장에서 사람의 목소리를 도입한 것이 그러하고, 느린 2악장 빠른 3악장의 구성을 뒤집은 것 역시 그러하다. 특히 3악장 '아다지오'(아주 느리게)의 그 아름다운 선율은 음악학자 '조세프 커먼'이 피력한 '베토벤의 후기 기악곡에서 보여지는 인간의 목소리'를 증명하듯, 악기로 노래한다는 의미가 어떠한 것인지 느끼게 해 주는 꿈결 같은 악장이다. 그리고 이어지는 4악장, 오케스트라의 서주를 거쳐 등장한 베이스 독창자의 목소리는 더 즐겁고 환희에 찬 곡조를 노래하자며 권유한다. 그리고 마침내 모든 것이 하나로 어우러져 '모두가 한 형제'라는 환희의 송가가 등장하여 베토벤이 지녔던 숭고한 메시지를 전달하니 그의 마지막 교향곡은 이렇듯 그저 명곡인 것이다.

안타깝게도 이 곡의 초연 시 베토벤은 청력을 거의 상실해 청중의 반응을 전혀 느끼지 못했다고 한다. 자신이 만들어 낸 걸작을 정작 자신은 듣지 못하고 생을 마감한 것이다.

"그는 악보를 보고 있는 듯 했지만 악장이 이미 끝났음에도 페이지를 계속 넘기곤 했다. 한 악장이 끝날 때마다 누군가 다가와 그의 어깨를 두드리며 청중석을 가리켰고, 박수를 치는 손과 휘날리는 손수건을 보고는 머리를 숙였다. 그럴 때면 관객석에선 더욱 큰 함성이 일었다."

이 영화의 액션은 통쾌하지만 그려진 세상은 암울하다. 더 무서운 것은 그렇게 닮아가고 있다는 것이다. 사랑이 중하고 기쁨과 슬픔의 감정이 살아가는 힘이라 이야기하지만 현실에 닿으면 오직 물질로만 그 가치가 매겨진다. 그렇다면 이제 묻고 싶다.

'감정은 사치인가?'

추천 음반

BEETHOVEN: Symphony No. 9 in D minor op. 125 "Choral"
Karita Mattila / Violeta Urmana
Thomas Moser / Thomas Quasthoff
Claudio Abbado (conductor)
Berliner Philharmoniker
Swedish Radio Choir & Eric Ericson Chamber Choir
2000/04, Philharmonie Groβer Saal, Berlin

음반으로는 먼저 오랫동안 정상의 자리를 지켜오고 있는 지휘자 '푸르트벵글러'(Wilhelm Furtwangler)의 것을 언급해야 할 것이다. 1951년 바이로이트 축제 관현악단과 합창단(Chor und Orchester der Bayreuther Festspiele)을 이끈 실황 음반으로 오랫동안 추천되어 온 명반이며, 2차 세계대전 패전으로 중단되었던 바이로이트 축제가 다시 시작되는 해의 공연이니 역사적인 의미 또한 크다. 열악한 음질로 악명이 높지만 3악장의 천국 같은 선율과 푸르트벵글러 특유의 몰아치는 피날레로 인하여 아직도 많은 이들의 첫 손에 꼽히는 녹음으로 남아있다.

다음으로는 카라얀 이후 베를린 필의 수장으로서 악단을 이끈 지휘자 '클라우디오 아바도'(Claudio Abbado)의 음반을 들 수 있겠다. 2014년 세상을 떠나 우리를 안타깝게 했던 그는 민주적인 오케스트라 운용의 모범을 보여준 마에스트로였으며, 베를린 필을 떠나기 전 베토벤 교향곡 전집을 완성했다. 한가지 재미있는 사실은 한 해에 그가 완성한 두 개의 전집이 발매됐다는 것이다. 하나는 스튜디오 녹음, 하나는 로마 실황. 먼저 발매된 것이 스튜디오 녹음이었으나 무슨 이유에서인지 아바도는 스튜디오 녹음을 폐기하고 실황녹음으로 대체할 것을 적극적으로 요청했다고 한다. 하지만 '합창'에 있어서는 두 전집 모두 같은 연주로, 여기서 아바도는 몸집을 줄여 날렵해졌으나 결코 가볍다고 할 수 없는 진중한 음악을 들려주는데 특히 4악장에서의 합창은 좋은 녹음과 더불어 최고의 기량을 선보인다. 최근 많은 명반들이 LP로 재발매되고 있는 가운데 아바도의 이 음반이 빠르게 LP로 발매되었다는 것은 그 가치를 보여준다 할 것이다.

루트비히 판 베토벤 (Ludwig van Beethoven)

1770.12.17.~1827.3.26.

피아노에 앉은 천재의 현란한 핑거링

베토벤 <피아노 소나타 '월광'>(Sonate für Klavier No. 14 'Mondschein')

— 영화 <그것만이 내 세상 >(2018)
감독: 최성현 / 출연 : 이병헌, 윤여정, 박정민

어머니(윤여정)에게 버려져 홀로 남겨진 조하(이병헌)는 한때 WBC웰터급 챔피언이었으나 현재는 만화방을 전전하며 전단지 배포와 스파링 파트너로 근근이 삶을 이어가고 있다. 그러던 어느 날, 우연히 들어간 식당에서 자신을 버린 어머니를 만나게 되고, 그녀는 갈 곳 없는 조하를 집으로 데려온다. 서번트 증후군을 앓고 있는 동생 진태(박정민)와 함께 사는 어머니, 그녀의 표정이 슬프다. 곧 죽음을 맞이할 그녀는 장애를 지닌 진태가 걱정스러워 하나밖에 없는 형이 자신을 대신했으면 하는 마음인 것이다. 이런 와중에 갈등이 생기고 또 치유되기를 반복하다 결국은 가족이 완성되어 가고, 영화는 이러한 과정을 음악이라는 매체를 통하여 따뜻하게 보여준다.

베토벤 피아노소나타 <월광> 3악장

일을 맡기고 잠시 한눈을 판 사이 갑자기 사라져 버린 동생, 애타게 찾아 헤매던 중 길에 놓여진 피아노 앞에 앉은 동생을 발견한다. 그리고 그곳에서 처음으로 듣게 된 동생의 연주. 그가 만들어 내는 음악은 길을 지나던 이들의 발걸음을 붙잡았고, 형은 이런 동생의 재능을 처음으로 목격한 것이다. 영화 <레인맨>이 생각나고 영화 <호로비츠를 위하여>의 설정이 머릿속을 스쳐가지만 무엇보다 먼저 떠오른 것은 영화 <샤인>(스콧 힉스, 1996)의 한 장면이다. 이는 아마도 두 주인공의 천재성이 드러나는 시점적 설정과 인상적인 선곡 때문일 것이다.

▶ 진태가 오케스트라와 협연하고 있다. /스틸컷

<샤인>의 주인공은 러시아 작곡가 '림스키 코르사코프'(Rimsky-Korsakov, 1844~1908)의 <왕벌의 비행>(Flight of the Bumblebee)을 주위의 야유를 뚫고 연주하며 그의 천재성을 드러내었다. 반면 진태는 '베토벤'의 <피아노 소나타 14번 '월광'>의 3악장을 통해서이며, 서커스처럼 전개되는 주인공의 현란한 핑거링으로 그의 능력치를 효과적으로 관객들에

게 각인시켰던 것이다.

설명이 필요 없는 독일의 위대한 작곡가 '베토벤'(Ludwig van Beethoven, 1770~1827), 그의 <피아노 소나타 '월광'>(Sonate für Klavier No. 14 'Mondschein')은 그 1악장의 서정성으로 인하여 무척이나 친숙하며, 프랑스의 작곡가 '드뷔시'의 <달빛>(Clair de lune)과 더불어 달의 서정을 가장 절묘하게 표현한 악장으로 유명하다.

이는 영화 <불멸의 연인>(Immortal Beloved)에서도 인상적으로 사용되었는데, 잘 들리지 않는 베토벤이 피아노의 음색을 확인하기 위하여 피아노에 귀를 밀착시키곤 조용히 건반을 누르는 순간 흘러 나오던 것이 바로 이 곡으로 서글픈 명장면이다.

하지만 이러한 1악장의 은은하면서도 명상적인 선율과 달리 영화에 사용된 3악장은 무서운 속도의 질주를 보여주며 월광이라는 부제를 의심케 한다. 역시나 베토벤 자신에 의하여 붙여진 것이 아니라 음악 평론가 '루드비히 렐스타프'(Ludwig Rellstab, 1799~1860)가 1악장을 두고 "루체른 호수에 어린 달빛이 조각배의 일렁임 같다."라는 논평을 함으로 그러한 부제를 얻게 되었으니 단지 1악장만을 묘사했음을 알 수 있다.

▶ 영화 <불멸의 연인> 중 <월광>이 흐르던 명장면

이렇듯 <월광>엔 '느리게, 음의 길이를 충분히 끌어서'(Adagio sostenuto)와 '매우 빠르고 격렬하게'(Presto agitato)라는 상반된 분위기의 악장이 공존하고 있다. 이는 작곡 당시 베토벤이 사랑했던 여인 '줄리에타 귀차르디'(베토벤은 그녀에게 이 곡을 바친다)에 대한 연정을 낭만적으로, 더불어 예견된 비극적 결말에 대한 좌절을 격정적으로 풀어낸 듯한 것이다.

피아노라는 악기에 있어 베토벤의 32개의 피아노소나타는 지니는 의미가 거대하여 그 가치를 표현하고자 '피아노의 신약성서'라 일컬어진다.(구약성서는 바흐의 '평균율 클라비어곡집'이다.) 하니 대문호의 명작을 찬찬히 읽어 그 의미와 감동을 마음에 채워 나가듯, 시간을 내어 거대한 예술 세계로 여정을 떠나 보자.

차이코프스키 피아노협주곡 1번

영화의 마지막 장면에 이르러 주인공 진태와 오케스트라와의 협연이 이루어진다. 이때의 너무나도 익숙한 선율, 바로 러시아를 대표하는 작곡가 '차이코프스키'(Piotr, Ilyitch Tchaikovsky, 1840~1893)의 <피아노 협주곡 제1번>(Piano Concerto No.1, Op.23)이다.

호른의 인상적인 도입부가 너무도 유명하여 누구나 한번쯤은 접해봤을 것이며, 피아니스트에게 있어서는 반드시 거쳐 가야 할 곡으로 그가 남긴 3개의 피아노협주곡 중 다른 두 곡은 널리 알려져 있지 않지만 제1번 만큼은 클래식에 있어 기본 레퍼토리로 굳건히 자리를 지키고 있는 것이다.

하지만 그 처음이 순탄치만은 않았다. 작곡 당시 모스크바 음악원의 교수였던 차이코프스키는 당시 러시아 피아노계의 대부이자 음악원장인 '니콜라이 루빈스타인'(Nikolai Rubinshtein, 1835~1881)에게 이 곡을 헌정하려 하였다. 하지만 돌아온 것은 초연조차 가지지 못할 정도의 혹평. 아무리 존경하는 선배의 조언일지라도 화가 날 수밖에 없는 상황에서 곡은 독일의 지휘자이자 피아니스트였던 '한스 폰 뷜로'(Hans von Bülow, 1830 ~1894)에 의해 1875년 미국 보스턴에서 초연되어 큰 성공을 거둔다. 이는 러시아 음악계의 관례상 매우 이례적인 일이었으며, 이후 곡의 인기는 날로 상승하여 현재에 이르러 대중으로부터 가장 사랑 받는 피아노 협주곡 중 하나로 자리잡게 된 것이다. 영화에서는 곡의 인상적인 부분만을 편집, 보여줌으로 긴 시간을 견디기 힘든 청중에게 좀 더 쉽게 이 곡에 다가갈 수 있는 기회를 제공하는데, 언급했던 호른의 서주 이후 서정적 멜로디를 거쳐 그 장대한 피날레에 이르다 보면 경이로운 자연을 대면한 듯 마음 깊은 곳으로부터 깊은 감동이 전해진다.

영화에 사용된 또 다른 곡들을 간단히 소개하자면, 먼저 자동차 사고로 다리 하나를 잃고 은둔한 비련의 피아니스트 한가율(한지민)의 사고 장면에서 마치 꿈속인 듯 들려오던 러시아의 작곡가 '라흐마니노프'(Sergei Rachmaninoff, 1873~1943)의 <피아노협주곡 2번>(Piano Concerto No. 2, Op. 18) 중 2악장, 진태를 데리고 가율의 집을 방문했을 때 둘이 함께 연주(연탄)하여 모두를 놀라게 했던 <브람스의 헝가리 무곡 5번>이 있다. 이 장면은 두 배우가 오랜 연습 끝에 만들어 낸 실연이라 하니 놀라우며 박수를 보내는 바다. 그리고 콩쿠르에 참가한 진태가 연주하던 '쇼팽'의 <즉흥환상곡>(Impromptu No.4, Op.66 'Fantaisie-Impromptu') 역시 친숙한 곡이라 반갑다.

하지만 무엇보다도 깊은 인상을 남긴 음악적 장면은 진태를 통해 피아노에 대한 열정을 다시 찾은 한가율이 <젓가락 행진곡>을 멋지게 연주하던 순간이다. 피아노 앞을 다시 찾은 이가 연주한 곡으로서 친근한 선곡이 반가웠으며, 음악감독 '황상준'의 다양한 음악적 형식으로의 편곡이 절묘하여 잊지 못할 명장면으로 기억될 듯하다.

▶ <Splendor in the Grass>에서 사용된 차이코프스키의
<피아노 협주곡> 1악장 - '핑크 마티니'

추천 음반

BEETHOVEN: Piano Sonata No. 14 op. 27-2 "Moonlight"

Emil Gilels (piano)
1980/09 , Jesus-Christus-Kirche, Berlin

'빌헴름 켐프'(Wilhelm kempff)는 곡을 여러 번 녹음하여 우리에게 친숙한 피아니스트로 남아 있으며, 학구적인 연주로 유명한 '알프레드 브렌델'(Alfred Brendel) 역시 그의 1972년 녹음(Philips)을 통해 무뚝뚝하지만 정열적인 연주를 남긴 바 있다.

하지만 여러 연주들 가운데서 돋보이는 것은 러시아의 피아니스트 '에밀 길렐스'(Emil Gilels)의 녹음(DG)이다. 1악장의 서정성도 훌륭하지만 강철 타건이라는 별명답게 부술 듯 내 달리는 3악장은 압도적이다. 이 연주를 들으며 그가 미완의 전집을 남긴 채 세상을 떠난 것을 안타까워하지 않기란 어렵다.

추천 음반

TCHAIKOVSKY: Piano Concerto No. 1 in B flat minor op. 23
Sviatoslav Richter
Herbert von Karajan (conductor)
Wiener Symphoniker
1962/09/24-26 , Musikverein Saal, Wien

1965년 쇼팽 콩쿠르 우승에 빛나는 피아니스트 '마르타 아르헤리치'(Martha Argerich), 그녀는 '샤를 뒤트와'(Charles Dutoit)와 호흡을 맞춘 1970년 음반을 시작으로 여러 번의 녹음을 남기는데 모두가 '건반 위의 암사자'라는 별명과 어울릴 법한 웅혼한 연주를 들려준다. '에밀 길렐스'(Emil Gilels)와 함께 러시아 피아노계의 쌍두마차로 시대를 이끈 '스비아토슬라프 리히터'(Sviatoslav Richter) 또한 카라얀과 만나 멋진 연주(1962년, DG)를 남긴 바 있는데, 오케스트라가 뿜어내는 강력한 도입부와 피날레, 그리고 이에 조금도 눌리지 않는 압도적인 타건이 어우러져 멋진 음악적 순간을 선사한다.

악마가 가르쳐 준 복수의 가락

파가니니 <24개의 카프리치오>(24 Caprices for Violin)

— 영화 <친절한 금자씨>(2005)
감독: 박찬욱 / 주연: 이영애, 최민식

관중석으로부터 시작된 바이올린 선율, 그는 자신을 보러 온 관객들을 가로지르며 신들린 듯 익숙한 선율을 뽑아낸다. 이미 사람들은 악마가 내는 선율에 빠져 들었으며 소녀 팬들은 그와 조금이라도 닿기 위해 조심스럽게 손을 뻗으며 자지러진다. 이윽고 무대 위를 정복한 악마의 바이올리니스트, 그는 계속해서 연주를 이어 나가고 악상이 변할 때 마다 그에게 완전히 사로잡힌 관객들은 동조하듯 맞춰 울고 웃으며 열광하는 것이다. 지휘자는 그의 속주가 버거워 이마를 진땀으로 채우고, 그나마 오케스트라에서 가장 뛰어난 기량을 지녔을 악장은 바로 앞에서 연주하는 그를 바라보며 '사람이 맞는지' 놀라워할 뿐이다. 그렇게 연주가 끝나고 이제 그를 향한 환호와 박수갈채가 공간을 가득 채우는데, 그것은 그가 뿜어냈던 바이올린 소리의 열기만큼 강렬한 것이다. 이는 영화 <파가니니: 악마의 바이올리니스트>(2013)의 콘서트 회장 장면이다. 시대에 대한 고증이 그리 틀리지 않았다면 그 시절에도 현대의 '아이돌'(Idol)과 '팬덤'(Fandom) 관계가 존재하였음을 볼 수 있다. 그리고 이때의 장면에서 사용된 곡은 바로 <24개의 카프리치오> 중 24번, 박찬욱 감독의 복수 3부작의 대미 <친절한 금자씨>에서 간헐적으로 흘러나와 깊은 인상을 남겼던 바로 그 곡이다.

▶ 영화 <파가니니 - 악마의 바이올리니스트> 중 콘서트 장면, 데이빗 가렛.

영화 포스터의 카피처럼 '그녀가 움직이기 시작했다.' 지금부터? 아니 13년 전부터. 아동유괴 및 살해죄로 13년간의 복역을 마치고 출소한 '금자'(이영애), 이제 그녀는 수감 생활 중 알게 된 이들을 한 명씩 찾아가고, 그들은 그녀를 은인으로 대하며 복수를 돕는다. 여러 사정으로 감옥에서 어려움을 겪던 그들의 고충을 하나씩 은밀히 해결해 주었기 때문이며 그들에게 그녀는 '친절한 금자씨'인 것이다. 하지만 이 모든 것은 복수를 완성하기 위해 철저히 준비된 단계일 뿐이다. 이제 모든 것이 완벽히 준비된 듯한 상황, 그녀는 서두르지 않는다. 먼저 오스트레일리아에 입양된 딸을 찾아간 금자, 어린 시절 백 선생과의 실수로 얻었지

만 한없이 사랑스럽고 소중한 딸. 그 옛날 백 선생은 잔인하게도 그 딸을 볼모로 하여 금자로 하여금 모든 유괴 살인의 죄를 뒤집어 쓰도록 했던 것이다.

이제 딸과 함께 돌아온 금자는 차근히 계획을 실행해 나가고 막판 들통이 나 위험한 순간을 맞기도 하지만 마침내 그를 수중에 취하는데 성공한다. 정신을 잃은 그의 탐스런 머리카락을 미친 듯 잘라내던 모습은 이렇게라도 신체적 가해를 주고픈 그녀의 광기 어린 복수심이었을 것이다. 드디어 복수를 완결할 수 있는 순간, 하지만 그에게 희생된 또 다른 아이들이 있다는 사실을 알게 된 그녀는 아이들의 부모들을 수소문하여 모으고, 절대 악이라 할 그를 어떻게 단죄할 것인지 재판이 시작된다.

영화 <친절한 금자씨>에는 그 이야기의 비극성만큼이나 서슬 퍼런 음악이 있다. 주인공 금자가 누군가와 만나 복수를 획책할 때, 그녀의 미모에 반해 버린 '근식'과 정사를 나누기 전, 그리고 이 외의 여러 장면에서 등장하는 익숙한 선율은 바로 이탈리아 작곡가이자 바이올리니스트인 '니콜로 파가니니'(Niccolo Paganini, 1782~1840)의 <24개의 카프리치오>(24 Caprices for Violin) 중 24번 A장조.

1782년 이탈리아의 제노바에서 태어난 파가니니는 어려서부터 그 타고난 재능이 남달랐으며 이러한 바탕에다 혹독한 훈련까지 거치니 바이올린 연주에 있어 괴물이 되어버려 14살에 이미 세상을 놀라게 하기에 충분했다. 이후 유럽 전역을 떠돌며 연주 여행을 시작한 파가니니는 등장하는 모든 곳에서 센세이션을 일으키며 일약 스타로 발돋움한다. 이는 그가 바이올린을 드는 순간 모두가 홀린 듯 빠져들고 마는 마력으로 인한 것이었다. 하니 비싼 표 값에도 공연장은 늘 청중으로 가득 찼으며 유럽의 도시들은 그를 맞이하기 위하여 혈안인 것이다. 하지만 이러한 그의 무리한 일정은 결국 건강에 문제를 일으켜 몸은 망가져 갔고 그렇게 돌아온 조국, 그는 약 7개월간의 투병 끝에 아들만이 곁을 지키는 가운데 쓸쓸히 생을 마감하고 만다.

한 작곡가를 소개함에 있어 그의 작품 세계라든지 음악관을 이야기해야 함에도 파가니니를 언급할 때면 주로 그의 악마적 기교에 얽힌 에피소드들이 대부분이며 또한 관심사이기에 안타깝다. 하지만 그가 지녔던 신기에 가까운 기량을 더욱 효과적으로 전달하기 위한 일화로 '그 정도였구나' 감탄하게 한다면 충분히 그 역할은 다했다 할 수 있을 것이다. 워낙 뛰어난 기교를 지녔기에 음악성이 아닌 가진 재주로 사람을 현혹한다는 박한 평가를 받는 파가니니, 악보를 거꾸로 놓고 연주하기, 각종 동물들의 소리 내기, 나뭇가지로 연주하기 등 그가 연주회장에서 보였던 파격적인 행각에 관한 일화들은 너무도 다양하다. 나폴레옹의 여동생 '엘리자 보나파르트'는 그의 연주를 듣다 기절했으며, 줄 하나로만 연주할 곡을 만들자 그가 살해한 옛 애인의 창자를 꼬아 만든 줄이라는 소문이 나 돌

▶ 파가니니의 바이올린 / 이탈리아 제노바

았다. 하니 교회에서는 노골적으로 그를 악마로 치부해 적대시하는 세력마저 등장하였는데, 심지어 지성의 결정체라 할 시인 하이네마저 그의 발치에 묶인 쇠사슬과 그를 움직이는 악마를 보았다고 할 지경인 것이다.

▶ 니콜로 파가니니(Niccolo Paganini) 1782.10.27.~1840.05.27.

이러한 괴소문들이 생겨난 데는 마르고 긴 체구에 튀어 나온 광대뼈와 매부리코였던 그의 특이한 외모도 일조했을 것이다. 하지만 무엇보다도 그 정도가 아니라면 그의 초인적인 기교를 달리 표현할 방법이 없었기 때문일 것이다. 그의 기교에 관하여 조금은 이성적으로 접근한 표현이라면 "그의 연주를 듣지 못한 이들에게 아무리 열심히 설명을 해도 무감각한 철자와 죽은 단어의 나열일 뿐이다."라는 당시의 한 신문기사를 들 수 있는데, 이 역시도 상당히 감정적으로 격양된 상태임을 대번에 알 수 있다.

이러한 파가니니가 바이올리니스트들이 정복해야 할 산으로 남겨 놓은 작품이 바로 <24개의 카프리치오>(24 Caprices for Violin)이다. 여기서 카프리치오란 '짧고 자유로운 형식의 역동적 소품'을 뜻하는 것으로 흔히 '기상(奇想)곡'으로 번역되며, 작곡가 파가니니는 각기 다른 기교가 요구되는 24곡을 테크닉을 위한 연습곡처럼 남긴 것이다. 하니 얼마나 어려울까 궁금해짐과 동시에 두렵기까지 한 대목이며, 피아노의 '리스트'(Liszt)에 있어 <초절기교 연습곡>(12 Transcendental Etudes S. 139)이 있다면 바이올린의 파가니니에 있어 이 곡이 있는 것이다.

24개의 곡 중 유명한 몇을 소개하자면, 악보를 펼치자 보여지는 빼곡한 32분 음표로 '아이쿠 어렵겠구나' 하며 그 시작부터 당혹감을 선사하는 1번, 바이올리니스트들에게 '빨리 빨리'경쟁을 유발하는 5번과 무시무시한 '슬러 스타카도'[1]로 인간의 영역을 넘어 선 테크닉을 요구하는 듯한 10번, 그리고 그 기괴함이 악마의 웃음소리 같다 하여 그 숫자와도 어울리게 '악마의 미소'라는 별명을 지니고 있는 13번, 빠른 옥타브 화음을 요구하는 난곡으로 영화 <애수의 트로이메라이>(1983)에서 파기니니로 분한 바이올리니스트 '기돈 크레머'(Gidon Kremer)가 열연하여 깊은 인상을 남긴 바 있는 17번을 들 수 있겠다.

그리고 영화에 등장했던 가장 유명한 선율, 바로 24번 마지막 카프리치오다. 이는 처음의 짧은 테마와 11개의 변주, 그리고 피날레로 이어지는 형식을 지닌 것으로, 튕기다 긁다가, 이어지다 끊어지며, 흐느끼다 갑자기 격정에 휩싸이는 등 강렬한 인상으로 사람의 혼을 기어코 빼어 놓고야 마는 제목만큼 기이한 곡인 것이다.

이제 그를 둘러싼 괴이한 소문들로 인해 생긴 안타까운 이야기가 남았다. 평생을 '악마에게 영혼을 판 바이올리니스트'란 오명을 안고 살아온 파가니니, 터무니없어 보이는 소문이 이젠 공공연한 사실로 받아 들여져 그의 시신이 36년 동안이나 자리를 잡지 못할 사건이 벌어지는데, 죽음을 앞둔 파가니니가 고해성사를 들으러 온 사제의 다그침에 자신의 바이올린을 향해 '이 속에 악마가 들어 있소'라고 말해 버린 것이다. 존경 받는 사제의 증언이었으니 이제 소문은 사실이 되어 세상으로 퍼져 나갔고 그의 죽음을 애도하던 교회의 조종은 멈추었으며 고향 제노바에 묻히고 싶다는 그의 유언은 교회의 매몰찬 반대에 부딪히고 만다.

---

1) 한 방향으로 활을 움직이며 여러 음을 빠르게 끊어 연주하는 것

그렇게 타지와 지하 납골당을 떠돌며 오랫동안 안식을 얻지 못한 파가니니, 이후 36년이란 세월이 지나고서야 아들의 힘겨운 노력으로 고향의 품 안에 묻힐 수 있게 된다. 이는 잘못되고 과장된 소문이 어떻게 한 사람의 생과 영혼을 파괴해 나가는지 보여 주는 듯하여 안쓰러우며 현재에도 이러한 일들이 벌어지고 있으니 두려운 것이다.

영화 <친절한 금자씨>에는 파가니니의 곡 외 작곡가 '비발디'(Vivaldi)의 작품이 여럿 등장하며 장면을 이끌어 가는데 일면 다정해 보이는 그의 곡들이 영화와 만나 빚어 내는 긴장감이 놀랍다. 더불어 금자가 딸에게 불러주는 자장가, 영화의 마지막 장면, 하얀 눈을 맞으며 이처럼 살자던 그들의 모습 뒤로 흐르던 '조르디 사발'(Jordi Savall 1941~)의 자장가 <엄마, 엄마, 날 울리지 말아요>(Mareta, mareta no'm faces plorar)는 새로운 발견이다.

영화 <친절한 금자씨>에 등장하는 '비발디' 작품 목록 (작품 명/ 장면)

1. Cantata RV.684 / 출소하는 금자 "너나 잘 하세요"
2. String Concerto RV.159 / 교도소의 악녀를 벌하며
3. String and basso Concerto RV.310 / 먼저 출소한 '우소희'와의 만남
4. Concerto RV.578 / 악녀 '고수희'의 범행 장면
5. Bassoon Concerto RV.484 / 자신을 잡으러 온 자들을 향해 방아쇠를 당길 때

추천 음반

PAGANINI: 24 Caprices op. 1
Ruggiero Ricci (violin)
1959/4 Stereo, Analog, Victoria Hall, Geneva

곡이 지닌 매력에도 바이올린으로 구사할 수 있는 거의 모든 기교가 요구되는 곡이다 보니 바이올리니스트에게 있어 섣불리 덤벼들기 힘든 난제다. 하니 모두가 신중한 가운데 파가니니 해석의 권위자 '루치에로 리치'(Ruggiero Ricci, DECCA 1959)와 '이작 펄만'(Itzhak Perlman)의 녹음(EMI, 1972)이 최고로서의 지위를 누리고 있다. 이러한 쟁쟁한 선배들의 연주에 도전장을 낸 연주자가 있으니 바로 2015년 파가니니 국제 바이올린 콩쿠르에서 1위를 차지한 '양인모'이다. 2008년 이후 1위가 없던 경연에서 9년만에 당당히 우승을 차지하며 세계의 주목을 받은 그가 데뷔 앨범(DG, 2018)으로 선택한 곡은 놀랍게도 <24개의 카프리치오>이며 그것도 실황이다. 그의 이러한 도전적인 행보에 박수를 보내는 바이며 결과물 또한 근사한 것이라 더욱 놀랍다.

사과하고 화해하세요

로시니 <나는야 이 거리의 만능일꾼>(Largo al factotum)

— 영화 <미세스 다웃파이어>(1993)
주연: 로빈 윌리엄스 / 감독: 크리스 콜럼버스

여장 남자를 소재로 한 영화 <투씨>(Tootsie), <It might be you>라는 주제곡이 좋았던 영화로 주인공 역을 맡았던 '더스틴 호프먼'이 이 영화로 여우주연상을 받을 뻔했다는 우스갯소리가 있다. 이렇듯 성별로 인한 해프닝은 웃음을 선사하는 좋은 소재이기에 비단 영화 뿐 아니라 모든 코미디 장르에서의 단골 소재다. 영화 감독 '크리스 콜럼버스', 그는 영화 <나홀로 집에>로 '맥컬리 컬킨'을 크리스마스 키드로 만든다. 그리고 3년이 지나 대배우 '로빈 윌리엄스'를 60대 할머니로 변장시켜 다시 한번 가족의 사랑을 이야기한다.

천의 목소리를 지닌 성우 '다니엘'(로빈 윌리엄스), 그는 오늘도 애니메이션에 목소리를 입히고 있다. 하지만 지닌 신념으로 인한 스텝들과의 불화로 일자리를 잃고 더욱 가혹한 것은 아이들을 위해 준비한 난장판

파티로 그동안 참고 지내던 아내 '미란다'가 힘겹게 이혼을 요구한 것이다.

일주일에 한번의 만남이라는 판결, 아이들 없이 하루도 힘든 그에게 재앙과 같은 상황, 하지만 그에게 찾아 온 황금 같은 기회가 있으니 아내 미란다가 아이들을 돌볼 가정부를 구한다는 것이다. 자신이 가진 재능(천의 목소리)을 활용해 아이들과 함께 할 수 있는 기회를 얻고자 하는 다니엘, 신문기사 '의심스러운 화재'(doubt fire)를 보고 급조한 '다웃파이어'라는 이름과 할머니 분장으로 그는 이제 보모로서 아이들과 함께 할 수 있게 된다.

아직도 아빠가 그리워 마음의 문을 열지 못하던 아이들도 곧 정성스러운 보살핌에 다웃파이어와의 생활을 받아들인다. 아내 미란다 역시 잘 정돈된 집과 맛있는 음식에 만족하며 그녀에게 많은 것을 의지하게 되는데, 심지어 자신에게 접근하는 남자 '스튜'에 대한 조언도 부탁하지만 당연히 고운 말이 돌아올 리 없다. 이제 없어서는 안될 존재가 되어 버린 미세스 다웃파이어, 남자와 여자의 모습을 오가는 상황에서 여러 가지 해프닝이 벌어지고, 아슬아슬 위기를 모면하던 그였지만 화장실에서 남자식 일보기를 목격한 아들로 인해 결국 들통이 나고 만다. 엄마에겐 비밀. 하지만 이러한 상황에서 최대의 위기가 찾아온다. 거의 망해 가는 공룡소개 프로그램을 살려내기 위한 사장과의 약속과 아내 미란다의 생일 파티가 같은 장소에 같은 시간인 것이다. 꼭 지켜야 하

는 두 가지 약속, 그것을 동시에 지켜내야 하는 다니엘, 정신 없이 왔다 갔다 하며 상황을 이어가 보려 하지만 결국 정체가 탄로나고 아내 미란다는 황당해하며 자리를 뜬다. 다시 법정 앞에 선 다니엘, 아이들과의 만남에 더한 규제가 가해지고 양육권이 엄마 미란다에게로 넘어가는 상황에서 최후 변론을 통해 자신에게 아이들이 얼마나 소중한지 피력해 보지만 이토록 감동적인 변론조차 연극일 수도 있지 않냐는 판사의 말과 함께 판결이 확정된다. 하지만 이제 아내도 아이들을 사랑하는 그의 마음을 알아 법원의 판결을 뒤로 하고 아이들과 함께 할 수 있는 시간을 허락한다. 초인종 소리에 문이 열리고 이제 그곳엔 다웃파이어가 아닌 다니엘이 서 있다.

소개하려는 곡이 어느 장면에서 사용되었는지 궁금하여 영화를 보기 시작하였다면 그리 오래 기다리지 않아도 된다. 영화가 시작되자 바로 흘러나오는 귀에 익은 선율, 만화영화에서 새장 속의 새가 흥겨이 노래하고 이를 더빙 중인 성우는 주인공 다니엘이며, 그가 여기서 제법 멋지게 불러 내는 이 곡은 바로 이탈리아의 작곡가 '로시니'(Gioacchino Rossini, 1792~1868)의 인기 오페라<세빌리아의 이발사>(Il Barbiere di Siviglia) 중 '나는야 이 거리의 만능일꾼'(Largo al factotum)이다. 이는 주인공 '피가로'가 등장하며 부르는 아리아로 특히 자신의 이름 피가로를 줄기차게 반복해대는 부분은 딱히 오페라를 즐겨 감상하는 이가 아니더라도 익숙할 법한 유명한 곡이다.

1792년 이탈리아의 작은 도시 피사로에서 태어난 로시니, 그는 익살과 농담을 즐기는 타고난 낙천주의자였다. 어쩌다 그와 관련된 일화를 접하다 보면 대체로 "인생 뭐 있어? 즐겁게 살다 가면 그만이지"라 말하는 듯 밉살스러우면서도 부러운 것들이다. 그래서인지 남긴 유명 작품들은 그의 이러한 성향이 제대로 발휘된 유쾌한 희가극[1]에 있으며 인기 또한 높지만 몇 개의 진지한 오페라는 그리 주목을 받지 못한다. 또한 그는 젊은 시절 큰 인기를 누리며 믿기 힘든 속도의 창작력을 발휘, 짧은 기간 동안 무려 39개에 달하는 가극을 남기는데 그 중 대표 작이자 가장 많은 공연 횟수를 자랑하는 오페라가 바로 <세빌리아의 이발사>인 것이다.

프랑스 작가 '보마르셰'가 쓴 피가로 3부작, <세빌리아의 이발사>, <피가로의 결혼>, <죄 많은 어머니> 중 그 첫 번째인 세빌리아의 이발사, 이 작품은 사실 선배 작곡가 '파이지엘로'(Giovanni Paisiello, 1740-1816)에 의해 먼저 세상에 선보여진 바 있다. 그리고 그 흥행을 이어 받아 모차르트의 오페라 <피가로의 결혼>이 탄생했으며, 30년을 훌쩍 지나 로시니에 의해 새로운 세빌리아의 이발사가 재창조된 것이다. 파이지엘로의 입장에선 까마득한 후배의 이러한 행동이 꽤나 괘씸했었나 보다. 초연이 난장판이 되도록 방해 공작을 펼쳤으며 그런 그의 계획은 성공하는 듯 보였다. 하지만 이후 계속된 공연에서 작품은 엄청난 성공의 길을 걸으며 현시대에 있어 <세빌리아의 이발사>는 로시니의 것이다. 그렇다면 얼마나 재미있는 내용이길래 두 번씩이나 작곡가의 선택을 받았을까?

아름다운 '로지나'에게 첫눈에 반한 백작, 그는 매일같이 그녀에게 세레나데를 바치지만 만나기조차 쉽지 않다. 그녀를 차지할 음모를 지닌 후견인 '바르톨로'가 있기 때문이다. 그러던 어느 날, 우연히 이발사로 살아가는 자신의 옛 하인 '피가로'를 만나게 되고 둘은 로지나의 사랑

---

1) 오페라부파, 노래 외에 대사와 경쾌한 음악을 수반하는, 희극적이고 익살스러운 내용의 가극

을 얻기 위해 의기투합한다. 참으로 의리 있는 피가로다.[2] 주정뱅이 사관으로 위장하여 잠입한 백작은 결국 들통이 나지만 다시 한번 음악 선생님의 제자 '돈 아론조'로 위장하여 로지나와 사랑의 노래를 주고 받는다. 이 모든 것이 피가로의 아이디어와 기지에 의한 것이다. 그러다 결국 로지나의 마음을 얻은 이는 돈 아론조, 하지만 바르톨로의 술책으로 상황을 오해한 로지나는 몰래 발코니를 통해 들어온 백작을 향해 항의하고 그녀가 돈 아론조를 사랑하고 있음을 안 백작이 자신이 그임을 밝히자 로지나는 감동한다. 이때 로지나와의 결혼을 서둘러 진행코자 공증인과 병사들을 데리고 온 바르톨로는 그를 체포하려 하나 백작임이 밝혀지자 상황은 역전된다. 그리고 사랑의 기쁨을 다 함께 노래하며 막을 내린다.

내용인즉 사랑을 찾아 좌충우돌하는 젊은 남녀의 이야기이며 복잡하게 얽히지만 결국 사랑이 완성되는 해피엔딩으로 낙천주의자 로시니에게 딱 맞는 스토리였던 것이다.

영화 <미세스 다웃파이어>에서도 역시 오페라의 내용처럼 갖가지 소동들이 벌어지지만 그 마지막엔 모든 것이 잘 해결된다. 하지만 그 과정이 너무도 복잡하다. 사실 주인공 다니엘의 막내딸이 갈등과 다툼의 해결책을 이미 알려주었었다. 엄마와의 관계가 틀어져 버린 아빠에게 제시한 그 답은 너무도 단순하지만 진리이기에 어른들의 세계는 좀 더 복잡하다는 아빠의 대답은 변명처럼 들릴 뿐이다.

"사과하고 화해하세요."

---

2) 이후 백작은 피가로와 결혼할 여자에게 응큼한 생각을 품는다 : 피가로의 결혼

추천 음반

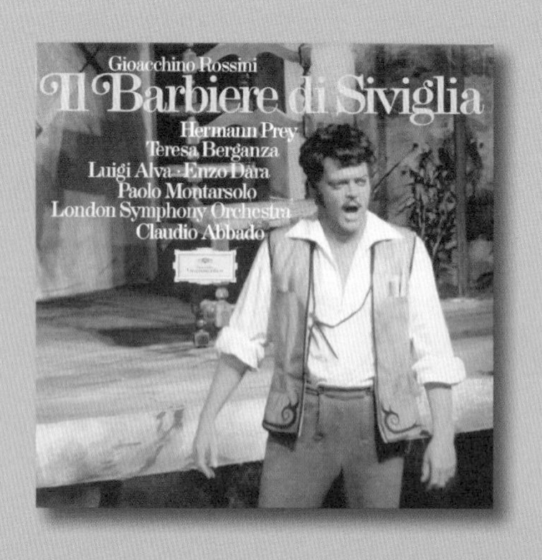

ROSSINI: Il Barbiere di Siviglia
Luigi Alva, Teresa Berganza, Hermann Prey
Claudio Abbado
London Symphony Orchestra, Ambrosian Opera Chorus
1971/09, Town Hall, Watford, London

20세기를 대표하는 소프라노 '마리아 칼라스'(Maria Callas), 놀라운 성량과 연기력을 바탕으로 오페라부파의 대표작이라 할 <세빌리아의 이발사>에서도 탁월한 가창(EMI, 1957)을 선보인다. 흥겹게 흘러가는 장면들 속에 그녀의 목소리는 여전히 매력적이며 이를 탄탄히 받쳐주는 '갈리에라'(Alceo Galliera)의 오케스트레이션은 생동감이 넘친다.

'클라우디오 아바도'가 '베르간자'와 '헤르만 프라이'를 캐스팅하여 이끌어 낸 <세빌리아의 이발사>는 아직도 최고의 연주라는 영예의 자리를 지키고 있다. 두 주역의 놀라운 가창은 물론 이에 지지 않는 조연들의 절창과 호연, 그리고 탁월한 리듬감으로 무장한 아바도의 반주가 어우러져 불멸의 순간을 만들어 낸 것이다.

천재의 곁을 지키는 자들

슈베르트 <송어>(Die Forelle)

— 영화 <셜록 홈즈: 그림자게임>(2011)
감독: 가이 리치 / 주연: 로버트 다우니 주니어

1891년 유럽, 곳곳에서 일어나는 테러로 모두의 시선이 그쪽으로 쏠려 있지만 사실 이 모든 사건은 천재 범죄자 '모리아티' 교수에 의해 꾸며진 일이며 목적은 돈이다. 군수산업을 운영하는 그는 전쟁을 일으킬 심산인 것이다. 조금씩 사건의 전모를 알아가는 '홈즈' 일행, 어렵게 모리아티가 운영하는 군수공장에 잠입하지만 결국 붙잡혀 죽음의 위기를 넘기고 그렇게 유럽 정상들이 모인 스위스에서 마지막 치열한 두뇌싸움을 벌인다. 마침내 그곳에서 두 천재가 만나 체스와 완력으로 승자를 가리는 것이다.

모리아티 교수, 천재적 두뇌에 작곡가 '슈베르트'를 사랑하고 게다가 복싱 선수 출신으로 싸움에도 능하다. 홈즈의 라이벌이니 이 정도 인물은 되어야 하는 것이다. 우여곡절 끝에 그가 운영하는 군수공장에 잠입하다 붙잡힌 홈즈, 포획된 그를 두고 모리아티가 조롱하듯 노래하던 선율이 있으니 바로 작곡가 '슈베르트'(Franz Schubert, 1797~1828)의 <송어>

(Die Forelle, D.550)다. 숭어인가 송어인가 헷갈리겠지만 가사 속에 들어있는 '맑은 시내'로 유추해 볼 때 송어가 맞다. 그 선율이 아름답고 명랑하여 대중으로부터 많은 사랑을 받고 있는 이 곡은 슈베르트가 스무 살 때인 1817년, 독일의 시인 '크리스티안 슈바르트'(Christian Schubart)의 시에 곡을 붙인 가곡이다. 가사를 살펴보자면 송어를 잡으려 맑은 시내에 낚시를 드리우지만 잡히지 않자 어부는 마침내 흙탕물을 일으켜 그물로 끌어들이는데 성공한다는 내용이다. 하니 전 유럽을 전쟁이라는 흙탕물로 몰아가 결국 자신이 얻고자 하는 것을 얻으려는 악당의 계획에 너무나 딱 맞아 떨어지는 노래인 것이다. 그렇게 모리아티는 흥얼거리며 마치 낚시 바늘인 듯 갈고리로 홈즈를 포획하고 유린하다 승리감에 도취되어 묻는다. "누가 송어이고 누가 어부인가?" 물론 자신이 어부이며 승리자라 생각했겠지만 결국 호되게 뒤통수를 맞게 될 것이라는 사실을 알지 못하는 것이다.

가곡으로서의 송어와 더불어 <피아노 5중주>(Piano Quintet Op.114, D.667 'The Trout')로 만들어진 '송어'가 있다. 1819년, <송어>를 초연한 성악가 '포글'(Vogl)과 함께 그의 고향인 오스트리아 북부 슈타이아(Steyr)와 린츠(Linz)로 여행을 떠난 슈베르트, 그들은 그곳에서 약 두 달간 머물며 편안한 휴식의 시간을 보내는데, 음악 애호가이자 자산가인 '실베스터 파움가르트너'(Sylvester Paumgartner)로부터 극진한 대접을 받는다. 이때 아마추어 첼리스트이기도 했던 실베스터는 슈베르트에게 아마추어들이 연주할 만한 곡을 의뢰하며 자신이 좋아하는 <송어>의 선율을 사용해 줄 것을 부탁한다. 이에 슈베르트는 감사의 마음을 담아 작업에 임하였을 터이니 훈훈한 인지상정의 결과물인 것이다. 연주에 함께하고픈 아마추어 더블베이스 주자가 있었던 것일까? 악기의 편성에 있어서도 그 구성이 독특한데 하나의 바이올린이 빠진 자리를 더블(콘트라) 베이스가 대신하며 그 결과 오늘날 실내악 참여의 기회가 흔치 않은 콘트라베이스 주자들에게 소중한 기회를 제공한다. 그렇게 총 5악장으로 구성된 작품은 의뢰인의 요청대로 4악장에 <송어>의 멜로디가 6개의 변주 형태로 아름답게 그려지는데, 여름날 시내에서 뛰노는 물고기들과 햇살에 부딪힌 물방울이 보일 듯 영롱하다.

영화에서는 짧지만 인상적으로 사용된 또 하나의 슈베르트 가곡을 만나볼 수 있으니 바로 홈즈가 모리아티의 사무실에 방문하였을 때 흘러 나오던 <어부의 노래>(Fischerweise. D881)다. 사무실에 들어 선 홈즈는 거침 없이 작곡가와 작곡 연도, 그리고 원어인 독일어 가사로 "영리한 목동 아가씨, 어리석은 속임수는 그만두세요."라며 읊조린다. 이에 모리아티는 이 가곡의 마지막 부분인 "이 물고기는 속일 수 없답니다."로 맞받아친다. 천재들의 대화는 이런 것일까? 홈즈는 노래의 가사로 "이제 그만두라"며 타이르듯 협박한 것이고, 이에 모리아티는 "결코 그물에 걸려 들지 않을 것이다"라며 응수한 것이니 이 짧은 노래의 마디 마디로 드러나는 두 천재의 기 싸움이 놀라운 긴장감을 선사한다.

영화에 있어 홈즈와 관련이 있는 두 천재가 있다. 바로 라이벌이자 악당인 모리아티, 그리고 그의 친구이자 협력자인 '왓슨'이다. 왓슨은 훌륭한 의사이면서 일반인을 넘어서는 추리력과 신체적 능력 또한 가지고 있는데 홈즈가 주인공임에도 왓슨이 없다면 무엇을 할 수 있을까 싶다. 홈즈 역시 그가 절실히 필요함을 알고 있기에 늘 놀리듯 대하지만 서로에 대한 신뢰는 변함이 없으며 깊다. 모리아티의 군수공장에 잠입하기 전, 홈즈는 왓슨에게 쪽지를 남기고 홀로 잠입을 시도한다. 이는 물론 계획된 것이다. "바쁜 일 없으면 빨리 와줘, 바쁜 일이 있어도 빨리 와줘." 홈즈는 자신의 계획을 성공시키기 위하여 홀로 위험을 감당

하지만 그 결과를 마치기 위하여는 왓슨이 없으면 안되었던 것이다.

▶ 모리아티 교수를 대면한 홈즈, 슈베르트의 <어부의 노래>로 서로의 속마음을 이야기한다. /스틸컷

슈베르트의 음악을 사랑하는 이들의 모임인 '슈베르티아데'(Schubertiade), 그의 창작을 도우며 후원하기 위한 그곳에는 가곡 <송어>를 포함, 수많은 곡을 초연해 준 포글이 있었으며 당시 그는 빈 국립오페라단의 유명한 바리톤임에도 무명에 불과했던 슈베르트의 가곡을 널리 알리는데 노력을 아끼지 않는다. 천재 화가 '슈빈트'(Schwind,), 그 또한 그 모임의 일원이었으며 "매일 한 수저의 음악이 필요하다"라고 했을 정도로 음악을 사랑했던 그는 슈베르트의 초상화와 연주 장면을 작품으로 남기며 그의 음악에 지지를 표한다. 그렇게 그곳엔 시인들이 있어 슈베르트로 하여금 악상을 떠오르게 만든 멋진 시를 제공하였을 것이며 가난하여 오선지조차 살 수 없었던 그에게 오선지를 사다 주거나 그려준 많은 친구들 또한 함께였던 것이다. 홈즈에게 왓슨이 있듯 슈베

르트에겐 그들이 있었다. 그들의 재능 또한 대단하였으나 더 나은 재능을 가진 이가 그것을 마음껏 펼치는데 있어 자신의 것을 기꺼이 내어준 동료이자 친구들. 하여 이제 내용도 없이 자신의 이름만을 알리기에 바쁜 이들, 자신보다 나은 것을 보면 칭찬할 줄 모르고 음해하며 시기하기에 급급한 이들에게 슈베르트의 친구이자 천재화가 '슈빈트'가 했던 말을 들려주려 한다.

"나의 그림 중 가장 큰 가치를 지닌 것은 슈베르트를 위해 그린 오선지였다."

▶ '슈빈트'가 그린 슈베르티아데에서 연주하는 슈베르트,
그의 오른쪽에 앉은 이가 미하엘 포글이다.

추천 음반

SCHUBERT: Piano Quintet in A major D. 667 "The Trout"
Alfred Brendel (Piano)
Cleveland Quartet
1977/08, London

많은 유명 피아니스트들이 녹음을 시도하며 좋은 연주들을 남겨 선택의 폭이 넓지만 먼저 고전적인 명반으로 피아니스트 '클리포드 커즌'(Clifford Curzon)과 '빈 8중주단'(Wiener Oktett)의 멤버들이 함께 한 연주(DECCA, 1957)를 앞에 두려 한다. 표지에서부터 고풍스런 모습이 풍겨나오며 연주 또한 좋은 음질과 더불어 무척이나 우아하게 흘러간다. 피아니스트 '알프레드 브렌델'과 '클리블랜드 현악4중주단'이 함께한 음반(PHILIPS) 또한 많은 이들의 지지를 얻고 있는데 송어가 실제 뛰어 노는 듯 그려지는 생명력 있는 앙상블이 이 연주의 장점이다.

첨단의 기술이 만들어 낸 결정체, 하지만 미완성

슈베르트 <교향곡 8번 '미완성'>(Symphony No.8 'Unfinished')

— 영화 <마이너리티 리포터>(2002)

감독: 스티븐 스필버그 감독 / 주연: 톰 크루즈

2054년, 돌연변이로 인해 미래를 볼 수 있는 예언자들이 존재하며 그들을 활용한 프리크라임 시스템이 가동되고 있다. 아직은 워싱턴에서만 기능하고 있지만 곧 전국으로 확산될 예정이다. 예언자들이 살인이 일어나는 순간을 미리 보고 이것을 이미지화하여 파일로 전송하면 그것을 바탕으로 범죄를 미리 예방하는 프리크라임 시스템. 팀장 '존 앤더튼'(톰 크루즈)은 이 시스템의 신봉자로 팀원들의 신망이 두텁다. 과거 아들을 잃은 상처를 갖고 있으며 다시는 이러한 일이 일어나서는 안 된다는 아픈 소명감인 것이다. 그러던 어느 날, 예언자들이 보내온 살인 예고 파일을 분석하던 중 그는 자신이 누군가를 살해하는 미래를 보게 된다. 존은 황급히 자리를 빠져 나오고 시스템에 오류가 있음을 밝혀내려 하지만 홍체 인식으로 모든 것이 움직이는 사회라 자신의 위치를 들키지 않고는 움직이기 힘들다. 그는 결국 안구 이식 수술을 받으면서까지 자신의 결백을 밝힐 단서가 될 예언자를 확보하고 점점 모든 사건을 계획한 음모자의 계략을 밝혀간다. 존이 살인을 저지를 것이라 예언된 시간과 장소, 예언대로 그 자리엔 존과 피해자가 함께 있다. 존은 그를 죽일 이유가 충분하며 살인에 대한 우발적 감정도 최고조에 달해 있는 상태다. 만약 그를 죽인다면 살인방지 시스템에는 오류가 없는 것이 입증되겠지만 자신은 살인자가 된다. 하지만 내버려 둔다면 시스템의 오류를 스스로 인정하는 딜레마에 빠진 것이다. 과연 존은 여기서 어떠한 선택을 할까? 시스템을 지키기 위하여 오히려 그것을 교묘히 활용, 완전 범죄를 실현하고 존마저 파멸시키려는 자의 계획은 성공할 것인가?

영화에는 미래에 우리가 누릴 과학적 산물들이 여럿 등장한다. 먼저 이젠 생소하지 않은 홍체 인식 시스템. 지하철을 탈 때도, 옷을 사기 위해 가게에 방문했을 때에도 이 시스템은 누구인지를 알아내며 원하는 상품까지 정확히 인지하고 안내한다. 다음으로는 미래지향적 디자인의 무인자동차이다. 하지만 약점은 항로가 결정되어 있다는 것, 중간에 마음이 바뀌었다 하여 목적지를 바꿀 수 없다는 것이다. 인간이기에 가졌다 할, 때론 충동적이기에 낭만적인 의사 결정을 이해하지 못하는 정말 바보 같은 기계다.

그리고 살인예고현장 파일을 분석할 때 등장하는 스마트 모니터와 동작인식 기술. 현란한 손동작만으로 허공에서 순식간에 바뀌어 가는 화면이 긴장감을 더하는데, 이 장면에서 등장하는 클래식의 명곡이 있으니 바로 오스트리아의 작곡가 '슈베르트'(Peter Schubert, 1797~1828)의 <교향곡 8번 '미완성'>(Symphony No.8 'Unfinished')이다. 이외 영화에서 클래식이 흐르던 장면을 짚어 보자면, 먼저 주인공 존이 집으로 돌아와 죽은 아들의 영상을 보며 슬픔에 잠길 때 그의 비통함을 보여주려는 듯 러시아의 작곡가 '차이코프스키'(Tchaikovsky)의 <교향곡 6번 '비창'>(Symphony No. 6 'Pathétique' Op. 74)의 선율이 줄곧 흐른다. 그리고 프리크라임 시스템 창시자의 집을 방문했을 때 그녀가 키우는 기이한 식물들로 가득한 온실에 머물던 선율은 '바흐'이며, 예비 범죄자 격리 캡슐을 관리하는 책임자는 등장할 때마다 '바흐'의 음악을 연주하고 있다.

하지만 역시 귀에 지속적으로 남는 선율은 슈베르트의 <미완성>이다. 시스템의 불완전성을 강조하려는 듯 곡의 제목도 의도되었든 그렇지 않든 '미완성'인 것이다. 그 1악장의 유명한 테마는 만화영화 <개구쟁이 스머프>에서 요정들이 가가멜에게 쫓기던 장면에 등장하니 기억해 보시길. 그리고 떠오르는 선율이 있다면 그게 바로 슈베르트의 <미완성 교향곡>이다. 라디오의 어느 퀴즈 프로그램, '모차르트'의 오페라 <피가로의 결혼> 중 아리아 한 곡을 들려주며 작곡가를 맞추는 문제가 나가고 아무도 정답을 알지 못하자 이 작곡가의 마지막 작품은 미완성으로 끝났다는 힌트가 주어진다. 줄줄이 도착하는 오답들, 슈베르트! 이렇듯 미완성이란 단어와 슈베르트는 우리의 뇌리에 확연히 연결되어 있으며 이는 슈베르트의 대표작이란 반증이기도 하다. 사실 거의 모든 작곡가의 마지막 작품은 미완성이라고 하여야 맞을 것이다. 작품 활동 중 끝을 맺지 못하고 세상을 떠나는 경우가 많기 때문이다. 하지만 이 곡은 다른 경우이다. 4악장 구성이 일반적인 교향곡이라는 장르에서 그는 2악장까지 완성 후 3악장을 시도하다 그만둔 것으로 보인다. 이후

▶ 미완성 교향곡의 초고

에도 슈베르트는 많은 작품들을 완성하였으니 죽음으로 인한 미완성이 라고도 볼 수 없다. 하여 왜 2개의 악장으로 곡을 마무리했는지에 대한 의견들이 분분한 가운데 그 자체로서 완벽한 작품이라 더 이상 손댈 곳이 없어서라는 낭만적인 의견이 지배적이다. 교향곡을 헌정하기로 한 '그라츠' 음악협회에 2개의 악장으로 구성된 악보를 보낸 것 역시 이러한 의견에 힘을 실어 주고 있는데, 의도를 알지 못한 협회는 나머지 2개의 악장을 기다리다 잊혀져 40여 년 동안이나 초연이 이루어지지 못한 빌미를 제공하기도 한다. 줄 세우기를 싫어하나 덧붙이자면 이 곡은 형식의 불완전성에도 불구하고 차이코프스키의 <교향곡 6번 '비창'>, 베토벤 <교향곡 5번>[1]과 더불어 3대 교향곡으로 일컬어지며, 1악장이 스머프 테마라면 2악장은 '깊은 산골 옹달샘' 테마로 그 선율이 귀에 익어 클래식을 처음 접하는 이라도 친숙하게 접근할 수 있다는 점은 이 곡이 지닌 큰 장점이라 하겠다.

살인 예정자라는 요상한 죄명으로 격리된 범죄자들, 엄밀히 말해 범죄 예정자들. 그들은 짓지도 않은 죄를 지을 것이라는 예언 하나로 캡슐에 갇혀 있다. 그들 사이에는 관계 성립이 있을 수 없다. 하나의 캡슐에 한 명씩, 의식도 없는 상태에서 숨만 붙어 있는, 지금으로 보면 감옥인 것이다. 그리고 이곳의 관리 책임자는 주인공 존이 찾아 갔을 때, 그리고 영화 후반 존의 아내가 방문했을 때 모두 바흐를 연주하고 있다. '바흐'의 <칸타타 BWV147 '마음과 입과 행동과 생명으로'>(Herz, Mund, Tat und Leben) 중 마지막 곡 '인류의 소망, 기쁨, 예수'(Jesus, bleibet meine Freude). 제목이 생소할 수도 있겠지만 장담하건대 적어도 한 번은 들었을 익숙한 선율일 것이다. 영화 <검은 사제들>에 등장하는 <칸타타

1) 운명이라고들 통상 부르지만 부제가 없는 곡이다.

BWV 140 '눈 뜨라 부르는 소리 있어'>(Wachet auf, ruft uns die Stimme) 중 4번째 곡 '파수꾼의 노래를 시온성은 듣네'(Zion hoert die Waechter singen)와 더불어 바흐의 칸타타 중 유명 선율 투톱(Two Top)인 것이다.

영화 <마이너리티 리포트>는 훌륭한 액션영화임과 동시에 우리에게 법리적, 철학적 고민을 요구한다. 미래는 결코 바꿀 수 없다고 여기던 주인공 존 앤더튼은 예언된 살인을 실행하지 않음으로 스스로 시스템의 오류, 즉 미래를 바꿀 수 있음을 보여준다. 그렇다면 예언은 그 가치를 잃었다. 즉 살인을 예언하지 않았어야 한다는 것이다. 주인공 존보다도 더 살인방지 시스템에 애착을 가진, 그로 인해 살인마저 서슴지 않았던 설계자, 그 역시도 결국 예언과는 다른 선택을 하게 되니 완벽한 실패인 것이다.

주인공 존, 미래의 자신이 현재의 자신이 되는 순간 그는 예정된 것과는 다른 선택을 한다. 현재의 '나'는 과거의 관점에서 보면 미래의 '나'이다. 우리는 매 순간 선택에 직면한다. 과거의 나에게 부끄럽지 않을 선택을 해야 하는 것이다.

▶ 영화의 마지막, 창조자는 스스로 시스템의 결함을 입증할 뿐이다.

추천 음반

SCHUBERT: Symphony No. 8 in B minor D. 759 "Unfinished"
Gunter Wand (conductor)
Berliner Philharmoniker
1995/03/28-29, Philharmonie Berlin, Berlin

늘 가슴으로 연주하는 '브루노 발터'(Bruno Walter)의 따스하고도 뭉클한 연주(SONY, 1958)와 완벽히 구축된 구조를 바탕으로 서정이란 마감을 하여 아름다운 건축물을 지어 낸 '칼 뵘'(Karl Bohm)의 녹음(DG, 1966)이 고전적 명반으로 자리를 굳건히 한다. 대기만성의 지휘자 '귄트 반트'(Gunter Wand) 역시 그의 말년, 베를린 필을 이끌고 기억에 남을 연주(RCA, 1995)를 들려주는데 음악을 향한 그의 우직함을 보여 주듯 견실한 명연이라 하겠다. 지휘자 '카를로스 클라이버', 남긴 녹음 중 범작이 없는 그이지만 이 곡에 있어서도 그의 감각은 여전하며 전매특허라 할 탁월한 리듬감은 곡에 신선한 생동감을 불어 넣는다.

수평선을 바라보는 것만으로는 바다를 건널 수 없다

슈베르트 <세레나데>(Serenade)

— 영화 <이케아 옷장에서 시작된 특별난 여행>(2019)
감독: 켄 스콧 / 주연: 다누쉬, 에린 모리아티

쳇바퀴에서 벗어나는 순간 한 뼘 더 성장한다. 인생 자체는 기나긴 여정임에도 일상은 너무도 단조롭고 반복적이라 그 속에 누워 안주하다 보면 그곳이 내가 사는 모든 세상이 되어버린다. 하니 그 굴레에서 과감히 벗어났을 때 비로소 자신이 갇혀 있던 틀을 보게 되고 그 엉성함에 놀라 뚝딱 뚝딱 고쳐 잡으며 걸어왔던 길을 돌아보게 되는 것이다. 정신과 의사 '헥터'는 행복을 찾아 떠난 여행을 통해 '비교하지 않는 것으로부터 행복은 시작된다'는 교훈을 얻었으며(영화 <꾸뻬씨의 행복여행>), 잡지 '라이프'의 편집자로 오랫동안 일하던 '월터'는 사진으로만 보아오던 세상을 눈 속에 직접 담으며 특별해져 간다.(영화 <월터의 상상은 현실이 된다>) 그리고 이제, 이케아를 동경하는 주인공 '파텔'은 예상치 못했던 여정을 통해 또 한번 우리를 새로운 세상으로 안내한다.

무슨 말썽을 부렸을까, 경찰에게 잡혀 온 소년들에게 주인공 '파텔'이 자신의 이야기를 들려주며 영화는 시작된다. 여기는 인도의 뭄바이, 파텔은 도비왈라(빨래꾼)로 일하는 홀어머니와 함께하며 어려운 가정환경 속에서도 명랑한 소년이다.[1] 언젠가 아버지가 있는 파리로 떠날 것을 꿈꾸는 어머니와 파텔, 하지만 하루를 근근이 이어가는 그들에게는 꿈 같은 이야기이다. 그렇게 세월이 지나 청년이 되어 버린 파텔은 마술사였던 아버지의 피를 이어받았는지 길거리 마술로 생활을 이어가지만 어려운 형편에는 변함이 없다. 그러던 어느 날, 사랑하는 어머니가 세상을 떠나고 유품에서 아버지의 편지를 발견한다. 에펠탑의 전망대에서 늘 기다리겠다고, 만약 자신이 그곳에 없다면 이 편지를 접어 날리라고, 그러면 자신이 있는 곳으로 안내할 거라는 마술 같은 약속. 이제 떠날 결심을 하는 파텔, 우여곡절 끝에 비행기에 오르지만 그의 손에는 단 100유로, 그것도 위조지폐다. 그렇게 파리에 도착한 파텔이 가장 먼저 달려간 곳은 이케아 매장, 어려서부터 잡지를 통해 접하며 동경하던 그곳이다. 그리고 신이 나 둘러보던 파텔의 눈에 들어 온 여인 '마리', 첫눈에 반한 파텔은 참신한 방법으로 그녀의 관심을 얻는데 성공한다. 가구매장에서 시작된 부부놀이, 당황해 하던 마리도 이제 그의 놀이에 동참하고 둘은 다음 날 에펠탑에서

1) 뭄바이에는 세계 최대의 빨래터 도비 카트가 있다.

만날 것을 약속하지만 파텔은 그 약속을 지킬 수 없다. 갈 곳 없던 파텔이 매장 한 구석의 옷장 안에서 잠들며 황당한 여행이 시작되었기 때문이다. 깨어나보니 영국, 옮겨지던 옷장 문을 열고 나와보니 쫓기 듯 삶의 터전을 찾아 나선 밀입국자들과 함께인 것이다.

결국 경찰에 체포 당해 여권조차 없는 그가 강제로 보내진 곳은 스페인, 떠넘겨지다시피 밀입국자들을 보호하게 된 스페인 역시 그들은 골칫거리이고 다시 이탈리아를 거치며 우연히 큰 돈을 얻게 된 파텔은 자신을 부자로 만들어줄 수 있는 이 돈으로 난민들의 꿈과 소원을 하나씩 들어준다. 이러한 경험으로 많은 것을 깨달은 그는 다시 파리로 돌아오지만 마리에게는 새로운 남자 친구가 생겼다. 이제 에펠탑을 찾아간 그는 약속을 지키듯 편지를 접어 날리고 바람을 타고 흘러가다 아버지의 무덤 앞에 마술처럼 살며시 내려 앉는다.[2] 그리곤 고향으로 돌아와 아이들을 가르치는 선생님이 된 파텔. 그렇다면 잊지 못할 마리와의 사랑은?

사랑하는 아들을 세상에 두고 떠나는 파텔의 어머니, 그리고 슬픔으로 떠나 보내는 파텔. 이러한 장면의 슬픔에 선율의 애절함이 함께한다. 바로 '프란츠 슈베르트'(Franz Schubert, 1797~1828)의 <세레나데>(serenade). 저녁음악이라는 뜻을 지닌 세레나데는 일반적으로 '사랑하는 이의 창가에서 바치는 노래'를 의미하는데 소위 '창~~문을 열어 다오'인 것이다. 하지만 클래식에 있어 세레나데는 그 의미가 좀 더 확장되어 악기만으로 연주되는 작품들이 포함된다. 이는 귀족들의 저녁 파티를 위해 만들어진 소위 연회음악으로 이러한 장소에서 심각하거나 우울할 이유

2) 바람에 실려가는 종이비행기와 함께 보여지는 파리의 정경은 너무도 아름답다.

가 없기에 가볍고 밝은 분위기의 곡조를 지니는 것이 일반적인데, 가장 유명한 것이라면 '모차르트'(Mozart)의 작은 소야곡[3] 일 것이다.

하지만 시대가 변해 음악이라는 것이 단순한 유희적 의미를 벗어나 진지해지면서 세레나데는 점차 그 생명력을 잃어가게 되었고 몇몇 작곡가들에 의해 그 명맥이 유지된다. 하지만 이미 유희적 의미는 사라지고 하나의 예술적 표현 형식으로 남게 되는데, 대표적인 작품이라면 '차이코프스키'(Tchaikovsky)와 '드보르작'(Dvorak)의 <현을 위한 세레나데>(Serenade for Strings)를 들 수 있겠다. 그리고 영화에 사용된 슈베르트의 <세레나데>, 세레나데라는 제목으로 슈베르트가 작곡한 것이 3곡이 있음에도 슈베르트의 <세레나데> 하면 영화에 흐르던 이 곡을 일반적으로 가리키며 그의 작품 중 가장 유명하다 해도 과언이 아니다.

슈베르트가 세상을 떠나던 해(1828), 그는 걸작 <겨울 나그네>를 출판하며 그의 인생에 겨울이 왔음을 알린다. 또한 가곡의 왕 슈베르트는 삶의 마지막을 보내던 그 해 여름, 한동안 소원했던 가곡에 대한 열정에 사로 잡혀 14곡의 마지막 가곡을 완성하고, 세상을 떠난 후 <백조의 노래>(Schwanengesang, D957)라는 가곡집으로 출판된다. 이는 그의 대표작이라 할 <아름다운 물방앗간 아가씨>(Die schöneMüllerin), <겨울 나그네>(Die Winterreise)와 더불어 3대 연가곡집으로 불리며 사랑 받게 되는

---

3) 세레나데 제13번 <아이네 클라이네 나흐트무지크>(Mozart, Serenade No. 13 in G Major, K. 525 'Eine kleine Nachtmusik')

데, 이 중에서도 제4곡 <세레나데>, 제12곡 < 바닷가에서>, 그리고 제14곡 <비둘기의 심부름> 등은 690여 곡에 달하는 그의 가곡 중에서도 최고의 걸작으로 평가 받는 것이다.

백조는 평생을 울지 않다 죽기 직전 단 한번 운다는 설로 인해 예술가의 마지막 작품을 일컬어 백조의 노래라고 하기에 모든 예술가에게 있어 자신만의 백조의 노래가 있는 것이다. 하지만 작품의 제목으로 사용된 것은 슈베르트의 것이 유일하며 '노래'이기에 음악가의 것으로 맞춤이다. 영화 속 <세레나데>는 이러한 안타까운 작품의 네 번째 곡으로, 19 세기 독일의 시인 '렐슈타프'의 시에 곡을 입혀 "이 밤의 어둠을 뚫고 날아간 나의 노래는 나직이 그대에게 간청하오니 고요한 수풀 아래로 사랑하는 이여 내게로 오세요."라며 노래한다. 우연히 들른 술집, 이 시를 보게 된 슈베르트가 떠오르는 악상(악흥)에 사로잡혀 메뉴판 뒷면 친구가 그려준 오선지에 써 내려간 선율, 이는 31살의 짧은 생을 살다간 그에게 있어 인생의 사랑인 '테레즈'와의 이별로 고통스러웠던 그가 그녀를 그리워하며 보내는 마지막 편지(세레나데)다. 하니 여타 작곡가들의 세레나데가 사랑스럽고 따뜻한 것과 달리 그의 것은 애잔하며 우울하다. 이는 결코 열리지 않는 창문을 향한 한 가닥 희망만을 품은 이의 애절한 세레나데인 것이다.

인도영화를 좋아한다. 좀 더 정확히 말하자면 인도영화에 등장하는 '마살라' 장면들이 좋다. 신나는 음악과 함께 아크로바틱한 인도 전통무용 스타일의 춤이 등장하는 뮤지컬적 요소는 인도영화가 지닌 독특한 스타일로 자리 잡았는데 이러한 장면이 바로 마살라 시퀀스인 것이다.

인도의 혼성 향신료의 이름에서 따 온 마살라, 이 영화에서도 어김없이 등장하여 눈과 귀를 사로잡는다.

“새는 알에서 나오기 위해 싸운다. 알은 세상이다. 태어나려는 자는 자신의 세계를 깨뜨려야 한다.”(헤르만 헤세의 『데미안』)라는 명문장은 익히 알고 있으나 싸운다는 표현이 말해 주듯 막상 쉬운 일은 아닌 듯하다. 이러한 철학적인 깨침은 두고라도 하물며 자신을 돌아볼 짧은 시간조차 말이다.

아주 멀리까지 가 보고 싶어
그곳에선 누구를 만날 수가 있을지
아주 높이까지 오르고 싶어
얼마나 더 먼 곳을 바라볼 수 있을지
작은 물병 하나, 먼지 낀 카메라, 때 묻은 지도 가방 안에 넣고서
언덕을 넘어 숲길을 헤치고 가벼운 발걸음 닿는 대로
끝없이 이어진 길을 천천히 걸어가네
멍하니 앉아서 쉬기도 하고
가끔 길을 잃어도 서두르지 않는 법
언젠가는 나도 알게 되겠지
이 길이 곧 나에게 가르쳐 줄 테니까

— 김동률의 <출발> 중에서

가수 김동률은 여행 욕구를 제대로 자극하는 그의 노래 <출발>에서 이 길이 곧 나에게 가르쳐 줄 거라며 노래한다. 그렇다면 가끔은 두꺼운 책을 덮고, 일상을 잠시 뒤로 둔 채 언덕을 넘어 숲길을 헤쳐 그 길이 가르쳐 줄 그 무언가를 찾아 떠나보는 것은 어떨까?

수평선을 바라보는 것만으로는 바다를 건널 수 없다. — 타고르

프란츠 페터 슈베르트 (Franz Peter Schubert)

1797.01.31.~1828.11.19.

추천 음반

SCHUBERT: Schwanengesang D. 957
Dietrich Fischer-Dieskau (bariton)
Gerald Moore (piano)
1972/03, Ufa-Ton-Studio, Berlin

슈베르트의 가곡을 이야기함에 있어 바리톤 '디트리히 피셔 디스카우'(Dietrich Fischer-Dieskau)의 이름은 전설이다. 독일 가곡 해석에 있어 교과서로 불리는 그는 <겨울나그네>, <아름다운 물방앗간의 아가씨>와 더불어 <백조의 노래>에 있어서도 최고의 연주를 남겨 놓았다. 이러한 위대한 예술적 결과물의 탄생에 있어 '제랄드 무어'(Gerald Moore)의 반주 또한 언급하지 않을 수 없는 것으로, 평생을 반주자로서 살아온 그의 겸손하면서도 정성스러운 예술적 지원은 감동적인 울림으로 다가온다. 곡이 지닌 선율이 아름답기에 다양한 악기로 편곡, 연주되어 색다른 즐거움을 안겨주기도 하는데, 기타리스트 '괴란 죌셔'(Goran Sollscher)의 반주에 '길 샤함'(Gil Shaham)이 바이올린 선율을 얹은 연주 (DG, 2002)가 그 아련함을 전달하는데 있어 참신하며 더불어 수록된 슈베르트의 주요 대표 곡들에서도 놀라운 음악적 경험과 감동을 선사한다.

사랑하는 이들의 약속이란

도니제티 <남 몰래 흘리는 눈물>(Una furtiva lagrima)

— 영화 <쎄시봉>(2015)
감독: 김현석 / 주연: 정우, 한효주

음악, 특히 어느 특정한 가수의 노래와 목소리는 추억의 그 장소와 시간으로 데려다 주는 타임머신이 되곤 한다. 그 시절 즐겨 듣던 그때 그 노래, 무슨 라디오 프로그램의 제목인 듯 하지만 얼마 전이든, 오래 전이든 말이다. 이토록 그리워하며 회상하기를 즐겨 하니 흘러간 과거의 시절은 누구에게나 아름다웠었나 보다. 가끔은 영화를 선택할 때 있어 내용을 떠나 제목만으로도 가슴이 설레는 경우가 있다. '쎄시봉', 제목을 보는 순간 그들이 들려주었던 수많은 명곡들이 귓가에 스쳤으며 가슴이 두근거렸다.

쎄시봉이란 간판을 따라 들어간 곳에 마련된 무대, 모두가 환호하는 그곳에 어느 가수의 공연이 한창이며 <딜라일라>를 열창하는 그는 특유의 몸짓만 보더라도 딱 '조영남'이다. 그리고 이어지는 '대학생의 밤',

아름다운 목소리로 노래하는 '윤형주'의 무대가 끝나고, 그의 장기집권이 확정되려는 순간 허름한 옷차림의 가수가 나타나 그의 독주를 가로 막는다. 그가 바로 '송창식'. 이렇게 포크 가요계의 두 별이 만나는 순간이다. 이제 그들은 쎄시봉을 대표하는 가수이자 라이벌이 되고, 쎄시봉의 사장은 그들의 데뷔를 위해 듀엣을 구상하지만 지닌 음색만큼이나 다른 성향의 둘이기에 걱정스러워 결국 트리오를 계획하게 된다. 이에 우연히 '오근태'의 목소리를 듣게 된 프로듀서 격인 '이장희'가 그를 영입, 하지만 이렇게 시작된 연습이 원만할 리 없다. 이때 다 때려 치우겠다는 그들 앞에 나타난 쎄시봉의 뮤즈 '민자영', 모두가 그녀에게 첫눈에 빠져들고, 오근태에게도 이제 그녀는 노래하는 이유가 되어 버린다. 이후 수줍게 이어진 고백과 함께 둘은 연인으로 발전, 행복한 날들과 추억을 쌓아가며 트리오도 제법 모양새를 갖추어 가던 어느 날, 사장은 쇠퇴해 가는 쎄시봉의 재단장을 위하여 잠시의 휴관을 결정, 근태는 고향 충무(통영)로 내려오고 그렇게 떨어져 있게 된 자영과의 사이는 애틋하지만 결국 그 둘을 갈라 놓고 마는 일이 벌어진다. 자영이 프로포즈나 다름없는 캐스팅 제안을 받은 것이다.

단역만 전전긍긍하던 그녀에게 찾아 온 뿌리치기 힘든 기회, 근태의 고향을 찾아 내려온 그녀는 '코니 프란시스'(Connie Francis)의 노래 <The Wedding Cake>을 들려주며 번안해 불러주길 바라고, 이미 그 가사를 잘 알고 있기에 이 사랑의 끝이 느껴져 벌써부터 마음이 아려온다. 그리고 이어지는 그녀의 의미심장한 물음, "날 위해 뭘 해줄 수 있어?" 이에 늘 그랬던 것처럼 "나 그대에게 모두 드리리"를 불러 대답을 대신하는 근태, 별을 따다가 그대 두 손에 가득 담겠다는 약속. 드디어 쎄시봉의 재개장, 많은 이들의 함성과 함께 트리오의 공연이 시작되지만 이 자리는 민자영이 다른 남자에게 공개구혼을 받는 자리가 되어버린다. 상심한 근태는 잠적하여 라디오 방송시간에도 나타나지 않아 결국 트리오는 '트윈 폴리오'라는 이름의 듀엣으로 데뷔, 인기 또한 치솟는다. 하지만 이도 잠시, 그들은 어쩐 일인지 대마초 사건에 억울하게 연루되어 1년여의 짧은 활동만을 남긴 채 해체, 쎄시봉의 시대도 막을 내린다. "진실은 아무 소용이 없었다. 그때는 그런 시대였다." 이제 영화는 20년 이후로 시점을 옮기며 픽션화 되어 <웨딩 케익> 가사의 탄생 비화와 평생을 후회할 근태의 결정 등 숨겨진 뒷이야기를 들려준다.

오늘의 1등이 막 발표되려는 순간, 또 다른 도전자의 이름이 호명되자 허름한 복장으로 터덜터덜 무대에 오르는 그, 투박하지만 주위의 공기를 바꿔 버릴 듯 카리스마로 무장한 그가 바로 송창식이다. 그리고 이때, 그의 권위 있는 목소리가 들려주는 노래는 팝송도 가요도 아닌 오페라의 유명 아리아로 서울예고를 수석으로 입학한 실력자의 음성은 모두의 귀를 사로 잡는데 충분했다. 바로 이탈리아의 작곡가 '가에타노 도니제티'(Gaetano Donizetti, 1797~1848)가 남긴 걸작 오페라 <사랑의 묘약>(L'Elisir d'Amore) 중 2막, 주인공 '네모리노'가 부르는 아리아 '남 몰래 흘리는 눈물'(Una furtiva lagrima).

이탈리아의 베르가모에서 태어난 도니제티, 극적인 선율을 만들어

내는데 있어 탁월했던 그는 '로시니'(Rossini), '벨리니'(Bellini)와 더불어 19 세기 초 이탈리아의 오페라를 대표하는 작곡가로 <람메르무어의 루치아>(Lucia di Lammermoor), <연대의 딸>(La Figlia del Reggimento) 등 모두 67편에 달하는 오페라를 남긴다. 이러한 많은 작품 중 그의 대표작이라면 역시 1832년 밀라노의 카노비아나 극장에서 초연된 <사랑의 묘약>, 이는 '로마니'(Felice Romani)의 각본을 바탕으로 단 2주만에 완성되었다고 하니 그가 얼마나 속필이었는지를 알 수 있는 것이다.

이탈리아의 한 시골 마을에 사는 네모리노는 대지주의 딸 아디나를 사랑하고 있다. 하지만 그의 형편은 그녀의 사랑을 얻기엔 보잘것없어 '전설 속의 사랑의 묘약이 있다면 얼마나 좋을까' 푸념하던 차, 약장수 둘까마라(이름도 딱 돌팔이 같다.)가 마을에 나타난다. 그리고 아디나의 사랑을 얻고자 하는 간절함과 약장수의 현란한 입담이 만나 결국 네모리노는 사랑의 묘약이라는 '이졸데'(Isolde)를 사곤 기뻐한다. 하지만 그것은 단지 평범한 포도주일 뿐, 술에 취한 네모리노의 실수는 결국 아디나에게 실망을 안기고, 그녀는 홧김에 군인인 벨코레 상사의 청혼을 받아들이게 된다. / 이때 급작스런 출전 명령을 받은 벨코레는 결혼 준비를 서두른다. 아디나는 자신의 실수를 깨닫곤 자신의 진정한 사랑은 네모리노임을 절감하는 가운데 이런 사실도 모른 채 입대를 결정하는 네모리노, 이 또한 입대 상여금으로 그녀의 사랑을 얻기 위한 묘약을 사겠다는 일념이다. 한편 생각지도 못한 엄청난 상속을 받게 되었다는 소문에 네모리노에게 갑작스런 관심을 보이는 마을 아가씨들, 하지만 그는 이 또한 묘약의 효험이 나타난 것이라 착각하고, 이러한 장면을 목격한 아디나는 결국 그를 잃었다는 상실감에 눈물을 흘린다. 바로 이때! 이를 본 네모리노는 그녀가 자신을 사랑하는 증거라며 그 유명한 '남 몰래 흘리는 눈물'을 부르는 것이다. "그녀가 나를 사랑해요, 더 바랄 게 없어요". 그렇게 둘은 서로에 대한 사랑을 확인하게 되고 벨코레의 방해에도 불구, "영원한 사랑이여"(Eterno amor)라 노래하며 행복한 가운데 약장수 둘까마라는 마을 사람들의 환송을 받으며 떠난다.

<사랑의 묘약>은 이렇듯 시끌벅적하고도 유쾌한 이야기를 선사하는 오페라부파(희가극)임에도 '남 몰래 흘리는 눈물'과 같은 애절한 아리아를 담아 냈다는 것이 놀라운데, 역시나 당시의 많은 이들이 분위기와 맞지 않다며 반대했다고 한다. 하지만 이러한 반대에도 불구, 작곡가 도니제티가 이 곡을 고집했던 것은 그만큼 곡에 대한 애정과 자신감이 있었던 것이라 여겨진다. 테너 '파바로티'가 부르는 이 곡을 들은 한 네티즌이 "사랑을 해 본적 없는 내가 사랑을 했었다는 착각이 들었다."는 감상평을 남긴 것은 고개가 끄덕여지는 부분으로, 그만큼 아름답고도 사랑 절절한 명곡인 것이다.

시작에서부터 터져 나오는 <딜라일라>에서부터 마지막 엔딩 크레딧에서 들려오던 배우 김희애씨 버전의 <웨딩 케익>까지, 영화 <쎄시봉>엔 진정 아름다운 곡들로 가득하다. 트리오의 첫 연습곡이던 <할아버지 시계>, 그들이 함께 무대에서 발맞춰 부르던 <성자들의 행진>(When the Saints go marching in), 그리고 <하얀 손수건>. 하지만 영화에서 가장 주요한 곡은 <나 그대에게 모두 드리리>와 <웨딩 케익>이다. 특히 <나 그대에게 모두 드리리>는 오페라에서의 네모리노가 사랑하는 아디나에게 바치는 노래처럼 주인공 근태가 자영을 향해 보내는 세레나데인

것이다. 하지만 그토록 아름다운 약속도 현실을 이기지 못하는 것일까? 아니면 허무맹랑한 듯한 약속이 못미더운 것인가? 그렇다고 '다이아몬드 몇 캐럿을 사 당신의 손가락에 끼워드리리'라며 노래할 순 없지 않은가. 그래, 모름지기 사랑하는 이들의 약속은 이래야지 맞는 것이다.

"나 그대에게 모두 드리리, 별을 따다가 그대 두 손에 가득 드리리."

▶ 영화 <쎄시봉>에서 기타를 치며 노래를 부르고 있는 송창식(조복래 분) / 스틸컷

추천 음반

DONIZETTI: L'Elisir d'Amore
Luciano Pavarotti / Kathleen Battle
James Levine
The Metropolitan Opera Orchestra and Chorus
1989/09, New York, Manhattan Center

모든 면에 있어 만족할 만한 영상물로 러시아 출신의 소프라노 '안나 네트렙코'(Anna Netrebko)와 멕시코 출신의 테너 '비아존'(Rolando Villazon)의 2005년 오스트리아 빈에서의 공연실황(VIRGIN)이 있다. 아디나 역을 소화한 네트렙코는 뛰어난 가창력은 물론 빼어난 외모로 극에 몰입을 돕고 있으며, 가슴을 후려치는 비아존의 연기와 노래 역시 오페라가 주는 재미가 무엇인지를 알게 해주는 멋진 순간들이다. 특히 그가 부른 <남 몰래 흘리는 눈물>은 주는 감동이 커 관중들이 이 순간을 그냥 두고 지나치지 않음을 영상에서 확인할 수 있다. '파바로티'와 '배틀'을 캐스팅한 '제임스 레바인'의 녹음 역시 이 곡에 있어 빠지지 않고 언급되는 명반으로, 최고 전성기 '파바로티'의 목소리로 듣는 '남 몰래 흘리는 눈물' 하나로도 이미 그 가치가 높다.

미로도 길이야

베를리오즈 <헝가리 행진곡>(Marche hongroise)

— 영화 <배심원들>(2018)
감독: 홍승완 / 주연 : 문소리, 박형식

판사(문소리)가 배심원 후보(박형식)에게 묻는다. "법이 뭐라고 생각하세요?" "죄를 지은 사람을 처벌하기 위하여……." 이러한 대답을 그녀가 바로 잡는다. "법은 사람을 처벌하지 않기 위하여 있는 겁니다. 아무 기준도 없이 사람을 처벌하면 되겠어요? 억울하게 누명을 쓸 수도 있는데, 그래서 사람을 함부로 처벌 못하게 하려고 기준을 세운 것이 그게 바로 법입니다." 영화는 처음부터 이 말이 하고 싶었고 진부한 듯 효과적인 가족의 사랑을 소재로 그 의미를 전달한다.

국내에선 처음으로 시행되는 국민참여 재판, 모두의 이목이 집중된 가운데 서로 다른 자리에서 다른 모습으로 살아가던 8명의 배심원이 선출된다. 이 중 한 명은 "잘 모르겠다"를 입에 달고 사는, 결정장애인 듯 보이는 8번 배심원 '남우'. 그는 판사와의 질의 응답 후 부적격해

보임에도 재판 시간이 얼마 남지 않아 급하게 8번째 배심원으로 선출된 것이다. 그렇게 배심원석에 앉은 그들, 처음이니만큼 어렵지 않게 종결될 만한 사건으로 배정된 재판은 어찌된 일인지 엉뚱한 방향으로 흘러간다. 범행을 자백했던 피고가 무죄를 주장, 아무것도 생각나지 않는다며 입장을 바꾼 것이다. 이제 국면은 양형 재판에서 유무죄를 가리는 재판으로 전환되고, 정신적 육체적 장애를 지닌 위협적인 외모와 살해 장면을 목격한 아파트 경비원의 진술로 인해 그의 범행에 의심의 여지가 없는 가운데 배심원 투표가 거행되지만 남우는 쉬이 결정을 할 수 없다.

오랜 자신의 경험을 바탕으로 전문의의 의견을 반박하다 결국 무시당하고 퇴장 조치되는 배심원, 의수를 끼고 망치로 내리칠 수 있는지를 검증하다 아찔한 부상을 당하는 판사, 이렇듯 쉽게 끝날 것이라던 재판은 그 예상을 빗나가고 좋은 그림을 부탁하던 대법원장의 바람은 어긋났으며 전국은 비전문가의 재판 참여에 곱지 않은 시선을 보내기 시작한다. 하지만 사건 기록 파일을 꼼꼼히 들여다 보며 포기할 법한 상황에서도 끝까지 의심을 놓지 않는 남우, 배심원들 사이에서조차 반목이 오고 가는 가운데 어이없게도 그들은 현장검증까지 요구, 법원은 난색을 표하지만 처음이라 잘해보고 싶어 그런다는 인정

많은 춘옥 할머니의 호소에 결국 현장검증이 이뤄진다. 하지만 기대와는 다른 결과를 받아 든 상황, 이제 남우도 더 이상 어찌해 볼 도리가 없다. 배심원들의 판결은 유죄로 정해지고 양형마저 결정된 가운데 서서히 날이 밝고 모두의 표정은 포기한 듯 침울하다. 하지만 이때 제기된 또 다른 의문, 그들은 법정으로 들어서려는 판사에게 이러한 가능성을 이야기하며 피고의 무죄를 호소해 보지만 배심원들의 의견은 참고 사항일 뿐이라는 대답만이 돌아온다. 그리고 판결의 순간, 재판장 '준겸'은 과연 어떠한 선택을 할 것인가? 법은 사람을 처벌하지 않기 위하여 있는 것이라던 그녀의 말은?

온 국민의 시선이 쏠리고 취재진의 관심이 모아지는 가운데 법정으로 입장하는 8명의 배심원들, 국민의 한 사람이라는 이름으로 위풍당당 배심원석으로 향하는 그들을 배경으로 멋진 행진곡이 흐른다. 바로 프랑스의 작곡가 '베를리오즈'(Louis Hector Berlioz, 1803~1869)의 <파우스트의 겁벌>(La damnation de Faust Op. 24) 중 '헝가리 행진곡'(Marche hongroise).

모두 4부로 구성된 <파우스트의 겁벌>은 대 문호 '괴테'(Johann Wolfgang von Goethe)가 평생에 걸쳐 힘을 쏟은 걸작, 희곡 『파우스트』(Faust)를 원작으로, 음악적으로 표현하기 적절한 24개의 장면을 골라 노래극화 한 작품이며 '극적인 전설'(Légende dramatique)이란 부제를 지니고 있다. 1828년, 처음으로 『파우스트』를 접한 접한 베를리오즈는 단번에 대문호의 작품 속으로 빠져들어 음악으로 표현하고 싶은 열정에 사로잡힌다. 하여 이듬해 완성된 것이 '파우스트의 여덟 장면'이라는 칸타타였다. 하지만 결과가 만족스럽지 못했던 그는 10여 년이 더 지나 이전의 것을 폐기, 새롭게 구상하여 작업을 시작하는데 그 결과물이 바

로 <파우스트의 겁벌>인 것이다. 이렇듯 그의 애정과 재능을 쏟아 부은 작품임에도 그 초연은 참담한 실패였다. 원작에 없는 1부를 첨가함으로 괴테의 원작을 훼손하였다는 독일 비평가들의 비난을 받았을 뿐 아니라, 오페라인지 오라토리오인지 모호한 형식에다 파격적인 음악적 시도는 청중들마저 등을 돌리게 한 것이다. 그렇게 서서히 잊혀져 가던 작품은 결국 그의 사후, 1877년 전곡 초연 후 그 가치를 인정받으며 <환상교향곡>과 더불어 그의 대표작으로 자리매김하게 되는데, 클래식 작품 세계에서 빈번히 볼 수 있는 사후 예우의 또 하나의 예라 하겠다.

전해지는 이야기로는 괴테 스스로도 자신의 역작 『파우스트』가 오페라로 태어나길 원했으며 '모차르트'의 오페라 <돈 지오반니>(Don Giovanni)를 최고로 여겼기에 그가 그 꿈을 이뤄주길 기대했다고 한다. 하지만 그의 죽음으로 실현 불가능해지자 한탄했다고 하는데 그렇다고 이러한 명작을 가만히 내버려 둘 리 없다. 슈만, 베토벤, 브람스, 슈베르트, 바그너, 그리고 구노와 같은 많은 작곡가들이 『파우스트』에 영감을 받아 가곡과 오라토리오, 교향곡, 그리고 오페라의 형식을 빌어 작품에 경의를 표하였던 것으로, 그 중 가장 유명한 것이 바로 베를리오즈의 <파우스트의 겁벌>과 프랑스 작곡가 '구노'(Gounod)의 오페라 <파우스트>인 것이다.

▶ 프랑스 작곡가 '구노' 역시 파우스트를 소재로 오페라를 남긴다.

극이 시작되고 등장하는 파우스트, 그는 이제 늙고 쇠약하여 지나간 청춘을 회상하며 슬퍼한다. 그가 바라보는 농부의 흥겨운 춤과 노래, 그리고 저 멀리서 들려오는 군대 행렬의 행진곡은 그의 한숨을 더욱 깊어지게 할 뿐이다. / 파우스트의 연구실, 모든 것이 허무한 그는 자살을 결심한다. 하지만 이때 나타난 악마 메피스토펠레스가 젊음과 지식을 되찾을 여정을 제안하자 함께 길을 나선다. 그리고 도착한 선술집, '생쥐의 노래'와 '메피스토펠레스의 노래'가 오가다 다시 그곳을 나와 찾아간 곳은 엘베 초원, 아름다운 이곳에서 파우스트는 요정들이 만들어 낸 '마르게리테'의 환영을 보고 곧 사랑에 빠진다. 메피스토펠레스는 그런 그를 그녀에게로 안내하는데. / 그녀의 방, 메피스토펠레스가 불러 모은 요정들의 도움으로 서로의 사랑을 확인하는 파우스트와 마르게리테. 하지만 그들의 행복한 시간은 그녀의 방에 누군가가 있음을 알아챈 어머니의 방해로 끝나 버리고, 파우스트는 그곳을 도망치 듯 빠져 나온다. / 자신을 버리고 떠난 파우스트임에도 변함없이 기다리는 마르게리테, 결국 어머니를 살해한 죄로 교수형에 처해질 운명을 맞는다. 메피스토펠레스를 통해 이 사실을 알게 된 파우스트는 죄책감에 휩싸여 자신의 영혼을 넘겨 그녀를 구하기로 하고, 이러한 제안을 한 것은 바로 메피스토펠레스인 것이다. 이제 그가 파우스트를 데려 간 곳은 공포스런 광경으로 가득 한 지옥, 그곳에서 파우스트는 망령들로부터 고통스러운 형벌을 받는 가운데 마르게리테는 구원받아 천국에 오른다.

이러한 내용의 장면들 중 영화에 쓰인 <헝가리 행진곡>은 제1부의 마지막 제3경에 등장하는 곡으로 '라코치 행진곡'(Rakoczy March)으로도 불리며 많은 사랑을 받고 있다. '라코치'는 합스부르크에 저항하던 헝가리 귀족의 이름으로, 헝가리의 광활한 평원에서 파우스트 박사가 잃어버린 젊음을 한탄하며 서 있을 때 멀리서 들려온다. 이는 라코치 군대의 출정을 묘사한 음악으로 부다페스트를 여행하던 베를리오즈가 이

선율에 매료되어 기록했다가 관현악으로 편곡하여 작품에 사용한 것이다. 헝가리를 대표하는 작곡가 '리스트' 또한 그의 <헝가리 광시곡> 15번에서 같은 선율을 사용하고 있으니 매력적인 선율임에는 틀림 없는 듯하다.

영화의 초반부, 생활보호 대상자 신청을 하려는 피고인과 그의 어머니에게 대상이 될 수 없음을 알리는 '법이 그래서'라는 변명은 법의 무력함과 분별 없음을 보여 주지만 마침내 영화는 '억울한 사람을 만들지 않기 위한' 법의 존재 가치에 다시 한번 기대를 갖게 한다. 신의 힘을 빌어서라도. 모든 것이 결정난 듯한 분위기의 배심원실, 남우는 그곳을 잠시 벗어났다 길을 잃는다. 그리고 이때, 우연히 마주친 청소부 아줌마를 따라 어지러운 길을 헤매다 얽힌 길이 버거워 이렇게 얘기한다. '완전히 미로 같아요.' 비단 길이 그런 것만 아니라 자신이 앞으로 맞이할 어려운 결정에 대한 호소인 것이다. 그때 돌아온 대답, 그녀는 정의의 여신 '디케'(Dike)였던 것이다.

"미로도 길이야."

추천 음반

BERLIOZ: La Damnation de Faust
Keith Lewis (Faust) , Bryn Terfel (Mephistopheles)
Anne Sofie von Otter (Marguerite)
Myung-Whun Chung
Philhamonia Orchestra and Chorus & Eton CollegeBoys' hoir
1995/04-05 & 1996/06, Basingstoke, The Anvil Auditorium

지휘자 '콜린 데이비스'(Sir Colin Davis)는 베를리오즈의 음악 해석에 있어 그 이름이 높다. 그러한 그의 능력이 예외 없이 발휘된 2000년 런던 바비칸 연주회 실황(LSO 2000)은 최고 수준의 가창과 런던 심포니 오케스트라의 정교한 반주로 이루어 낸 수연이다. 그리고 프랑스 음악 해석에 있어 빼 놓을 수 없는 또 한 명의 거장 '정명훈', <환상교향곡>으로 탁월한 성과를 보여줬던 그가 2년 후 동시대 최고의 성악가들을 모아 베를리오즈가 남긴 또 하나의 대작에 도전, 다시 한번 자신의 능력을 스스로 검증해 낸다.

엑토르 베를리오즈 (Hector Berlioz)

1803.12.11.~1869.03.08.

폭력, 그 우매한 공포에 단호히 저항하다

베를리오즈 <환상교향곡>(Symphonie Fantastique)

— 영화 <적과의 동침>(1991)
감독: 조셉 루벤 / 주연: 줄리아 로버츠

억울할 수도 있겠다. 자신이 만든 음악이 후대들의 쓰임새로 인하여 불길한 음악으로 취급 받거나 어느 특정한 장면과 연결되는 곡으로서의 역할로 제한되어 버린다면 말이다. 청각과 결합된 이미지는 뇌리에 오래, 그리고 선명히 남는다. 하여 영화나 대중매체를 통해 노출된 음악은 이미 특정한 이미지와 연결되어 있어 쉽게 다가오지만 그만큼 상상력을 제한하는 역기능 또한 존재하는 것이다.

'모차르트'(Mozart)도 피해자다. 그의 오페라 <피가로의 결혼>(Le Nozze Di Figaro K.492) 중 '편지의 이중창'을 들으며 음악에 발이 묶여버린 쇼생크의 죄수들을 연상하는 것은 <쇼생크 탈출>을 본 이라면 피해가기 어려우며, 피아노 협주곡의 한 악장은 아예 영화 제목(엘비라 마디간)이 곡명처럼 통용된다. 이렇듯 감동적인 장면이나 아름다운 영화와 관련되었다면 그나마 다행, 작곡가 '베를리오즈'가 남긴 대표작은 '스탠리 큐브

릭' 감독의 공포 영화 <샤이닝>(1980)에 사용됨으로 그 선율이 흐를 때면 금방이라도 피의 파도가 덮쳐 올 것만 같다. 이렇듯 영화 <적과의 동침>은 <샤이닝>에 이어 또 한번 '베를리오즈'가 남긴 바로 그 선율로 가슴을 옥죄어 온다.

평화로워 보이는 바닷가, 그리고 그곳에 위치한 아름다운 저택과 그보다 더 아름다운 여인 로라(줄리아 로버츠), 그녀는 행복한 듯 보이지만 그렇지 못하다. 그녀의 남편 마틴은 결벽증에 의처증마저 지닌데다 무자비한 폭행까지 가하는 괴물 같은 존재인 것이다. 하지만 더 섬뜩한 것은 언제 그랬냐는 듯 다시 사랑한다고 속삭이며 폭행과 같은 섹스가 이어진다는 것. 그리고 이때마다 집안을 울리는 음산한 선율, 바로 프랑스의 작곡가 '베를리오즈'(Hector Berlioz, 1803~1869)의 <환상교향곡>(Symphonie Fantastique op.14) 중 5악장으로, 아내 로라를 향한 정서적인 제압이자 악몽인 것이다.

그러던 어느 날, 요트를 타고 나간 밤바다에 폭풍우가 몰아치고 물에 빠진 로라는 보이지 않는다. 미친 듯이 울부짖으며 찾아 보지만 결국 벗겨진 구명조끼만을 확인한 채 장례를 치르는 마틴. 하지만 이 모든 것은 로라의 대담한 계획이었으며 남편으로부터 벗어나기 위하여 치밀

히 준비해 왔던 것이다. 그렇게 탈출에 성공한 로라, 그녀는 이제 낯선 곳에서 '사라'라는 이름으로 새로운 삶을 시작하고 아픈 과거를 뒤로 한 채 이웃집 벤과 가까워지며 행복한 나날을 보낸다. 한편 사라진 아내의 뒤를 쫓는 마틴, 그녀가 살아있음을 짐작할 만한 흔적과 정황들이 드러난 것이다. 그리고 마침내 그녀가 다른 남자와 즐거운 모습을 목격, 눈에는 분노가 가득하다. 집으로 돌아온 로라, 하지만 뭔가 이상하다. 갑자기 흘러나오는 베를리오즈의 음악, 엉망으로 걸어놓았던 수건이 가지런하며 마지막 희망을 품으며 확인한 부엌 선반의 모든 것이 깔끔히 정리되어 있다. 로라는 공포에 질려 입을 막으며 오열하고, 이때 그런 그녀를 향해 다가오는 마틴. 그의 다정한 듯한 어투에 몸에는 서리가 내린 듯하다. 자! 이제 적이 자신에게 위해를 가할 수 있을 만큼의 거리에 있다. 그렇다면 과연 그녀는 자신의 인생에 거칠게 침입한 적에게 다시 한번 굴복할 것인가, 단호히 저항할 것인가?

▶ 베를리오즈를 사랑의 환상으로 빠뜨린 해리엇 스미드슨의 연극 '햄릿' 극 중 분장

프랑스의 작곡가 '베를리오즈'는 1827년 운명 같은 여인을 만난다. 바로 영국 셰익스피어 악단의 파리 공연에서 연극 '햄릿'과 '로미오와 줄리엣'의 여주인공 역을 맡은 '스미드슨'. 그렇게 첫눈에 사랑의 열병에 휩싸여 당시 최고의 인기를 누리던 그녀에게 구애하지만 거절당하며 그의 방황이 시작된다. 깊은 슬픔에 사로잡혀 아무것도 할 수 없어 파리 근교를 배회하던 베를리오즈, 이때 그는

갑자기 의식을 잃었고 죽은 듯 깊은 잠에 빠져 기이한 환상으로 가득한 꿈을 꾼다. 그리고 그 꿈을 음악으로 풀어내니 바로 그의 대표작 <환상교향곡>인 것이다. 하니 명곡을 탄생케 한 그녀에게 오히려 고맙다고 해야 하는 것일까?

곡은 음악사에 있어서도 중요한 의미를 지니는데 바로 '고정악상'의 개념을 처음으로 사용했다는 것이다. 고정악상이란 표제음악에 있어 어떠한 고정된 관념이나 객체를 선율로 나타내는 것으로, 그 악상의 변형을 통해 대상의 심적 변화를 음악적으로 표현하는 것을 말한다. 이는 획기적이면서도 새로운 착상이었다. 이에 <환상교향곡>은 표제적인 성격을 도입, 이야기를 본격적으로 풀어낸 최초의 작곡가로서의 위상을 베를리오즈에게 부여, 이후 '리스트'가 교향시라는 분야를 확립하는데 영향을 주었으며 '바그너'의 유도동기 기법에도 영향을 주기에 이른다.

그렇다면 표제적 교향곡인 <환상교향곡>은 어떠한 이야기를 담고 있을까? 먼저 악보에 실려 있는 글이 곡의 진행에 있어 근간이 된다. "사랑에 미치고 인생이 싫어진 젊은 예술가가 아편을 마신다. 하지만 독약의 양은 죽음에 이르기에는 약해 깊은 잠과 꿈을 가져다 줄 뿐이다. 그리고 그 속에 예술가의 사랑 이야기가 재현되어 환상적이면서도 무서운 결말로 향해 간다." 이러한 이야기를 바탕으로 <환상교향곡>은 총 5악장으로 이루어져 있으며 각 악장마다 제목을 안고 음악으로 이야기를 전개하는 것이다.

1악장 '꿈, 정열'

젊은 음악가가 상상 속의 이상형을 발견하고 사랑에 빠진다. 그는 주체 못할 정열에 사로잡혔으며 이제 여인의 이미지는 하나의 악상과 결합되어 파고드는데 이것이 바로 그녀를 표현하는 고정악상이다. 하지만 이는 정열적이면서도 정적인 기품을 유지한 이중적인 것이기에 집요하게 그를 혼돈에 빠트린다.

2악장 '무도회'

자신이 어디에 놓여 있는지조차 혼란스런 음악가, 때론 무도회를 배회하기도 하고 평화로운 전원에서 사색에 잠기기도 한다. 하지만 그 어디에서도 그녀의 모습은 사라지지 않는다.

3악장 '전원의 풍경'

멀리서 들려오는 목동의 피리 소리, 자신을 어루만져 주는 듯한 전원에서의 평화, 어쩌면 그녀와의 사랑이 이루어질지도 모르겠다. 하지만 이러한 희망도 잠시, 서서히 밀려오는 불안감에 젊은 음악가는 다시 혼돈에 빠져들고 이어지는 것은 정적뿐이다.

4악장 '단두대로의 행진'

그녀가 자신의 사랑을 받아주지 않았음에 음독 자살을 기도한 음악가, 하지만 죽음의 곁에 가지 못하고 깊은 잠 속, 무서운 환상에 빠져 든다. 사랑하는 이를 죽이고 사형 집행자들의 행진을 따라 단두대로 향하고 마침내 처형되고 마는 꿈. 멀리서 아련히 사랑하는 그녀의 목소리가 들려오는 듯 하지만 부질없다.

5악장 '마녀의 밤 축제와 꿈'

온갖 요괴들과 마녀들이 모여 음악가를 조롱하며 위협한다. 각종 신음소리와 비웃음, 그리고 고성이 난무하는 가운데 사랑하는 이의 선율이 들려오지만 그것은 이미 고귀한 것이 아니다. 창부의 모습을 띤 그녀는 이제 초라하며 세상 가장 천박한 것으로 변해버린 것이다. 그렇게 그녀는 음악가의 마지막을 장식할 주인공이 되어 밤의 제전에 끼어들고 그렇게 이 기괴한 향연은 그 절정을 향해 달려간다.

이렇듯 음울하면서도 치명적인 이야기로 구성된 <환상교향곡>에서 영화에 사용된 것은 5악장이다. 더 정확히 말하자면 5악장 중 교회의 종소리에 이어 들려오는 '진노의 날' 주제 부분. 심판의 그날은 두려운

날이다. 살아 행했던 일들로 천국과 지옥불로 나뉘어지기 때문이다. 하여 그 엄중함에 트럼펫과 같은 금관악기가 등장, 최후의 날 울려 퍼질 천사들의 나팔 소리를 들려주니 그 단호함에 무릎을 꿇을 수밖에 없는 것이다. 하지만 여기에서의 악기는 금관악기 중 가장 무거우면서 낮은 음을 내는 튜바. 그 음색이 생김새만큼이나 둔중하면서도 위압적인 것으로 그렇게 한음 한음 꾹 꾹 눌러 다지며 진노의 날의 선율을 울려낸다. 이는 마치 어두운 힘이 한발 한발 다가오는 듯 음산하여 영화 속 소름 끼치는 공포를 선사한다.

폭력은 어떤 형태를 띠더라도 상대방의 영혼을 파괴한다. 하여 폭력은 이유를 막론하여 죄악이며 이러한 명제에 대하여 부정하는 이는 없을 것이다. 또한 저마다 폭력을 비난하고 자신은 결코 가해자가 아님을 주장할 것이다. 하지만 정서적인 가해까지 폭력의 범위를 확대해 본다면? 과연 혀에 묻은 독과 화살로 상대방을 상하게 했던 적은 없는가? 언어로 행하여지는, 특히 사랑이라는 단어를 전재로 행하여지는 폭력은 피해자에게 더욱 큰 상처로 다가가 물리적인 아픔보다 더한 고통을 안겨준다는 것을 알아야 한다. 이렇듯 영화의 제목에서처럼 자신의 삶에 함부로 끼어든 물리적, 정서적 폭력이라는 침입자는 마땅히 적이다. 만약 피해자의 입장에 서 있다면 단호해야 한다. 그것이 자신의 삶을 놓아주지 않는다면 스스로 용기를 내어야 한다는 것이다. 폭력에 대한 항거는 폭력이 아니다.

"침입자를 제거했어요."

추천 음반

BERLIOZ: Symphonie Fantastique op. 14
Carlos Paita (conductor)
London Symphony Orchestra
1978, Kingsway Hall, London

지휘자 '샤를 뮌시'(Charles Munch)가 파리 오케스트라(Orchestre de Paris)를 지휘한 음반(EMI, 1967)이 열악한 음질을 딛고 최고의 연주로 추천된다. 지휘자 '카라얀'(Herbert von Karajan) 역시 1974년 베를린 필과의 녹음(DG)을 통해 곡이 지닌 각 악장의 표제적 요소를 치밀하게 연출해 낸 바 있는데 특히 5악장에 있어 실제 교회 종소리를 사용함으로 곡이 지녀야 분위기를 효과적으로 증폭시킨 영리한 연주라 하겠다. 아르헨티나 출신의 명장 '카를로스 파이타'의 녹음 역시 지나칠 수 없는 명연으로, 그의 마초적인 기질과 곡이 지닌 광폭함이 어울려 폭발적인 사운드를 들려준다.

▶ 쇼팽 조각상 - '쇼팽의 집' 정원

프레데리크 프랑수아 쇼팽 (Fryderyk Franciszek Chopin)
1810.03.01.~ 1849.10.17.

사랑하는 이가 그리워, 벽을 건넌다

쇼팽 <피아노협주곡 1번>(Concerto for Piano and Orchestra No.1)

— 영화 <트루먼쇼>(1998)
감독: 피터 위어 / 주연: 짐 캐리

무릎을 탁 칠 정도의 상상력이 빛나는 작품이라면 그 감동은 배가 된다. 영화 <트루먼쇼>(1998)가 바로 그렇다. 영화 <죽은 시인의 사회>(1990)의 감독 '피터 위어'(Peter Weir)는 또 한번 기발한 설정과 상상력을 동원, 영화사에 남을 명작을 이루어낸 것이다.

자신이 태어난 섬에서 30년을 살고 있는 트루먼, 그에게는 따뜻한 이웃, 직장, 어머니, 친구, 그리고 어쩐지 불편한 느낌의 아내가 있으며 여느 이들과 다르지 않은 평범하지만 만족스러운 삶을 살아가고 있다. 하지만 그가 사는 세상은 어느 TV프로그램의 거대한 세트장, 그리고 그의 일생은 태어날 때부터 전 세계에 하루도 빠짐없이 생중계 되고 있다. 트루먼 자신만이 그 사실을 모를 뿐, 주변의 모든 이들은 프로그램을 지탱하는 스탭이거나 연기자인 것이다. 어머니와 아내, 심지어 7살

부터 함께했던 친구마저 말이다. 바다와 숲으로 가로 막힌 세상, 이제 트루먼은 이곳을 넘어 더 넓은 세상을 찾아가려 한다. 하지만 용기가 필요하다. 그를 가로막는 모든 것들을 넘어서야 하며 무엇보다 두려운 것은 평생을 지내온 안전한 둥지를 버려야 한다는 것이다.

그의 하루는 행복한 웃음을 머금은 이웃과의 인사로 시작한다. 그리고 이때의 음악은 '모차르트'(Mozart)의 <터키행진곡>(Turkish March)으로 영화의 배경음악인지 TV프로그램 <트루먼 쇼>의 시그널인지는 알 수 없지만 늘 아침의 시작을 알린다. 그의 반복적인 하루를 보여주려는 의도처럼 이 장면이면 어김없이 흘러나오는 것이다.

모차르트는 총 18개의 피아노 소나타를 작곡했다. 이 중 그의 천재성이 모조리 드러난 'K.284 D장조', 어머니를 잃은 슬픔을 담아낸 듯 어두운 상념 가득한 'K.310 A단조' 등의 명곡들이 있다. 더불어 영화에 쓰인 '제11번 k.331'(Piano Sonata No. 11 in A Major, K. 331 'Turkish March')의 3악장 '터키풍으로'(alla turca)는 누구나가 들어봤을 법한 특히나 유명한 선율이다. 그렇다면 왜 터키풍인가? 이는 당시 음악계의 유행을 보여주는 것으로 오스만 제국의 유럽 침략 시기에 등장했던 터키 군악대에 영향을 받은 것이다. 이에 모차르트는 그의 바이올린협주곡 제5번(Concerto for Violin and Orchestra "Turkish" in A major, K.219)에 있어서도 이 양식을 사용한 것을 확인할 수 있으며 '베토벤' 역시 그의 작품 <아테네의 폐허>(Die Ruinen von Athen)를 통해 '터키행진곡'을 선보이며 당시의 유행에 편승한다. 특히 그의 대표작이라고 할 <교향곡 9번 '합창'>의 4악장에 있어서도 그 어법이 드러나니 당시 음악계에 있어 터키의 문화와 양식이 얼마나 유행했는지를 보여주는 것이다.

모차르트의 피아노소나타는 처음 배울 땐 쉬우나 나이가 들수록 점점 더 어려워진다고들 한다. 유명 피아니스트이자 모차르트 연구가인 '슈나벨'(Artur Schnabel, 1882~1951)조차 "모차르트는 어린이가 치기는 쉬우나 어른이 치기는 힘들다."라는 말을 남겼으니 전문가마저 인정하는 부분으로, 이는 아마도 작품의 천진스러운 선율에 서린 내면의 섬세한 감정을 연주로 표현해 내는 것이 결코 쉬운 일은 아니기 때문일 것이다. 하여 작품의 해석에 있어 잉글리드 헤블러, 릴리 클라우스, 마리아 조앙 피레스, 미츠코 우치다 등 여성 피아니스트들의 활약이 돋보이는 것은 우연이 아니다.

▶ 쇼팽 콩쿠르 우승 기념 갈라 콘서트 / 조성진의 쇼팽 피아노협주곡 1번 실황

아내(역할을 맡을 배우)와 트루만을 엮기 위해 온갖 상황이 빚어지는 가운데 정작 트루만은 실비아에게서 사랑의 감정을 느낀다. 하지만 해변에서의 짧고도 낭만적인 데이트 이후 사라져 버린 그녀, 트루먼의 거대한 인생 극장에서 단지 엑스트라에 불과했던 그녀는 그에게 연민과 사랑을 느끼고 진실을 알리려다 결국 역할에서 쫓겨난 것이다. 그런 그녀와의 데이트 장면, 그리고 잡지에서 사진을 오려 그녀의 모습을 완성해 가던 장면에서 흐르던 음악이 있으니 바로 폴란드 작곡가 '쇼팽'(Frédéric Chopin, 1810~1849)의 <피아노협주곡 1번>(Concerto for Piano and Orchestra No.1 in e minor, Op.11) 중 2악장 '로망스'(Romance-Larghetto), 그녀

가 등장할 때면 항상 흐르니 '실비아의 테마'인 것이다. 작곡 당시 쇼팽에게는 실제로 연모하던 여인이 있었다고 하니 그녀에 대한 사랑의 감정이 곡에 스며 있을 것이기에 절묘한 선곡이다.

20살의 쇼팽, 당시 폴란드의 바르샤바는 말 그대로 격변의 혼란기였다. 그는 결국 그런 조국을 당분간 떠나기로 결심, 연주회를 열어 <피아노 협주곡 1번>을 초연한다. 하지만 결코 이 순간이 조국에서의 마지막 연주회가 될 것이라고는 생각하지 못한 채 그렇게 서글픈 작별 연주회가 되어버리고 만다. 이렇듯 곡은 쇼팽이 폴란드 시절 남긴 마지막 역작으로 파리로의 여정 동안 여러 번 무대에 올리지만 그 가치를 인정받지 못하다 파리의 데뷔 연주회에서야 비로소 인기를 얻어 이후 쇼팽이 그곳에서 음악가로서의 위상을 공고히 하는데 크게 기여하게 된다.

하지만 곡 속에 가득 담긴 아름다운 선율의 향연에도 불구, 쇼팽의 피아노협주곡은 그 관현악법적 불균형으로 인해 평가절하되는 경우가 많다. 실제 다른 작곡가들에 의해 보강된 편곡버전이 존재하며, 쇼팽 스스로도 피아노 반주를 동반한 독주로 연주회를 통해 선보인 적이 많다고 하니 관현악 반주에 대하여 그리 비중을 크게 두지 않았을지도 모를 일이다. 하지만 이러한 약점에도 불구, 영화에 등장하는 2악장 '로망스'는 그 서정적이면서도 몽환적인 선율로 인해 대중으로부터 큰 사랑을 받고 있다. 서주 이후 등장하는 영롱한 피아노 선율을 듣노라면 마치 수줍은 젊은이의 풋풋한 사랑을 보는 듯 애처로운 것으로, 영화 속 트루먼이 평생을 마음 속의 사랑으로 품어 온 실비아의 주제로 사용되어 그 애틋한 절절함을 이러한 쇼팽의 음악으로 완벽히 표현해 내는 것이다.

바다(세트)에서 아버지(역할 배우)를 잃은 후 물에 대한 공포를 지니게 된 트루먼, 이 또한 새장 안에 그를 가두려는 의도된 연출이었다. 이제 그는 자신이 가진 이 거대한 트라우마를 뚫고 배에 올라 자신이 가보지 못했던 미지의 세계로 떠나기를 시도한다. 사랑하는 실비아의 사진을 품에 지니고서. 그를 거칠게 막아서는 감독, 하지만 새로운 세상을 향한 열망과 실비아에 대한 그리움으로 가득한 그를 막아내지 못한다. '트루먼 쇼'의 주인공이 떠나려는 것이다. 그렇지만 결국 세상의 끝(세트장의 끝)에 멈춰 설 수 밖에 없다. 그 두꺼운 벽을 부술 듯 두드리며 울부짖다 마침내 찾아 낸 조그만 출구(EXIT!), 이제 막 문을 열어 새장을 나서려는 순간 어디선가 목소리가 들려온다. 트루먼을 창조했으며 그를 구원했다고 믿는 감독은 바깥 세상은 거짓으로 가득하니 자신이 만들어 놓은 평화롭고 진실된 세상에 있으라고 말하는 것이다. 그리곤 자신이 만든 피조물이니 떠나지 못할 것이며 품 속에 있으리라 믿는다. 하지만 트루먼은 용기와 웃음으로 시청자들께 마지막 인사를 건넨다. 새로운 세상을 향한 첫 번째 첫발이다.

"나중에 인사할 수 없을 것 같으니 미리 합니다. 굳 에프터눈, 굳 이브닝, 굳 나잇."

▶ 갇혀 있던 세상에 안녕을 고하는 트루먼

추천 음반

CHOPIN: Piano Concerto No. 1 in E minor op. 11
Krystian Zimerman (piano)
Krystian Zimerman (conductor)
Polish Festival Orchestra
1999/8, Auditorium Giovanni Agnelli, Torino

'크리스티안 치메르만'(Krystian Zimerman)의 음반을 추천한다. 1975년 쇼팽 콩쿠르에서 우승, 지휘자 '줄리니'(Carlo Maria Giulini)의 반주 아래 녹음(DG, 1978)을 남긴바 있는 그는 이후 자신의 지휘와 연주로 다시 한번 녹음에 임하는데 두 차례에 걸쳐 모두 훌륭하다. 특히 폴란드 축제악단과 함께 한 두 번째 음반은 기존의 연주해석을 벗어나 새로운 해석을 들려주며 쇼팽 음악에 있어서의 혜안을 보인다. 이는 낭만의 끝을 보여주는 듯 제목 그대로 멋진 로망스이며 폴란드 출신 피아니스트와 악단이 빚어낸 자국을 대표하는 작곡가를 향한 애정 어린 시선이다.

편견 받고 있다는 편견

쇼팽 <연습곡>(Etude) 중 '겨울바람'(11번 'Winter Wind)

— 영화 <그린 북>(2018)
감독: 피터 패럴리 / 주연: 비고 모텐슨, 마허샬라 알리

영화 <그린 북>은 2018년 골든글러브 3관왕을 석권하고 이어 2019년 아카데미 작품상까지 차지한 수작이다. 인간이라는 존재가 느끼는 가장 비참한 순간은 언제일까? 아마도 차별 당한다는 느낌을 받을 때일 것이다. 이러한 불합리한 상황을 견디다 결국 마음에 굳은 살이 박혀 버린 이들만큼 불행한 이들이 있을까? 만약 저 먼 우주에 또 다른 지적 생명체가 있어 누가 더 천박한 존재인지 논하는 자리가 마련된다면 아마도 그들은 인간이 자행해 온 차별의 역사를 들어 그들이 더욱 고귀한 존재임을 증명하려 들 것이다. 다름이란 단어에 어떠한 우위를 표현하는 바가 없음에도 다르기에 그럴 것이라는 편견이 주는 폭력성은 한 개인을 넘어 인류를 파멸시키는 악마와도 같다. 이에 영화 <그린 북>은 로드무비의 형식을 빌어 다른 세상을 살아가던 두 남자가 서로에 대한 편견을 깨고 자아를 찾아가는 과정을 잔잔히 보여주며 우리 속의 악마를 지워가려 한다.

때는 1962년, 입담과 완력을 겸비한 해결사 '토니'는 자신이 일하던 클럽이 잠시 문을 닫게 된 사정으로 단기 실업자가 되고 곧 미국 남부로의 연주 투어를 떠나는 천재 피아니스트 '돈 셜리'의 운전기사 면접을 보게 된다. 어색한 분위기의 면접 후 합격한 토니와 지성과 교양의 흑인 재즈 피아니스트 셜리는 이제 함께 길을 떠나고 끊임없이 먹어대며 입담을 펼치는 토니의 운전석과 무릎에 담요를 두고 사색에 잠기는 셜리의 뒷좌석은 서로 다른 세계다. 무엇 하나 닮은 점이라고는 없는 둘의 여정이 어쩐지 위태로워 보이는 것이다.

가판대 아래 떨어져 있던 비취석을 두고 벌이는 둘의 신경전, 지역을 대표하는 닭 요리에 신이 난 토니와 그의 강권에 결국 그것을 받아 드는 셜리, 먹거리와 편견에 대한 대화가 오가다 차창 밖으로 던져버린 콜라 컵을 결코 용납하지 못해 차를 되돌리게 하는 셜리, 비가 퍼붓는 날, 길을 잃고 만난 경찰의 어처구니 없는 차별과 로버트 케네디(케네디 대통령의 동생)라는 어마어마한 인맥에도 세상에서는 그저 흑인으로 차별당할 수밖에 없으며 평생 그런 대접을 겪어 온 셜리, 차가 고장 나 잠시 섰던 길, 뒷좌석에 앉은 흑인의 모습을 구도가 맞지 않아 불편한 그림을 바라보듯 응시하던 농장의 일꾼들.

▶ 셜리(왼쪽)와 그의 운전기사 토니. /스틸컷

이렇듯 소소하지만 생각케 하는 장면들이 이어지다 그들이 도착한 마지막 일정. 그리고 그곳 식당에서 맞이한 너무도 황당한 사건, 이곳에서 공연은 할 수 있어도 식사는 할 수 없다는 것이다. 더 이상 참을 수 없어 그렇다면 공연도 하지 않겠다는 말을 남기고 그곳을 빠져 나온 둘은 멀지 않은 식당을 찾는다. 그리고 그곳에서의 멋진 즉석 공연, 제 옷을 입은 듯 행복했던 연주가 끝나고 그들은 집으로 향한다. 그렇게 크리스마스를 가족과 함께 보낼 수 있도록 하겠다던 토니와의 약속을 셜리는 지켜내지만 그의 크리스마스는 외롭다. 힘겹게 용기를 내어 찾아간 토니의 집, 이젠 그에게도 친구와 가족이 생길 것이다.

식사를 거부하는 호텔에서의 공연을 보기 좋게 보이콧하고선 그들이 찾아간 식당, 위대한 피아니스트라는 토니의 소개에 대답 대신 연주를 보여 달라는 웨이트리스의 눈짓, 이제 셜리는 스타인웨이가 아닌 식당의 허름한 피아노 앞에 앉아 스산하면서도 멋진 선율로 그곳 모든 이들의 귀를 사로 잡는다. 바로 그가 평소 자신 있다 했던 폴란드가 자랑하는 작곡가, 피아노의 시인 '쇼팽'(Frédéric Chopin, 1810~1849)의 <연습곡>(Etude) 중 '겨울바람'(Op.25, 11번 a단조). 4분 가량 소요되는 이 곡을 영화에서는 첫 시작과 하이라이트 부분 정도로 짧게 들려주는데 이러한 선곡은 아마도 자신이 처한 시대적 한파를 음악으로 들려 주려는 듯 보여 마음이 시리다.

부르조아라는 새로운 세력이 등장하는 19세기 중반은 피아노라는 악기가 대중화되던 시기였다. 우리도 한때 집에 피아노를 갖춰 놓는 것이 부의 상징이던 시절이 있었지만 유럽은 이미 1세기도 더 이전에 이러한 시절을 지나온 것이다. 이러한 당시의 시류와 함께 등장한 것이 바로

'연습곡'이라는 장르로 입문자와 프로 연주자 모두에게 꼭 필요한 시대적 요구였던 것이다. 하지만 연습곡은 연습곡일 뿐, 초기의 작품들은 단지 테크닉의 연마를 위한 무의미한 음표의 나열에 불과했다. 그렇지만 곧 이를 넘어 정서적 고양과 예술적 감흥을 요구하는, 진정한 작품으로서의 연습곡들이 나타나기 시작하는데 그 결과로 만들어진 걸작 중 하나가 바로 '쇼팽'의 <연습곡>이다. 다시 말해 이 작품은 단지 집에서 혼자 테크닉을 연마하기 위한 것이 아닌, 콘서트 홀에서 청중들에게 정서적인 감동을 선사할 수 있을 만큼의 예술성을 지닌 것으로, 기교와 정서의 조화를 최고의 예술로 여겼던 쇼팽이기에 가능했던 위대한 업적이며 그의 피아노 음악에 대한 철학이 녹아 있는 것이다. 하여 한 저명한 음악평론가는 17세기의 바흐와 18세기의 베토벤이 이루어 놓은 피아노 음악의 지위처럼 쇼팽의 <연습곡>은 19세기에 있어 그 의미와 역할을 할 것이란 말을 남기기도 한다.

쇼팽의 <연습곡>은 1833년 출간된 작품번호 10번의 12곡과 1837년 두 번째로 출간한 작품번호 25번의 12곡, 총 24곡으로 이루어져 있다. 이 중 제목을 지닌 곡들이 특히 유명하여 소개하자면, 돌아가지 못하는 조국 폴란드에 대한 향수를 그린 서정적 쇼팽의 대표 히트작이라 할 '이별의 곡'(Op.10, 3번), 영화 <말할 수 없는 비밀>에서 피아노 배틀 장면에 등장하는, 오직 검은 건반만으로 연주하기에 이름 붙여진 '흑건'(Op.10, 5번), 빈을 떠나 파리로 가던 도중 조국 혁명군의 패배와 바르샤바 함락 소식에 격분하여 만든 애국심의 발로 '혁명'(Op.10, 12번), 햇빛에 부서지는 나비의 파닥임을 묘사한 '나비'(Op.25, 9번), 그리고 영화에 등장한 매섭고도 차가운 울림 '겨울바람'(Op.25, 11번) 등이 있다. 하지만 이외 언급되지 않은 곡조차 모두 뛰어난 작품들이며 낭만주의 피아노 음악에 있어 최고봉이라 할 수 있으니 시간을 내어 천천히 전곡을 감상한다면 음악적 감동이라는 멋진 선물을 받아들 수 있을 것이다.

▶ '흑건'의 자필 악보

영화를 보는 동안 불편한 것은 오히려 친절이다. 그들은 친절하게 차별하며 연주에서 보여주는 그의 뛰어난 예술성도 겨울바람처럼 차가운 편견을 녹여내지 못한다. 보내는 박수갈채가 오히려 야유처럼 들리고 살가운 메리 크리스마스 인사 역시 비딱하게만 여겨지는 것은 그들이 쓰고 있는 가면 때문일 것이다. 이렇듯 영화 <그린 북>은 차별에 대한 고발과 그 치유를 이야기하는 듯하다. 하지만 사실 영화 <그린 북>은 '편견에 대한 편견'에 더욱 초점을 맞추고 있다. 편견을 가지고 있을 것이라는 편견, 고쳐 말하자면 피해의식. 오랫동안 억압과 차별을 받아온 이들에게 존재하는 또 하나의 천박한 악마다. 굳이 스타인웨이만을 고집하는 셜리, 이는 상황에 관계없이 최고의 피아노를 준비하지 않는다면 차별일 것이라는 피해의식에서 비롯된 또 다른 편견이다. 또한 그의 트리오가 정통 재즈의 편성과 달리 첼로와 콘트라베이스, 그리고 자신의 피아노라는 클래식 악기로만 구성되었다는 것 역시 그가 지닌 피

해의식의 크기인 것이다.

세상에 남아 있는 차별은 아직 사라지지 않았다. 하지만 나아지고 있음은 분명하다. 하루 아침에 모든 것이 변할 수 있을까? 하니 쟁취한 것은 즐겨가며 싸우자. 피해의식으로부터 비롯된 트집은 가야 할 곳을 향해가는 발목을 오히려 잡는 행동이 될 수도 있으니 말이다.[1] 하여 영화 <그린 북>의 수상에 반대하며 시상식에서 퇴장 해프닝을 보여준 흑인 감독의 행동은 씁쓸함으로 다가오며 그에게 토니처럼 Cool해 보시라 권하는 바다.

"난 이탈리아 사람들은 피자나 스파게티만 먹는다고 해도 아무렇지도 않던데……."

1) 결코 피해의식을 심어 준 자들을 옹호하는 것이 아님을 분명히 한다.

추천 음반

CHOPIN: 12 Etudes op. 10 & op. 25

Maurizio Pollini

1972/01 Stereo, Analog, Herkulessaal, Residenz, Munich

모든 피아니스트에게 있어 쇼팽은 도전해야 할 산이며 들려주고 싶은 이야기일 것이다. 하니 경쟁이 치열할 수 밖에 없음에도 곡을 대표하는 연주들이 존재한다. <녹턴>(Nocturne)에 있어서 폴란드계 미국의 피아니스트 '아르투르 루빈스타인'(Artur Rubinstein, 1887~1982)을 빼놓고 이야기할 수 없으며 네 개의 '발라드'(Ballade)에 있어선 '크리스티안 치메르만'(Krystian Zimerman, 1956~)이 남긴 연주가 그러하다.('조성진'의 연주가 30년이 넘도록 최고의 '발라드'로 대접받던 그의 위상에 도전하고 있다.)

쇼팽이 남긴 '연습곡'(Etude)에 있어서도 오랫동안 최고의 자리를 지켜온 연주가 있다. 바로 이탈리아의 피아니스트 '마우리치오 폴리니'(Maurizio Pollini, 1942~)의 것이다. 폴리니는 1960년 쇼팽 콩쿠르에서 심사위원 전원 일치로 당당히 1위를 차지하며 탁월한 면모를 보여 주었는데 콩쿠르 당시 심사위원장이었던 아르투르 루빈스타인조차 "심사위원 중 더 잘 할 수 있는 이가 있을까?"라며 감탄했다는 일화는 유명하다.

폴리니가 빚어내는 선율은 작품이 지닌 테크닉적 요소와 담긴 서정을 완벽한 비율로 브랜딩하며, 피아노 음악에 있어 쇼팽의 철학을 멋지게 담아내고 있으니 이 음반이 지닌 '쇼팽 연습곡에 있어서의 교과서'라는 지위는 견고한 것이다.

절뚝거리는 리듬, 꺼져 내리는 세상

슈만 <피아노 5중주>(Piano Quintet)

— 영화 <더 페이버릿: 여왕의 여자>(2018)
감독: 요르고스 란티모스 / 주연: 올리비아 콜맨, 엠마 스톤, 레이첼 와이즈

'더 페이버릿'(The Favorite), 가장 총애하는 자라는 뜻으로 자신의 고민을 가감 없이 털어놓을 수 있으며 중요한 결정의 순간에 의견을 나눌 수 있는 동반자이자 친구를 뜻한다. 그렇기에 중요한 위치에 앉은 자라면 어떠한 이를 옆에 두고 있는지 항상 살펴야 할 것으로 이는 자신의 처지는 물론 역사마저 바꿀 수도 있는 큰 일이기 때문이다. 하지만 자리라는 것이 그렇지 못하여 충언이 귀에 거슬려 멀리하고 간사한 혀에 눈이 멀고 만다. 당장이라도 그릇된 이를 곁에 두어 모든 것을 잃고 무너져 내린 사연들을 어렵지 않게 나열할 수 있지 않은가.

16세기 영국, 절대권력이라 할 '앤' 여왕의 곁엔 어릴 적부터 친구이면서 몸이 불편한 자신을 대신하여 국정을 돌보아 주는 조력자이자 은밀한 사랑 '사라'가 있다. 언제나 돌 직구를 날리며 마음에 상처를 주는

그녀이지만 여왕에게는 없어서는 안될 소중한 사람인 것이다. 그러던 어느 날, 몰락한 귀족 출신의 '에비게일'이 왕궁의 시녀로 들어와 우연히 둘 사이에 끼어 들면서 그동안의 모든 흐름이 급변한다. 에비게일이 사라와 달리 마음을 어루만지는 말과 행동으로 점차 여왕의 총애를 얻기 시작한 것이다. 하지만 이 모든 것은 자신의 비참한 처지를 바꿔 신분 상승을 노리는 의도일 뿐, 이제 이 모든 상황이 불편한 사라와 야망의 에비게일은 여왕을 사이에 두고 팽팽한 긴장감을 이어간다. 하지만 여왕의 마음은 점차 에비게일에게로 기울고 이렇게 자신의 모든 것을 잃을 위기에 처한 사라, 하지만 그녀 역시 당찬 심성의 소유자이기에 상황을 반전시키려 노력하고, 에비게일은 독버섯을 이용하면서까지 사라를 여왕으로부터 떼어 놓으려 하는데…….

비밀 통로를 지나 여왕의 처소에 도착한 사라, 자신을 기다릴 것이라는 기대와 달리 에비게일과 나란히 침소에 누운 여왕을 본 그녀의 표정은 내려 앉았으며 도망치 듯 그곳을 벗어 나온다. 이때, 장면의 어둠만큼이나 무겁게 내려 앉던 선율이 있으니 바로 독일의 작곡가 '슈만'(Robert Schumann, 1810~1856)의 <피아노 5중주>(Piano Quintet in E flat Major, Op. 44) 중 2악장.

곡은 4부의 끝자락, 여왕이 사라를 두고 대신 에비게일과 함께 마차에 오르는 장면과 8부에서 사라가 여왕에게 "당신의 눈을 찌르고 싶다."는 무엄한 편지를 쓰는 장면에서도 사용되었으니 사라의 질투 테마인 것이다. 이는 사랑하는 이를 잃은 자의 무너지는 마음을 음악으로 표현한 것으로 장면과 곡의 악상이 절묘하게 어울린다.

19세기 독일 낭만주의 사조를 대표하는 작곡가 슈만, 1810년 독일의 츠비카우에서 출판업자의 아들로 태어난 그는 문학과 철학적 교양을 쌓을 수 있는 환경을 거쳐 음악적 재능 또한 드러내지만 아버지의 갑작스러운 죽음 이후 가난한 음악가의 삶을 원치 않던 어머니는 그를 강권하여 법대에 진학토록 한다. 하지만 피 속에 흐르는 음악적 기질을 감출 수는 없는 법, 슈만은 학업과 피아노 공부를 병행하며 음악가의 꿈을 이어나간다. 그러다 어머니에게 보내는 "돈 없는 음악가로서 행복하게 살겠다"는 내용의 편지를 시작으로 본격적인 음악가로서의 길에 들어서지만 현실은 녹록하지 않아 늦은 시작이었기에 혹독했던 피아노 수련으로 인해 결국 손가락 부상이라는 치명적인 결과를 불러 오고 마는 것이다.

연주자의 길을 위해 대학마저도 포기한 그에게 찾아온 위기, 하지만 지닌 재능이 연주에만 있지 않아 작곡가의 길로 접어든다. 이에 그의 작품을 사랑하는 후대의 음악평론가들은 오히려 이러한 불행이 "신께서 음악을 위해 주신 선물"이라고까지 이야기하는 것이다. 이 시기 글쓰기에도 소질이 있던 그는 여러 음악가들과 함께 《음악신보》(Neue Zeitschrift für Müsik)라는 잡지를 출간, 음악 평론가로서의 재능 또한 펼쳐 보인다. 그리고 이를 통해 젊은 음악가들을 세상에 소개하여 빛을 보게 한 것 역시 음악사에 있어 그가 남긴 위대한 업적 중 하나라 할 수 있는데, 그 대표적인 작곡가가 바로 '쇼팽'(Chopin)과 '브람스'(Brahms)인 것이다.

그러다 첫사랑에 실패하고 어머니마저 세상을 떠나 상심한 슈만에게 찾아온 운명 같은 사랑, 바로 '클라라 비크'(Clara Wieck)와의 만남이다. 슈만의 피아노 교사였던 '프리드리히 비크'(Friedrich Wiek)의 딸이자 뛰어난 미모를 겸비한, 당시 최고의 피아니스트로 명성이 높았던 클라라. 평생 동안 슈만에게 있어 음악적 동반자이자 영감의 원천이었던 그녀와의 러브스토리는 과연 낭만주의의 대표 음악가다운 것으로, 앞날이 불투명한 작곡가와 인기 피아니스트와의 만남은 당연 거센 반대에 부딪혔고 소송까지 가서야 부부가 될 수 있었던 것이다.

힘겨운 결합 이후 둘은 함께 연주 여행을 다니며 음악적 동지로서 활동을 해 나간다. 그러던 중 슈만은 드디어 작곡가로서의 재능을 드러내는데, 1842년에 이르러 3개의 현악 4중주를 비롯한 많은 걸작을 세상에 내어 놓아 소위 '실내악의 해'를 맞이한 것이다. 특히 이 시기 작곡된 피아노 5중주는 그 형식과 내용에 있어 완벽히 조화를 이룬 명곡으로 지닌 선율의 아름다움으로 인해 슈만의 실내악곡 중에서도 최고의 걸작이라는 평가다. 현악 4중주에 피아노를 추가한 편성은 자신의 사랑인 클라라를 염두에 둔 작업으로, 이는 그녀에게 이 곡을 헌정한 것에서 근거를 찾을 수 있을 것이다. 이러한 편성은 당시로는 새로운 시도였기에 이후 후배 작곡가들인 브람스(Brahms), 드보르작(Dvorak) 등에게도 음악적 영감을 제공, 동편성의 명곡들이 탄생할 그 시작으로서 음악사적 가치 또한 높다.

영화에 사용된 곡의 2악장은 절뚝거리듯 불안한 리듬이 인상적으로, 사랑하는 이(여왕)의 배신을 눈앞에서 목격한 사라의 세상이 꺼질 듯한 심정이 관객의 귀를 통해 전해진다. 이는 시각적 전달이 지니는 한계를 가뿐히 뛰어 넘은 음악적 장면인 것으로, 육신이 아닌 정서의 스러짐과 낭만주의 사조의 대표적인 서정인 우울함을 제대로 표현한 실내악적 장송곡인 것이다.

작곡가 슈만과 여왕 앤, 다른 시대를 살다 간 둘이지만 그들은 정서적인 불안이라는 공통점을 안고 있다. 차이라면 슈만이 선천적이라면 여왕 앤은 지내왔던 환경에 의해 생성된 트라우마 때문이라는 것. 원인이야 어찌 되었든 이러한 그들의 심적인 위태로움은 상대방에 대한 집착으로 귀결되었다. '사랑하지만 한계가 있다'는 사라의 말에 '한계가 없어야지' 라며 어리광을 피우던 여왕의 투정은 그렇기에 안타까우며 위로의 대상인 것이다. 여왕이기 이전에 17명의 아이를 잃은 여인, 이로 인해 외로움과 상실의 정서를 평생 품에 안고 살아가는 그녀에게 사라는 흔들리지 않는 버팀목이자 사랑이었음에도 어쩐 일인지 여왕은 그녀를 버린다. 순간적인 감정이었으며 다시 돌아올 것이라는 믿음에서 벌인 어린아이 같은 결정이었지만 어쩐지 일은 생각지 못한 방향으로 흘렀으며 이제는 되돌릴 수도 없다. 이처럼 이해할 수 없는 행동들은 아마도 마음 속에 상처를 품어 피고름을 안은 이들의 표현법인가 보다. 그러니 사라는 따지듯 물어볼 수 밖에 없다. "도대체 왜 이러냐고, 충분히 상황을 바꿀 수 있음에도 웬 고집이냐"고 말이다. 그렇다면 아마도 여왕 앤은 미안하다고, 하지만 마음 속의 딱지가 아직도 아파 자신도 어쩔 수가 없다며 한숨 같은 대답이 돌아올지도 모를 일이다. 그리고 그 대답은 의식이 없던 슈만이 클라라에게 유언처럼 남긴 마지막 말과도 같다.

"나도 알아……."

추천 음반

SCHUMANN: Piano Quintet in E flat major op. 44
Peter Rösel: piano
Gewandhaus-Quartett
1983/06, Dresden, Lukaskirche

피아니스트 '외르크 데무스'(Jorg Demus)와 '바릴리 4중주단'(Barylli Quartet)이 함께한 연주가 기품 넘치는 고전적 명연(Westminster, 1956)으로 자리잡고 있으며 지휘봉 대신 피아노 앞에 앉은 '번스타인'(Leonard Bernstein)과 '줄리어드 4중주단'(Juilliard String Quartet)이 함께 호흡을 맞춘 연주(SONY, 1965) 역시 오랫동안 사랑 받는 수연으로 남아 있다. 이러한 가운데 슈만과 브람스 연주에 있어 탁월했던 동유럽의 대표 피아니스트 '페터 뢰젤' 역시 '게반트하우스 4중주단'과 만나 동곡에 있어 명연을 남겨 놓고 있다. 이는 곡이 지닌 감성을 담담히 전하는 진솔한 연주로 동독 레이블 특유의 기품 있는 사운드 또한 곡의 악상과 어울려 그 가치가 높다.

사랑의 악몽

리스트 <사랑의 꿈>(Liebesträume)

— 영화 <마담 싸이코(Greta)>(2018)
감독: 닐 조단 / 주연: 클로이 모레츠, 이자벨 위페르

피해자 명단에 또 한 명의 작곡가가 추가되었다. 이토록 아름다운 선율이 이렇게나 공포스럽게 다가올 수 있다니. 아마도 이 영화를 통하여 처음 곡을 접한 이라면 그 선율이 귓가에 스칠 때마다 영화의 장면들이 떠올라 몸을 움츠릴 듯하다. 사랑이라는 이름 하에 행해지는 병적인 집착, 그 모순적 잔인함을 보여준 영화라면 <미져리>(Misery, 1990)가 떠오른다. 이 영화가 눈(雪)이라는 자연적 장벽을 높이 쌓아 사람의 발길이 닿지 않는 산장 속으로 대상을 가두었다면 영화 <마담 싸이코>에서는 도심, 그것도 세상에서 가장 번잡한 도시라 할 수 있는 뉴욕의 한 평범한 가정집, 한 평도 되지 않는 작은 공간 속으로 우리를 끌고 가 숨통을 조여온다.

뉴욕의 한 고급식당에서 일하는 '프랜시스'(클로이 모레츠), 그녀는 1년 전 어머니를 여의고 지금은 절친인 에리카와 함께 뉴욕의 한 아파트에 살고 있다. 그러던 어느 날, 퇴근길 지하철에서 누군가가 분실한 듯한 핸드백을 우연히 발견하면서부터 그녀의 악몽이 시작된다. 가방을 돌려주려 주인을 찾아간 프랜시스는 따뜻한 표정으로 감사를 표하는 '그레타'에게 호감을 느끼고 그녀와의 만남을 이어가지만 뭔가 이상하다는 낌새를 느끼는 데는 그리 오랜 시간이 필요치 않았다. 함께 저녁을 준비하던 중 우연히 열어 본 찬장에서 자신이 찾아준 것과 똑 같은 핸드백 여러 개를 발견한 것이다. 더욱 섬찟한 것은 가방마다 누군가의 것으로 보이는 이름과 전화번호가 적혀 있다는 것. 이제 그녀와 거리를 두려 하지만 그럴수록 영화의 제목처럼 마담 싸이코로 변해가는 그레타. 프랜시스의 일상을 엉망으로 만들어 가는 그녀의 집착과 서서히 드러나는 그녀의 비밀과 거짓말들. 이제는 벗어나야 한다.

하지만 결국 납치되어 피아노 뒤 숨겨진 작은 방에 감금되고 마는 프랜시스. 한 번은 용기를 내어 탈출을 시도하지만 이마저도 실패, 줄에 포박되어 방에 갇히게 된 그녀는 작은 희망마저 사라진 듯 보이며 이 과정에서 손가락을 잃은 그레타가 그 절단면으로 주삿바늘을 꽂아 넣는 장면에선 몸서리가 인다. 한편 딸의 실종을 알게 된 프랜시스의 아버지는 사설탐정을 고용해 딸을 찾아 나서고, 마침내 그레타의 집을 찾아내 이제 곧 벗어나는구나 하는 순간, 이마저도 그레타의 주사 바늘에 허무하게 무력화되고 마는데.[1] 그리고 얼마나 지났을까? 한 젊은 여성이 그 집에 찾아온다. 그레타가 지하철에 일부러 두고 내린 핸드백을 들고서 말이다. 프랜시스를 대체할 새로운 희생양, 하지만 그녀는 프랜시스의 친구 에리카다. 위험에 처한 친구를 구하기 위해 단서를 찾아 하염없이 지하철을 헤맸을 그녀, 과연 그녀는 이 지독한 싸이코로부터 친구를 구해낼 수 있을까?

영화 전반을 관통하며 흐르는 음악이 있다. 바로 헝가리의 대표 작곡가 '프란츠 리스트'(Franz Liszt, 1811~1886)의 걸작 <사랑의 꿈>(Liebesträume, Op.64). 리스트는 어려서부터 세상을 놀라게 한 천부적인 재능을 지니고 있었다. 빈에서의 첫 연주 당시 열광에 어린 소동이 있었으며 연주회에 참석한 베토벤조차 그의 재능에 경도되어 대단한 녀석이라 칭찬하였다 하니 그 정도를 알 수 있는 것이다. 그의 주요한 음악사적 업적이라면 교향시라는 음악적 형식을 완성했다는 것과 쇼팽, 바그너 등 훌륭한 음악가들이 세상에서 빛을 볼 수 있도록 도왔다는 것을 들 수 있겠으나 역시 피아노라는 악기를 떼어 놓고 논할 수는 없을 듯 하다. 악마에게 영혼을 팔았다는 표현이 바이올린에 있어 '파가니니'라면 피아노에 있어선 '리스트'가 적용되는 것이다. 이에 리스트가 남긴 피아노의 걸작을 살펴보자면, 2개의 <피아노 협주곡>, <헝가리 광시곡>(Hungarian Rhapsody S. 244), <피아노소나타 B단조>(Piano Sonata in B minor S. 178), 그의 대표작 '라 캄파넬라'(La Campanella, 작은 종)가 포함된 <파가니니에 의한 초절기교 연습곡>(6 Etudes d'execution transcendante d'apres Paganini S. 140), 그리고 <순례의 해>(Années de Pèlerinage) 등이 있다.

1) 그레타가 춤추듯 총총거리며 다가오는 장면은 너무도 섬뜩하여 꿈에라도 나올까 두렵다.

▶ 프란츠 리스트 (Franz Liszt)

<3개의 녹턴> 또한 그가 남긴 위대한 유산 중 하나로, 본래 사랑에 관련한 3개의 짧은 피아노 모음곡이었지만 현재는 3번 '사랑의 꿈'만이 자주 연주되며 서정성과 대중성을 겸비한 그의 대표 인기 곡으로 자리잡고 있다. 유럽에서는 사랑의 감정이 메말라 버린 이들의 회춘 곡으로도 유명한데, 과연 듣다 보면 젊은 시절 설레던 그 순간이 돌아온 듯 두근거린다.

프랜시스와 그레타의 첫 만남, 그레타가 조용히 자신의 이야기를 들려 주는 장면[2)]에서 아름답게 연주되며 이후 영화의 전편에 흐른다. 때로는 장면의 분위기에 맞도록 느리고 음산하게 편곡되어 절묘한 음악적 효과를 거두는데 그 어떤 장면보다도 프랜시스가 납치되던 날, 정신이 흐릿한 가운데 희미하게 보이던 그레타의 불길한 읊조림은 '사랑의 꿈'을 '사랑의 악몽'으로 바꿔버리는 것이다.

그리고 또 하나의 명곡, 영화의 후반, 달라진 분위기에 맞춰 '이제 장난 아니죠' 라듯 두렵고도 장중하게 흘러나오는 선율이 있으니 바로 <헝가리 광시곡> 중 제2번(Ungarische Rhapsodie No. 2)이다. 헝가리적 정서를 음악으로 표현한 최고의 작품이라 할 <헝가리 광시곡>은 총 19곡으로 이루어져 있으며 작곡가가 평생에 걸쳐 마음을 두었던 헝가리 민속음악에 그 바탕을 두고 있다. 연주에 있어 말 그대로 '초절기교'가 요구되며, 2번, 6번, 12번, 그리고 15번 '라코치' 행진곡이 유명한데, 그 중 최고라고 할 것은 2번으로 피아니스트 '데이빗 헬프갓'의 이야기를 다

2) 물론 피아노 뒤 지옥 같은 밀실이 감춰져 있다.

룬 감동 실화 <샤인>(1997)에도 등장하여 그 유명세를 더한다.

영화에 사용된 곡의 도입부는 마치 '사라사테'가 작곡한 <찌고이네르바이젠>(집시의 노래)의 도입부와 닮은 듯 비장하며 이후 이어지는 자유로우면서도 경쾌한 반전은 헝가리 민속무곡의 기본적인 형식이라 할 '차르다시'의 전형을 그대로 따르고 있다. 집시적 리듬이 한껏 펼쳐지는 이 멋진 곡을 듣다 보면 어깨에 바이올린을 얹은 흥겨운 집시처럼, 피아노 건반 앞에 선('앉은' 아니다) '엘튼 존'(Elton John)처럼, 어느새 발 박자를 맞추고 있는 자신을 발견할 것이다.

유럽 여행 중 들른 헝가리 부다페스트, 드라마 <아이리스>의 배경이 되었던 아름답던 그곳을 안내하던 가이드가 전하길 헝가리 국민들의 정서를 한 단어로 표현하자면 '우울함'(Gloomy)이란다. 그러고 보니 부다페스트가 배경인 영화 <글루미 선데이>(Gloomy Sunday, 1999)가 있다. 고향 헝가리를 떠나 낯선 땅 뉴욕에 던져진 '그레타', 가족을 모두 잃고 혼자 외로울 수밖에 없었던 그녀는 과연 그러한 정서를 핏속에 지니고 있었던 것일까? 아니다. 아마도 이방인에 대한 차가운 시선과 밀어냄이 사랑과 우정에 더욱 목마르게 했으며 그러했기에 그녀는 더욱 집착했고 결국엔 허무했을 것이다. 그러하기에 영화 포스트에 명확한 진리인 양 적힌 '함부로 친절하지 말 것'이라는 문구는 불편하다. 친절을 베풀다 곤경에 처하게 되는 영화의 내용을 간결히 보여주는 글귀라지만 친절하지 않은 세상이 '그레타'를 만들어 냈기에 그렇다. 하니 조금은 어설프거나 경솔하더라도 친절한 것이 옳다. 함부로라도 친절한 것이 아무래도 함부로 무례한 것보다는 훨씬 나은 것이다.

'함부로 무관심하거나 무례하지 말 것.'

추천 음반

LISZT: Hungarian Rhapsody S. 244
Georges Cziffra (piano)
1972-75, Salle Wagram, Paris

'리스트' 작품의 연주를 언급함에 있어 '조르주 치프라'(Georges Cziffra)의 이름은 불멸이다. 작곡가와 같은 헝가리 출신으로 리스트 상을 받았으며 게다가 집시의 피를 이어 받은 음악가 아버지를 두었으니 모든 조건이 '딱'인 것이다. 영화 같은 고난의 삶을 지나 서방으로의 망명 이후 그의 등장은 놀라움과 충격이었다. 특히 그가 연주한 <헝가리 광시곡> 전곡 연주는 흠 잡을 데 없는 테크닉과 파워로 자신의 피가 어디로부터 왔는지 웅변하며 소품이라 할 '사랑의 꿈'에 있어서조차 기교를 넘어 선 뉘앙스로 '리스트의 재래'라는 찬사를 입증해 낸다.

인생은 아름다운가?

오펜바흐 <뱃노래>(Belle nuit, o nuit d'amour)'

— 영화 <인생은 아름다워>(1997)
감독 / 주연: 로베르토 베니니

코미디 영화의 탈을 쓴 끝내 가슴을 저리게 하는 영화. 제목에 이끌려 행복하고 싶어 극장을 찾았던 관객들이 마지막 장면 쏟아지는 눈물에 '아차' 했다가도 마침내 꾹꾹 눌러 담은 진짜 행복을 찾아주는 영화. 늘 소개하고픈 음악이 먼저이긴 하나 작품 자체로서 명작의 반열에 오른 영화에 대해 이야기할 때는 더욱 뿌듯하다. 영화 <인생은 아름다워>는 이탈리아의 감독이자 배우 '로베르토 베니니'가 감독과 주연을 맡은 걸작으로 1998년 칸 영화제에서 그랑프리를 수상한다. 또한 외국어 영화에 인색한 아카데미 시상식에서도 무려 7개 부문에 노미네이트 되며 음악상, 외국어영화상, 그리고 남우주연상을 안겨주었으니 언어를 초월해 그 작품성을 인정받은 것이다. 이때 의자 위로 올라 환한 웃음으로 감사를 표하던 로베르토의 모습은 영화만큼이나 감동적인 기억으로 남아 있다.

때는 평화로워 보이지만 벼랑 끝에 선 듯 위태로운 1939년, 이탈리아의 작은 도시를 배경으로 이야기는 시작된다. 시골에서 갓 올라오던 주인공 '귀도'(로베르토 베니니)는 길에서 만난 아름다운 여인 '도라'에게 첫눈에 반하고 그녀 역시 계속되는 우연한 만남과 '귀도'의 천진한 모습에 조금씩 마음이 움직이기 시작한다. 대책이 없다 싶을 정도의 낙천적인 그의 행동은 그녀를 웃음짓게 하는 마법을 지닌 것이다. 그리고 마침내 그들의 사랑은 결실을 맺어 너무나 사랑하는 아들 '조수아'가 태어나고 '그렇게 행복하게 살았습니다' 하고 맺으면 좋으련만 시대적 상황이 매섭다. 유태인에 대한 탄압이 자행되던 '나치 시대', 귀도 역시 그 잔혹한 상황을 피해갈 수 없는 것이다. 그러던 어느 날, 귀도와 어린 아들 조수아는 갑자기 들이닥친 독일군들에 의해 수용소행 열차를 타게 되고 급히 기차역으로 달려온 도라는 단호히 열차를 멈춘다. 스스로 '가족과 함께라면 지옥이라도'를 선택한 그녀. 이때 '그곳이 어떤 곳인지 아느냐'고 묻는 듯 황당해 하며 바라보던 독일군 장교, 하지만 어떠한 참혹한 상황도 사랑하는 이들과 함께 하지 못하는 것보다는 나으리라는 생각에 그녀는 결국 열차에 오르는 것이다.

▶ 영화 <인생은 아름다워> 스틸컷

이렇게 수용소에 도착한 그들, 아버지 귀도는 희망이라곤 찾아볼 수 없는 상황에서도 아들에게 삶의 아름다움을 심어주기에 포기함이 없다. 그리고 이 모든 것이 게임이라는 아빠의 말을 믿으며 암울한 수용소에서조차 천진난만한 조수아. 더욱 감동적인 것은 많은 이들이 한 공간에서 비참한 생활을 이어가지만 그 누구도 아이에게 절망을 이야기하지 않는다는 것이다. 이는 아이의 희망을 지켜주려는 모두의 암묵적 연합처럼 보인다. 그러던 어느 날, 독일군 장교들의 파티에서 음식 시중을 들던 귀도의 눈에 들어온 축음기, 그는 가만히 그것을 창문 쪽으로 향하고 그렇게 아름다운 음악이 흘러 어두운 수용소를 가른다. 이때 단번에 자신을 향한 노래라는 것을 느끼는 도라, 귀도와의 좌충우돌 첫 데이트, 오페라 공연장에서 함께 들었던 바로 그 노래다. 홀린 듯 아름다웠던 추억을 떠오르게 하는 사랑하는 이가 보내는 희망의 선물, 도라의 눈은 눈물로 채워진다.

그렇다면 영화에서 가장 아름다운 장면으로 꼽히는 이 순간에 흘렀던 음악은 무엇일까? 바로 독일 출신으로, 프랑스에서 활동한 작곡가 '오펜바흐'(Jacques Offenbach, 1819-1880)의 오페라 <호프만의 이야기>(Les Contes d'Hoffmann) 중 '뱃노래'(Belle nuit, o nuit d'amour 아름다운 밤, 사랑의 밤)로, 잔잔한 물살이 곤돌라에 닿아 부딪히듯 너울거리는 하프 반주가 매력적인 이중창이다. '오펜바흐'는 독일 쾰른에서 태어났으나 14세가 되던 1833년 프랑스로 이주해 파리 음악원에서 작곡을 배워 줄곧 그곳에서 활동, 당시 파리에서 인기를 구가하던 풍자적이면서도 유쾌한 내용을 담은 오페레타 분야에서 큰 성공을 거둔 작곡가다. 1855년, 샹젤리제 거리에 '파리 희가극장'(Bouffe Parisien)이 개관하면서 그는 <아름다운 헬레나>, <푸른

수염> 등의 작품들을 선보이며 인기를 끌게 된다. 그 중 대표작이라면 <지옥의 오르페 >(Orphée aux Enfers)로 그 서곡은 연주회장에서 자주 들을 수 있는 유명한 것이다. 이렇듯 100여 편의 오페레타를 내놓으며 극장음악의 대가로 성공적이던 그가 좀 더 높은 차원의 예술적 성취를 바랐던 것일까? 그는 말년에 이르러 진지한 오페라에 도전하게 되니 바로 <호프만의 이야기>인 것이다. 이는 옴니버스 형식의 3가지 사랑이야기에 프롤로그와 에필로그가 더해진 대작으로 뉘른베르크, 로마, 뮌헨, 베네치아 4개 도시를 배경으로 하니 로케이션 또한 화려하다.

영화에 흐르던 '호프만의 뱃노래'는 오페라의 마지막 사랑 이야기인 제3막에 등장한다. 그 배경은 이탈리아의 베네치아, 막이 시작되자 뱃노래가 흐르고 베네치아를 찾은 호프만은 줄리에타에게 홀려 자신의 그림자를 넘기고 만다. 하지만 이미 그녀에게 그림자를 잃은 바 있는 슐레밀과 호프만의 결투가 벌어지고 줄리에타를 조종, 남자들의 그림자를 탐하는 악마 다페르투토는 호프만으로 하여금 슐레밀을 죽이도록 한다. 마침내 줄리에타를 얻게 되었다며 기뻐하는 호프만, 하지만 이때 악마는 회심의 미소를 짓고 줄리에타와 함께 그를 비웃으며 곤돌라를 타고 사라져 간다. 이렇듯 자신을 위하여 살인마저 저지른 호프만을 냉혹히 버리는 줄리에타, 이러한 오페라 속 처절한 상황에서 무심한 듯 감미롭던 '뱃노래'는 오히려 그 비극성을 더해 주는 역설적인 역할을 한다. 하지만 영화 속 장면에서의 '뱃노래'는 물리적 거리와 인간이 만들어 낸 잔혹한 현실을 뛰어 넘은 진실한 사랑이며, 이러한 비극적 상황을 조롱하고 찢어 버리며 마침내 초월하는 어떤 것이다.

> '아름다운 밤. 오! 사랑의 밤이여. 우리 기쁨을 향해 미소 지어라. 밤이여 낮보다 달콤하게. 오! 사랑스런 밤!
>
> -중략-

따스한 산들바람은 우리의 마음을 쓰다듬으며 우리에게 달콤한 입맞춤을, 오! 아름다운 밤, 사랑의 밤. 오 사랑의 아름다운 밤이여!

이제 전쟁은 끝나고 수용소는 퇴각하는 독일군들로 소란스럽다. 살아남기 위하여 부지런히 도망쳐야 하는 상황에서도 아들 조수아를 숨어 있게 한 후 아내 도라를 찾아 나선 귀도, 하지만 결국 찾지 못하고 아들에게로 돌아오는 길, 그만 독일군에게 붙잡히고 만다. 처형장으로 끌려가는 귀도, 이때 아들이 숨어 보고 있다는 것을 아는 그는 익살스러운 웃음과 발걸음으로 자신이 죽을 장소로 향하고 아들에게, 아니 우리 모두에게 마지막 윙크를 날린다. '인생은 아름답단다.'

처음 이 영화를 접하였을 때 그 먹먹함으로 인하여 세상이 이토록 잔인하구나 했었다. 하지만 이젠 이를 악물고 그래도 인생은 아름답다 낮게 속삭여 본다. 자신을 향한 총구에도 그가 그토록 전하려 했던 메시지가 허사가 되지 않도록 말이다. 이 영화는 희생에 관한 영화이며 가족이 행복하기를 원하고 그 행복을 위하여 필요한 것이 무엇인지 전하려는 한 남자의 이야기이다. 그렇게 그는 늘 우리의 곁에 있거나 있었고 우리가 바로 그일 수도 있다. '아버지', 세상과 싸우다 지쳐 돌아온 모든 아버지들은 귀도와 같다. 가족을 위해서라면 힘든 줄 모르며 자식들에게 아름다운 세상을 가르치고, 그 속에서 행복하기를 간절히 바라는 우리들의 아버지. 영화의 마지막, 조수아의 독백 "아버지가 희생한 이야기, 그것은 아버지가 주신 귀한 선물이었다." 하지만 부럽지 않다. 나도 그 선물을 받았기 때문이다.

"그래 조수아, 이제 나도 해 주고픈 이야기가 있어…… 이 얘기는 나의 아버지가 나를 위하여 희생하신 이야기야."

추천 음반

OFFENBACH: Les Contes d'Hoffmann
Elisabeth Schwarzkopf / Victoria de Los Angeles
Andre Cluytens (conductor)
Orchestre de la Societe du Conservatoire Paris
Rene Duclos Chorus
1965/5, Paris & Barcelona

영상물로는 '예수스 로페스-코보스'(Jesus Lopez-Cobos)가 '파리 국립오페라 오케스트라'(Orchestre de l'Opera National de Paris)를 이끈 2002년 실황(TDK)을 추천한다. 호프만 역을 맡은 '쉬코프'(Neil Shicoff)는 3시간에 걸친 전곡을 놀라운 지구력으로 끝까지 잘 소화해 내며 4인 역을 맡은 터펠(Bryn Terfel) 역시 모든 배역에 있어 부족함이 없다.

지휘자 '앙드레 끌뤼땅스' 또한 극적이면서도 세련된 연주로 오페라가 지닌 쾌락과 탐미적 분위기를 무척이나 화려하게 펼쳐 놓아 이 작품의 녹음에 있어 지금까지도 무너지지 않는 아성을 지닌다. 관조적인 1막, 관능적인 2막, 비극적인 3막의 각기 다른 분위기를 선명하게 부각하여 대비한 환상적인 연주다. 그 배역에 있어 화려함 또한 놀랄 만한 것으로 '슈바르츠코프'(Elisabeth Schwarzkopf), '브노와'(Jean-Christoph e Benoit), '당젤로'(Gianna d'Angelo), '로스 앙헬레스'(Victoria de los Angeles), '니콜라이 겟다'(Nicolai Gedda), '조지 런던'(George London) 등 시대를 대표하는 가수가 총동원 되었다 하여도 과언이 아니며 더욱 놀라운 것은 이들 모두가 자신의 이름에 걸맞는 절창을 들려준다는 것이다.

빈으로부터 전해 오는 인사

요한 슈트라우스 2세 <아름답고 푸른 도나우>
(An der schönen blauen Donau)

— 영화 <2001 스페이스 오딧세이>(1968)
감독: 스탠리 큐브릭 / 주연: 케어 둘리

영화 <2001 스페이스 오딧세이>는 SF 장르에 있어 영화사에 길이 남을 걸작이다. CG가 없던 시절 구현한 우주의 풍광이 경이롭고, 100가지 해석이 가능한 철학적 내용과 열린 결말이 그러하며, 무엇보다도 이 영화가 불멸이 될 수 있었던 이유 중 하나로 음악을 빼 놓을 수 없다.

마치 블랙홀에 빠진 듯 어둠으로 가득 채운 화면과 함께 불협화음으로 어지러운 소리를 제법 오래 견뎌야지 영화가 시작된다. 하지만 빛이 있기 이전의, 아무것도 없는, 없는 것조차 없는 것을 보여주려는 의도라면 영화는 이미 시작되었던 것이다. 경이로운 자연과 그곳에서 다른 생명들과 함께 공존하며 살아가는 인류의 조상들. 오직 생존과 번식만이 전부인 시절임에도 부류가 나뉘고 생명을 유지하는데 필수인 물을 차지하기 위한 싸움도 있다. 그리고 어느 날, 그들 앞에 나타난 신비로운

물체, 이 검은 육각기둥(Monolith, 모노리스)은 분명 자연에 의해 만들어진 것이 아니다. 이제 그것과 접촉한 유인원들은 도구를 사용할 수 있게 되고 채집으로 생활하던 그들은 사냥을 통한 육식을 하게 된다. 그리고 물 웅덩이를 차지한 이들을 찾아가 응징하고 폭력으로 그곳을 다시 빼앗는다.

도구가 무기가 되는 순간. 이때 하늘 위로 힘차게 던져 올린 무기(뼈다귀)는 돌고 돌다 그것과 꼭 닮은 우주선으로 바뀌며 광활한 우주로 화면을 옮겨간다.[1]

우주엔 유영하듯 떠다니는 선체로 가득하며 달로의 여행도 가능해진 시대,[2] 그리고 다시 나타난 모노리스, 그것은 그곳으로 향하라는 암시를 주듯 목성을 향해 강력한 자력을 내뿜고 있다. 과연 무엇이 인간으로 하여금 그곳으로 가 보라 그토록 강하게 떠미는 것일까? 그로부터 18개월 후, 목성으로 향하는 디스커버리호. 그곳엔 냉동수면 중인 과학자들과 두 승무원이 타고 있으며 우주선은 인공지능 컴퓨터 'Hall 9000'에 의해 모든 것이 완벽히 통제되는 공간이다. 그리고 어느 날, 예상치 못한 고장이 발생한 우주선, 힘겹게 우주로 나가 부품을 교체하고 검사를 해 보지만 원인을 알 수 없다. 이때 'Hall 9000'에게서 무언

1) 영화사에 있어 가장 유명한 매치 컷(Match Cut)으로 수 만년 동안의 진화를 몇 초 사이에 보여주는 명장면이다.
2) 영화가 탄생한 1968년은 인류가 달에 발자국을 찍기 1년 전이다.

가 꺼림직함을 느낀 두 승무원은 자신들의 대화를 듣지 못할 만한 장소를 찾아 의논 끝에 컴퓨터의 전원을 차단키로 한다. 컴퓨터의 생명을 빼앗는 것이다.

하지만 그들의 입술 모양으로 대화의 내용을 파악한 Hall 역시 자신을 지키기 위한 행동을 개시한다.[3] 원상복구를 위해 다시 우주로 나간 승무원은 소형정과 함께 우주 미아가 되고, 그를 가까스로 구조한 '데이브'가 디스커버리호에 도착하지만 기계는 문을 열지 않는다. 동면 중인 과학자들의 생명유지 시스템마저 다운시켜 죽음으로 내모는 'Hall 9000'. 우주선에 가까스로 올라탄 데이브는 분노로 아무런 말없이 Hall의 기능을 정지시키려 움직이고, Hall은 애원한다. 'Stop Dave…….' 잘못을 빌기도 하고 자신이 필요함을 피력해 보기도 하지만 점차 초기화 되어가는, 죽어가는 Hall. 어폐가 있는 듯 하지만 참혹한 죽음의 현장이다. 이후 화면은 초현실적인 장면으로 전환된다.[4] 그렇게 빠른 색의 속도를 견디고 지나 도달한 그곳. 과연 '데이브'는 그 너머에서 무엇과 조우했을까?

줄거리에서 언급한 역사적인 매치 컷 후 광활한 우주를 유유히 떠다니는 우주선을 배경으로 우아한 선율이 흐른다. 분명 빠른 속도로 움직이는 것임에도 떠있는 듯 평화로운 것은 그만큼 우주가 광활하다는 뜻이다. 흐르듯 떠다니는 우주선을 배경으로 아름다운 쿵짝짝이 따라 흐른다. 바로 왈츠의 왕 '요한 슈트라우스 2세'(Johann Strauss II)의 대표작 <아름답고 푸른 도나우>(An der schönen blauen Donau). 그의 작품

3) Hall이 인간의 입술을 읽어 나가는 장면은 공포영화의 그 어떤 장면보다도 섬찟하다.
4) 영화 <인터스텔라>에서 주인공이 블랙홀에 빨려 들어간 후 보여지던 장면이 연상된다.

중, 아니 세상 모든 왈츠를 통틀어 가장 유명하다 할 이 곡은 1867년 궁정 무도회의 지휘자로 일할 당시 작곡한 것으로 제목 그대로 도나우 강의 아름다운 풍경을 그린 것이다. 전형적인 빈 왈츠의 우아함으로 가득한 이 곡은 본래 프로이센과의 전쟁에서 패한 오스트리아를 위로하기 위한 합창곡으로 작곡되었다고 한다.

하지만 초연 후 크게 인기를 얻지 못하다 같은 해 파리에서 열린 만국박람회장에서 관현악으로 편곡, 연주되어 큰 호응을 얻게 된다. 현재는 오스트리아의 제2의 국가라 여겨질 정도이며 작곡가 '브람스'가 이 곡이 자신의 것이 아님을 한탄하였다는 일화는 곡이 지닌 가치를 대변한다 하겠다.[5)]

이렇듯 아름다운 곡이다 보니 여러 영화에서 만나볼 수 있다. 먼저 <타이타닉>에서 남자주인공이 여주인공을 만나 함께 식당으로 향할 때, 그리고 1991년에 개봉한 프랑스 영화 <퐁네프의 연인들>에서의 막바지, 여주인공이 퐁네프 다리를 춤을 추며 건너는 장면 등을 들 수 있겠다.

<아름답고 푸른 도나우>는 한 해의 시작을 알리는 곡으로도 유명하다. 바로 클래식 음악계에 있어 가장 유명한 행사라 할 '빈 신년 음악회' 때문이다. 1941년 이후 매해 1월 1일이면 빈 음악협회 황금홀에서 열리는 음악회이니 그 유서가 깊다. 악장 '빌리 보스코프스키'(Willi Boskovsky, 1909~1991)와 지휘자 '로린 마젤'[6)] 전담 체제로 이어져 오던 이 멋진 행사는 1987년 이후로 매년 지휘자를 초청하는 방식으로 바뀌었으며[7)] 주

---

5) 음악적 성향과 성격이 크게 달랐음에도 브람스와 요한 슈트라우스 2세는 서로의 음악을 존중하는 친구였다.

6) Lorin Maazel, 1930~2014, 2008년 뉴욕필 평양공연을 이끈 지휘자이며 한국이 낳은 세계적인 첼리스트이자 지휘자로 활동 중인 장한나의 스승이기도 하다.

7) 1987년의 첫 초청 지휘자는 카라얀이었다.

로 슈트라우스 일가의 곡으로 구성되지만 때로는 악단의 반발에도 불구 당해 지휘자의 재량에 의한 다양한 선곡이 이루어지곤 한다. 하지만 1959년 이후 악장 '보스코프스키'에 의해 전통으로 정립된 두 곡의 앙코르는 모든 지휘자들이 따르고 있으며 바로 그 첫 곡이 영화에서 사용된 <아름답고 푸른 도나우>다. 하니 음악의 도시 오스트리아 빈으로부터 전해 오는 새해 인사인 것이다.

또 하나의 명곡, 독일의 작곡가 '리하르트 슈트라우스'(Richard Strauss, 1867~1949년)의 교향시 <차라투스트라는 이렇게 말했다>(Also sprach Zarathustra), 이 곡 역시 이 영화를 논함에 빼놓을 수 없으며 영화의 시작과 끝을 알리는 유명한 서주는 음악으로 전하는 <2001 스페이스 오딧세이>라 할 만하다. 우선 이 작품에 관한 작곡가의 말을 빌어보자. "나는 음악을 통하여 인류 발전의 관념을, 그 기원에서부터 여러 종교적, 과학적 발전 단계를 지나 니체의 초인 관념에 이르기까지의 과정을 전달하려 했다. 이 교향시 전체는 '차라투스트라는 이렇게 말했다'로 대변되는 니체라는 천재에 대한 찬사이다." 즉 독일의 철학자이자 시인인 니체(Friedrich Wilhelm Nietzsche, 1844~1900)의 저서를 읽고 느낀 감동과 공감을 음악적으로 표현한 천재 철학자에 대한 작곡가의 헌사인 것이다. 대문호 니체의 저서엔 최후의 인간, 즉 더 이상 발전할 수 없는 인간에 이르러 그 한계를 깨고 나아갈 초인 관념이 등장한다. 이는 곧 진화의 단계에 있어 그 끝자락에 직면한 인류가 영화 속 돌 기둥(어디에서 왔는지 알 수 없는), 즉 한계를 넘어설 촉매를 만나 껍질을 깨고 신 인류가 등장함을 피력하는 것과 결을 같이 하니 가히 음악적으로 기가 막힌 선곡이다. 마치 새로운 태양이 떠오르는, 아니 더욱 확장하여 우주가 새롭게 탄생하는 모습을 표현한 듯 서서히 차고 오르는 팡파르와 그에 이어지는 웅장한 오르간의 울림은 태초의 신비를 보여주는 듯 경이롭다.

헝가리 작곡가 '리게티'(LIgeti, 1923~2006)의 작품들 또한 영화에 효과적으로 사용되고 있어 흥미롭다. 특히 그의 아방가르드적 작품 경향이 극에 달해 있던 시기에 쓰여진 '레퀴엠'[8]의 사용이 인상적이다. 사람의 음성으로 표현하는 이 혼돈스러운 선율은 육각 기둥이 화면에 보일 때마다 등장하며 신비로움을 내뿜는데, 협이 아닌 불협을 품은 소리의 진동은 무언가 다른 질서를 지닌 또 다른 미지의 공간을 연상케 한다. 하지만 전곡을 들어내기가 만만치 않다. 고인이 된 가야금의 명인 '황병기'가 만들고 '홍신자'가 표현한, 기괴한 듯 소름 돋는 명곡 '미궁'과도 쌍벽을 이루니 마음이 너무 평안하여 뒤숭숭하게 만들고 싶은 분들의 도전을 기다리며, 감상 중 가족들이 "무슨 소리냐?"며 뛰쳐나오는 것은 덤이다.

8) Requiem: 죽은 자를 위한 장례미사

추천 음반

New Year's Concert 1987
Herbert von Karajan (conductor)
Wiener Philharmoniker
녹음: 1987/01/01 Stereo, Digital
장소: Vienna, Musikverein, Grosser Saal

지휘자 카라얀이 왈츠 연주에 정통한 것은 당연한 일이다. 오스트리아, 그것도 모차르트의 고향 잘츠부르크 출신으로 요한 슈트라우스의 오페라 제목처럼 '빈 기질'(Wiener Blut)이 있기에 그렇다. 1987년 신년음악회에서의 카라얀은 마치 고향에 돌아온 듯 행복하다. '노래하는 흑진주' '캐슬린 배틀'(Kathleen Battle)과 호흡을 이룬 왈츠 <봄의 소리>(Voices of Spring, Op. 410) 또한 이 음반을 자신 있게 추천할 수 있는 이유다.

요하네스 브람스 (Johannes Brahms)

1833.05.07.~1897.04.03.

채플린, 장면을 지휘하다

브람스 <헝가리 무곡>(Ungarische Tänze)

— 영화 <위대한 독재자>(1940)
감독 / 주연: 챨리 채플린

'찰리 채플린'(Charles Chaplin)과 '아돌프 히틀러'(Adolf Hitler, 1889),[1] 이전 채플린은 영화 <모던타임즈>(1936, 채플린의 마지막 무성영화다.)를 통해 산업화로 인한 물질만능의 폐해와 인간성 상실을 우회적으로 고발하였다. 하지만 1940년 개봉한 그의 첫 유성영화 <위대한 독재자>는 공격의 대상이 직선적이며 명확하다. '순혈주의'라는 터무니 없는 사상으로 유대인을 학살하고 전쟁을 모략하는 히틀러와 파시즘에 대한 정면 비판이 바로 이 영화에 있는 것이다. 1939년 독일이 폴란드를 침략, 영국과 프랑스에 선전포고를 하였을 때가 영화가 거의 완성되어 갈 무렵이었으며 개봉 당시는 2차 세계대전이 한창이었을 때이니 채플린은 이러

1) 1889년 4월 16일과 4월 20일, 불과 4일의 간격을두고 태어난 둘은 모두 역사에 기록되지만 인류에게 남긴 바는 너무도 다르다. 찰리는 인류에게 웃음과 희망을, 또 다른 이는 분열과 전쟁을.

한 비극을 예견했던 것이 아닐까?

1차 세계대전이 한창이던 전장, 토매니아 제국의 유대인 이발사 '찰리'는 전투 중 부상당한 '슐츠' 장교를 도와 비행기로 탈출하던 중 추락한다. 그가 이때의 일로 기억을 상실한 채 병원에서 지내는 동안 제국에는 '힌켈'이라는 독재자가 나타나 정권을 잡고 병원에서 탈출한 찰리는 세상이 어떻게 흘러가는지 모르는 채 자신의 이발소로 돌아온다. 집으로 돌아와 행복한 찰리, 하지만 세상은 유대인 탄압 정책으로 흉흉하다. 그러던 어느 날, 이발소 창문에 쓰여진 '유대인'이라는 표식을 지우려다 쌍십자단의 돌격대원들과 몸싸움이 일어나 목숨마저 위태로운 순간, 우연히 지나던 슐츠 장교의 도움과 적극적인 옹호에 돌격대원들조차 찰리를 함부로 건들 수 없게 된다. 그는 이제 씩씩한 유대인 처녀 한나와 사랑에 빠져 행복한 가운데 어쩐 일인지 유대인을 향한 탄압도 잠잠해지는 듯 하다.

하지만 이러한 짧은 평화는 모두 군자금을 마련할 목적이었던 것으로 결국 뜻대로 되지 않은 독재자 힌켈은 유대인에 대한 탄압을 더욱 강화한다. 이에 항명하던 슐츠는 쫓기는 신세가 되어 찰리가 있는 곳으로 피신, 반격을 준비해 보지만 이 또한 실패, 그들은 함께 수용소로 끌려 가는 신세가 되어 버린다. 한편 세계 정복을 꿈꾸는 힌켈은 이웃한 박테리아국의 독재자 '나폴리니'를 초청하여 힘겹게 평화협정을 맺지만 이 또한 침공을 위한 계략일 뿐, 곧 협상을 파기하고 한나가 피신해 있는 오스테를리히로 진군을 시작한다. 이러한 일들이 벌어지는 동안 군복을 훔쳐 입고 수용소를 탈출한 찰리, 꼭 닮은 외모로 인해 독재자 힌켈로 오인되어 세계가 주목하는 가운데 전쟁을 위한 연설을 시작하는데…….

영화 <위대한 독재자>에 등장하는 영화사에 길이 남을 명장면이 있다. 영화의 마지막, 평화와 관용을 토로하는 위대한 연설과 라디오에서 흘러나오는 음악에 맞춰 이발사 찰리가 자리에 앉은 고객에게 면도를 시전하는 장면이 그것이다. 마치 오케스트라의 지휘자인양 리듬에 따라 이리저리 오가며 흥겹게, 때론 단호하게 움직이는 그의 모습이 코믹하여 보기에 즐겁다. 이렇듯 채플린 특유의 잔망이 가득한 가운데 "즐거운 시간, 음악과 함께 움직여 보세요."라는 멘트에 이어 라디오를 통해 흘러 나오던 음악은 바로 독일의 작곡가 '브람스'(Johannes Brahms, 1833~1897)의 <헝가리 무곡>(Ungarische Tänze) 중 제5번이다.

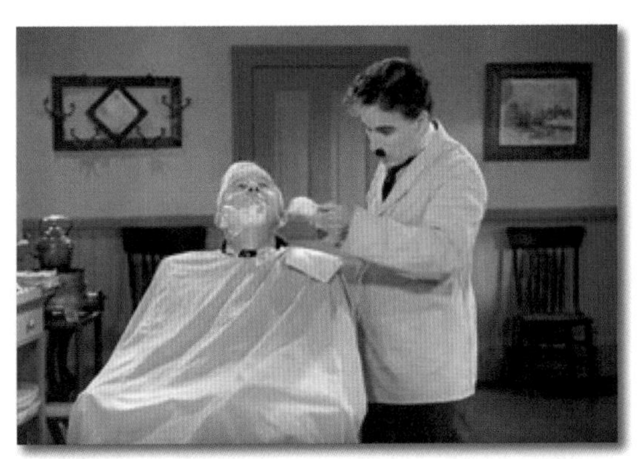

▶ 영화 속 <헝가리 무곡> 5번이 흐르는 장면 / 스틸컷

1853년, 당시 피아니스트로 생계를 이어가던 약관의 젊은 브람스는 인기 바이올리니스트 '레메니'와 연주 여행을 떠나게 되고 이 여정을 통해 얻은 음악적 감흥을 작품으로 체화한 것이 바로 <헝가리 무곡>이

다. 그는 함부르크를 시작으로 하노버, 바이마르 등 독일의 주요 도시를 순회하는 동안 이후 일생의 친구가 될 바이올리니스트 '요제프 요하임'(Joseph Joachim, 1831~ 1907)과 평생토록 자신의 음악적 버팀목이자 지지자가 되어 준 '슈만'(Schumann) 부부 또한 만나게 되었으니 자신의 미래를 좌우할 운명적인 여행이었던 것이다.

이후 <헝가리 무곡>은 1868년을 시작으로 모두 네 차례에 걸쳐 총 21곡이 출판되며 큰 성공을 거둔다. 이는 브람스로 하여금 작곡가로서의 입지를 굳건히 하는 계기가 되었으며 이는 작품 속에 녹아 있는 집시적 감흥에 기인하였다 볼 수 있다. 당시 헝가리음악과 동일시 되던 집시음악은 대중으로부터 많은 사랑을 받았던 것이다. 이에 편승하여 집시적 요소를 음악으로 녹여낸 작품들이 많이 탄생했던 것을 볼 수 있는데 브람스의 <헝가리 무곡>과 더불어 리스트의 <헝가리 광시곡>, 사라사테의 <찌고이네르바이젠>(집시의 노래) 등이 대표적인 것이다.

이와 더불어 <헝가리 무곡>이 널리 보급될 수 있었던 또 하나의 이유로는 곡이 본래 네 손을 위한 피아노 연탄곡[2]이라는 것이다. 이에 초연 역시 브람스 자신과 당시 최고의 피아니스트로 이름이 높던 '클라라 슈만'(Clara Schumann)의 합주로 이루어진다. 가정에 피아노가 널리 보급되던 시기, 가족과 나란히 앉아 함께 연주하는, 상상만으로도 흐뭇한 광경을 그리며 너도 나도 악보를 구해 들고 집으로 향했을 것이다. 곡의 연주 실황을 볼 때면 네 개의 손을 실로 절묘하게 교차하며 만들어 내는 음악적 광경이 울려 나오는 리듬만큼이나 흥겨운 것으로 음표 사이 사이에 숨어 있다 문득 문득 새어 나오는 브람스 특유의 회색 빛 고독 또한 어느새 탄식처럼 들려온다. 오늘 날 모든 곡이 오케스트라로 편곡되

2) 1대의 피아노로 두 사람이 연주하는 곡

어 콘서트 현장에서 역시 만나 볼 수 있으며, 영화에 사용된 것은 '마르틴 슈멜링'(Martin Schmeling) 편곡 버전의 5번으로 가장 인기가 높아, 브람스의 곡으로 이루어진 연주회가 끝난 후라면 앙코르라도 이 곡을 듣지 않고서는 좀체 자리를 뜨지 못하는 것이다.

이렇듯 곡이 지닌 인기와 대중성으로 인하여 여러 영화에서 빈번히 등장한다. 인상적인 몇 장면을 언급해 보자면 영화 <그것만이 내 세상>(2018)에서 장애가 있는 진태와 은퇴한 피아니스트 한가율이 함께 나란히 앉아 연주하던 장면, 그리고 영화 <과속스캔들>(2008)에서 귀여운 손자 석현(황기동 분)이 할아버지인 현수(차태현 분)와 유치원 선생님이 보는 앞에서 연주해 모두를 놀라게 하는 장면 등이 떠오른다. 이렇듯 누구나 들으면 어깨가 들썩여지는 명곡, 하니 영화 속의 채플린처럼 리듬에 맞춰 고개를 끄덕여 본다면 무료했던 순간이 행복의 시간으로 변할지도 모를 일이다.

▶ 영화 <그것만이 내 세상>에서의 헝가리 무곡 5번 연주 장면

영화 <킹스 스피치>(2010), 말더듬이 영국 왕의 어눌하지만 신념 어린 대 독일 전쟁선포 연설은 베토벤 교향곡 7번 2악장의 선율과 어우러져

감동으로 다가왔었다. 그리고 영화 <위대한 독재자>에서의 마지막 연설, 이때 채플린은 전쟁과 파시즘에 반대하며 인간으로서의 관용과 평화에 관한 메시지를 남긴다. 그는 유성영화의 등장에 더 이상 사람들이 상상하려 하지 않을 것이라며, 이제 영화는 끝났다며 한탄했다고 한다. 하지만 역설적이게도 그는 이 영화를 통하여 유성영화의 존재 가치를 오히려 명확히 보여준다. 그가 여기서 육성으로 전한 비판은 긴 시간이 흐른 현 시점에도 변함없이 유효하기에 한탄스럽다. 그동안 도대체 뭘 했단 말인가?

> "우린 남을 미워하거나 경멸하지 않습니다. 세상은 우리에게 필요한 양식과 대지를 주고 있습니다. 그러하기에 인생을 자유롭게 살 수도 있는데 우리는 그 방법을 잃고 말았습니다. 탐욕이 인간의 영혼을 중독시켰고 세계를 증오의 장벽으로 가로막았으며 불행과 죽음을 가져다 주었습니다. 급속도로 산업 발전을 이루었지만 우린 자신에게 갇혀버리고 말았으며 그것을 도운 기계는 우리에게 오히려 결핍을 가져다 주었습니다. 지식은 우리를 냉정하게 만들었으며 생각은 많이 하면서도 가슴으로 느끼는 것은 별로 없습니다. 기계보다는 인권이 중요하고 지식보다는 친절과 관용이 우선이어야 합니다. 그렇지 않으면 인생은 더욱 불행해질 것입니다."

추천 음반

BRAHMS: Hungarian Dances WoO 1
Fritz Reiner (conductor)
Wiener Philharmoniker
1960/06/12-13, 16, Sofiensaal, Vienna

일반적으로 추천되는 전곡 연주로는 '클라우디오 아바도'(Claudio Abbado)와 빈 필이 이루어 놓은 1982년 음반(DG)을 빼 놓을 수 없겠다. 시종일관 휘몰아치는 흥겨움으로 다채로운 들을 거리를 선사하는데 악단이 풍기는 화려함과 우아함이 오히려 곡과 어울려 인상적이다. 좀 더 곡의 본질에 접근한 연주로는 지휘자 '이반 피셔'(Ivan Fischer)가 부다페스트 페스티벌 오케스트라(Budapest Festival Orchestra)를 이끈 훙가로톤(HUNGAROTON) 음반(1985)이 있다. 헝가리 본토 지휘자와 오케스트라에 의해 만들어진 결과물이니 울려 나오는 토속적인 향취와 집시적 리듬이 투박하면서도 진솔하다. 헝가리가 나은 세계적인 지휘자 '프리츠 라이너'(Fritz Reiner)의 1960년 녹음(DECCA) 역시 전형적인 헝가리 스타일을 구현한 명연으로, 특히 영화에 사용된 5번에 있어서 만큼은 최고의 해석을 들려주기에 왜 전곡을 녹음하지 않았을까 아쉬움이 남는다.

사랑은 길들일 수 없는 한 마리 새

비제 오페라 <카르멘>(Carmen) 중 <하바네라>(Habanera)

— 영화 <보헤미안 랩소디>(2018)
감독: 브라이언 싱어 / 주연 : 라미 말렉

설마 했지만 결국 빅 히트를 상징하는 천만 관객이 찾은 <보헤미안 랩소디>(Bohemian Rhapsody), 마침내 신드롬을 넘어 집단 최면처럼 영국의 록 그룹 '퀸'(Queen)에 열광한 것이다. 손쉽게 구할 수 있던 그들의 음반이 중고시장에서 자취를 감추었고, 각종 방송과 광고에선 '퀸' 외의 가수는 없는 듯 그들의 노래가 흐르며 초등학생들마저 그들의 음악에 열광하니 세대마저 뛰어 넘은 듯하다. 따라 부르기(sing along) 상영이라는 새로운 관람문화를 만들어 내며 2018년을 뜨겁게 달궜던 '퀸'. 돌아보면 영화 <원스>(Once, 2006)가 있었고 뒤를 이어 <비긴 어게인>(Begin again, 2013)과 같은 음악 영화들이 유독 국내에서 사랑을 받았다. 영화 <겨울왕국>(2013)은 애니메이션임에도 불구 천만 관객을 불러 모았으며, <위플래쉬>(2014), <라라랜드>(2016) 등의 영화가 그 맥을 견고히 유지하다 드디어 영화 <보헤미안 랩소디>로 음악영화를 향한 애정이 그

정점에 선 듯하다. 과연 우리의 몸 속에 흐르는 피는 음표 모양의 DNA를 지닌 것일까?

이민자이면서 밤이면 록음악을 즐기는 공항노동자 '파록'(라미 말렉), 그는 자리가 비어버린 어느 아마추어 밴드의 리드 보컬 자리를 우연한 계기로 채우게 되면서 새로운 인생을 시작한다. 이제 그들은 전재산과 다름없는 밴을 팔아 실험적인 방식으로 가득한 그들만의 앨범을 제작한다. 그리고 이어 그들의 작업을 높이 평가한 가수 '앨튼 존'의 매니저 '존 리드'로부터 함께 일하기를 제안 받게 된다. "우리는 부적응자로 또 다른 부적응자들을 위해 연주합니다."라는 '프레디'[1)]의 말이 그의 마음을 움직인 것이다.

그렇게 그들의 앨범은 히트를 기록하고 이제 어느 한적한 시골에 마련된 녹음실에서 이루어지는 후속 앨범 작업, 가끔은 의견 충돌로 티격태격할 때도 있지만 이곳에서 프레디는 사랑하는 메리를 생각하며 <Love of my life>를 완성하고 무엇보다 그들을 대표하는 명곡 <보헤미안 랩소디>를 녹음하게 된다. 이때 '갈릴레오'를 수없이 반복하다 결국 "도대체 갈릴레오가 누구야?"라며 외치는 드러머 '로저 테일러'의 투정이 귀여우면서도 안쓰럽다. 그렇게 180회가 넘는 더빙이라는 힘겨운 작업 끝에 음반회사를 찾아간 그들, 하지만 반응이 신통치 못하다. 곡이 너무 길다는 것이다. 하지만 멤버들은 끝까지 고집을 꺾지 않았고 결국 그 자리를 뛰쳐나와 <보헤미안 랩소디>를 세상에 선보이며 평론가들의 혹평에도 대성공을 거두게 된다. 이후 영화는 '퀸'의 명곡들이 탄생하는 장면들을 하나씩 보여주며 그들의 음악 속으로 관객들을 이

1) 파록은 아버지의 반대에도 불구 프레디 머큐리로 개명한다.

▶ 보헤미안 랩소디가 수록된 퀸의 네 번째 스튜디오 앨범 'A Night at the Opera'

끈다. 하지만 양성애적 성 정체성으로 인하여 메리와의 관계가 틀어지면서 프레디의 방황이 시작된다. 성실히 가정을 꾸려가는 멤버들과 달리 기댈 곳 없던 그는 매일 밤을 파티로 그 외로움을 씻으려 하지만 그럴 수 없다. 결국 멤버들과의 관계조차 소원해지다 우연히 만난 '존 허튼', 그는 이후 프레디의 연인으로 평생 그의 곁을 지킨다. 이후 솔로로 타 음반사와 계약한 프레디는 자신이 에이즈에 감염되었다는 사실을 알고서야 자신의 잘못을 깨닫고 멤버들을 오해하도록 만든 매니저 '폴'을 해고, 못할 뻔 했던 라이브 에이드공연에 참여하려 한다. 하지만 멤버들이 필요한 상황, 프레디는 다시 만난 멤버들에게 진심으로 사과한다. 그리고 다시 결합한 그들은 라이브 에이드 무대에 마침내 서게 되는데…….

심혈을 기울여 녹음한 <보헤미안 랩소디>를 들고 음반사를 찾은 '퀸'의 멤버들, 프로듀서와 멤버들 간의 실랑이가 한창이다. 너무 기니 타이틀곡을 바꾸자는 책임자와 예술을 논하는 멤버들간의 결코 양보할 수 없는 기 싸움이 벌어지는 가운데 사무실에 놓여진 오디오에서 매혹적인 여성의 목소리가 흘러나온다. 이때 프레디는 오페라의 위대함을 피력하는데, 이 곡은 바로 프랑스가 낳은 천재 작곡가 '비제'(Georges Bizet,

1838-1875)의 오페라 <카르멘>(Carmen) 중 '하바네라'(Habanera)[2]이다.

많은 작곡가들이 그러했듯 어릴 적부터 비범한 재능을 보인 비제는 1857년 로마 대상을 수상, 3년간의 로마 유학을 마치고 파리로 돌아오지만 작곡가의 삶을 지내지 못한다. 그러다 찾아온 기회, 리리크 극장의 오페라 현상모집에 그의 <진주잡이>(Les pêcheurs de perles)가 당선되며 진정한 음악가의 길을 걷게 되는 것이다. 그는 이후 많은 작품을 남기며 창작을 이어가지만 역시 그의 대표작이라면 오페라 <카르멘>이다. 이 한 작품만으로도 그의 이름은 불멸이 되는데 그만큼 아름다운 곡들로 가득하며 긴장감 넘치는 스토리로 대중을 사로잡는 걸작인 것이다. 전문가는 진품을 알아보는 것일까? 새로운 명작의 탄생에 많은 음악가들이 찬사를 보낸다. 작곡가 '리하르트 슈트라우스'(Richard Strauss)는 하나의 음표도 버릴 것이 없다며 극찬했고, 철학자 '니체'(Nietzsche)는 찬란한 태양의 음악이라는 표현으로 작품에 대한 애정을 표하였으며, 작곡가 '브람스'(Brahms) 역시 20번이 넘는 관람으로 그 예술적 성과에 경의를 표한다.

하지만 청중의 반응은 그러지 못했는데 이는 그동안 보지 못했던 캐릭터의 여주인공 때문이었다. 전통적이고 순종적인 여주인공에 익숙해져 있던 관객들에게 카르멘은 당시의 사회적 관념을 뛰어 넘는 관능적이고도 자기주도적인 인물이었던 것이다. 이에 더해 당시 하층민이라 할 집시들이 떼지어 등장해 웅성거리며 밀수를 하고, 결투를 벌이다 마침내 죽음으로 그 막을 내리니 관객들을 더욱 불편하게 했던 것으로 이러한 이야기는 총 4막으로 구성되어 있다.

치명적인 매력을 지닌 집시 카르멘, 그녀에게 매혹된 호세는 군인으

2) 1800년경 쿠바의 아바나를 중심으로 유행한 춤곡

로서의 소명조차 버리며 빠져들게 되지만 결코 자신의 것이 될 수 없다. 보수적이며 진지한 그에 비해 그녀는 자유로운 영혼인 것이다. 하지만 그녀에게서 빠져나올 수 없는 호세, 죄를 지은 그녀를 호송하던 중 결국 유혹에 넘어가게 되고 그녀는 도주에 성공한다. / 파스티아의 어느 술집, 카르멘과 집시들이 함께 부르는 '집시의 노래'(Les tringles des sistres tintaient)가 끝나자 투우사 '에스카미요'가 등장하며 '투우사의 노래'(Votre toast)를 부른다. 이곳에서 호세는 '꽃노래'(La fleur que tu m'avais jetee)를 부르며 카르멘에게 자신의 마음을 전한다. 그러다 결국 그녀를 체포하러 온 상관과 싸움까지 벌이게 된 호세, 그는 이제 집시들과 함께 방랑의 길을 떠날 수밖에 없는 신세가 된다. / 범죄자가 되어 쫓기는 자신의 처량한 신세에 회의를 느끼는 호세, 그런 그를 보며 카르멘은 더 이상 자신의 사랑의 대상이 될 수 없음을 느낀다. 이때 카르멘을 찾아 온 투우사 에스카미요는 그녀를 투우장으로 초대하고, 어머니가 위독하시단 소식을 전해 들은 호세는 질투심과 증오를 안고 고향으로 향한다. / 드디어 운명의 투우장, 현장에 있는 듯 박진감 넘치는 투우사의 합창에 이어 서로의 사랑을 확인하는 듯 함께 입장하는 카르멘과 에스카미요, 그곳을 찾은 호세는 다시 시작하자며 애원해 보지만 차갑게 거절당하고 결국 분노에 눈이 멀어 그녀를 칼로 찌르고 만다. 그렇게 쓰러져 내린 그녀를 안고 울부짖는 호세, '오! 카르멘, 나의 사랑.'

이러한 내용 중 영화에 사용된 '하바네라'는 오페라의 전반부 담배공장에서 일하는 집시 노동자 카르멘이 등장해 호세를 유혹하는 장면에서 부르는 관능적인 노래다. 그리고 이때 그녀가 던져준 꽃은 호세의 영혼을 빼앗으며 비극이 시작되는 것이다. "사랑은 제멋대로인 한 마리 새, 누구도 길들일 수 없어, 스스로 다가오지 않는 한 불러봐도 소용없지, 협박도 애원도 소용없는 일."

영화 <보헤미안 랩소디>를 보기 위하여 상영관을 찾은 많은 이들은 이 곡이 '퀸'의 것인 줄 몰랐다며 놀라워했고 무대에서의 넘치는 에너지를 그리워했다. 이러한 현상을 지켜보다 보면 음악이라는 매체가 주는 장악력에 다시 한번 감탄하게 되며 '퀸'의 카리스마 넘치는 공연 후 다음 무대에 설 아티스트의 고충을 걱정하기에 이르지만 이내 생각이 바뀐다. 스팅, U2, 밥 딜런, 조안 바에즈, 레드 제플린, 엘튼 존, 필 콜린스, 마돈나, 폴 매카트니, 에릭 클랩튼……. 모두가 하나 같이 그 이름만으로도 내뿜는 기운이 범상치 않은 것이다. 시대를 빛내던 그들은 약하고 고통 받는 이들을 위해 모였고 노래로 평화를 외쳤으며 끝내 전 세계의 마음을 움직이고야 만다. 옳다고 믿는 것을 향해 마음을 모아 자신이 지닌 목소리로 외칠 때 기적과도 같은 일이 일어나는 것을 보여준 역사적인 사건의 현장, 그곳에 그들이 있었고 그룹 '퀸'이 있었다. 이제 그들은 전설이 되었지만 아직도 그들이 쏘아 올린 음악은 생명력을 지니며 또 한번 우리의 심장을 뛰게 하는 것이다. 공연을 기획했던 '엘튼 존'은 "퀸이 이 쇼를 훔쳤다"라고 했었다. 그만큼 인상적인 무대를 선보였다는 말이었겠지만 이렇게 달리 표현하고 싶다.

'그곳에 모인 아티스트들이 세계인의 마음을 훔쳤다.'

▶ 1985 라이브에이드에서의 퀸

추천 음반

BIZET: Carmen
Leontyne Price, Franco Corelli, Robert Merrill, Mirella Freni
Herbert von Karajan
Wiener Philharmoniker
Vienna State Opera Chorus & Vienna

일단 극이 딸린 오페라이니 영상물을 먼저 추천하자면 '카를로스 클라이버'(Carlos Kleiber)가 '빈 국립 오페라 오케스트라'(Chor und Orchester der Wiener Staatsoper)를 지휘한 1978년 연주(TDK)를 들 수 있겠다. 호세 역을 맡은 '플라시도 도밍고'(Placido Domingo)는 기존의 유약한 호세가 아닌 사랑을 잃고 영혼이 파괴되어 가는 또 하나의 마초적 캐릭터를 창조해낸다. 카르멘 역을 맡은 러시아의 국보급 메조소프라노 '엘레나 오브라스초바'(Elena Obraztsova) 역시 작품 속의 카르멘이 지녀야 할 카리스마와 야성미를 멋지게 뽑아낸다.

젊은 시절 '카라얀'(Herbert von Karajan)의 패기가 온전히 담긴 1963년 음반 역시 놓쳐서는 안될 수연으로 악단과 지휘자, 그리고 합창단과 성악진 모두가 자기의 역할에서 최상의 결과를 엮어낸다. 특히 '레온타인 프라이스' (Leontyne Price)가 지닌 음성은 집시 카르멘의 어둠과 관능을 표현하기에 가장 적합한 것이라 하겠다.

표트르 일리치 차이콥스키 (Piotr, Ilyitch Tchaikovsky)

1840.05.07.~1893.11.06.

편견을 넘어, 날아라 빌리

차이코프스키 <백조의 호수>(Swan Lake) 중 '정경'(Scene)

— 영화 <빌리 엘리어트>(2001)
감독: 스티븐 달드리 / 주연: 제이미 벨

어느 한 분야에 뛰어난 재능을 보이는 이들을 두고 우리는 타고 났다는 표현을 쓴다. 이는 선천적인 영역으로 후천적인 노력으로는 도저히 어찌해 볼 도리가 없는, 소위 범인이 지닌 부족한 2%인 것이다. 어찌 보면 무척이나 불공정한 신의 처사라 여겨질 법도 하지만 한편으로는 삶의 균형을 이루는 또 하나의 조화임에 분명하다. 배우고 익히는데 있어 타고난 저마다의 소질이 있다지 않은가. 다시 말해 자신만의 2%가 있다는 말이다. 그 남다름을 지닌 이가 있어야 할 자리에 있지 못함은 개인에게 있어 비극이다. 하지만 어울리지 않는 자가 그 위치를 차지하고 있음은 사회적으로 참사다. 타고나지 않았음에 타고난 자를 알아 보지 못하기 때문이다.

영국의 어느 한 가난한 탄광촌, 파업으로 시끄러운 그곳엔 엄마를 떠나 보내고 아빠와 형, 그리고 손이 가야 하는 할머니와 함께 살아가는 소년 '빌리'가 있다. 여느 또래들과 달라 보이는 바 없는 평범한 소년, 하지만 숨겨진 남다른 재능이 있으니 바로 춤, 그것도 발레가 더 흥미로운 빌리다. 그러던 어느 날, 우연한 계기로 발레 연습에 합류하게 된 빌리, 이때 발레교사 '윌킨슨'은 그의 재능을 알아보곤 계속해서 함께 하기를 권하고, 그렇게 빌리는 자신의 타고난 바를 조금씩 깨워가기 시작한다. 편견이 지배하는 세상과 시절에서 자유로울 수 없기에 그 꿈을 좇기가 순탄치만은 않다. 하지만 타고난 것은 어찌할 도리가 없다. 발레교사 윌킨스는 빌리에게 날개를 달아주고자 런던에 위치한 국립발레학교에 오디션을 권한다. 둘은 어려운 가운데서도 준비를 계속해 나가지만 결국 아버지에게 들켜 펴 보지도 못한 날개가 꺾여 버릴 위기다. 자신이 하고 싶은 것을 포기해야 하는 빌리, 세상 모든 것에 축복 가득해야 할 크리스마스가 을씨년스러울 뿐인 가운데 권투도장에서 절친에게 발레를 가르쳐주는 모습을 다시 한번 아버지에게 들켜 버린다. 게이적

인 성향을 지닌 친구였기에 더욱 오해를 살 만한 상황. 이때 빌리는 아버지를 앞에 두고 춤을 추기 시작한다. 보란 듯이. 나는 이렇게 춤을 멋지게 출 수 있고 그래서 행복하다고. 그런 빌리의 모습은 마치 크리스마스에나 어울릴 법한 기적처럼 아버지의 마음을 움직여 놓는다. 재능과 열정이 편견을 이겨내는 순간. 하지만 가난이라는 또 하나의 벽

이 빌리의 길을 가로 막는다. 파업 중이라 생계마저 순탄치 않은 형편에서 런던으로의 유학 비용이 부담스러울 수 밖에 없는 것이다. 아버지는 배신자라는 비난을 무릅쓰고 탄광촌 작업차량에 오르지만 이마저도 실패, 결국 죽은 아내의 마지막 유품을 정리하고선 빌리와 함께 런던행 버스에 오르고 그렇게 오디션은 치러진다. 꿈을 향한 첫 도전인 것이다.

윌킨스가 빌리를 데려다 주던 차 안에서 함께 듣던 음악, 그리고 영화의 마지막 장면에서 자신의 다짐처럼 멋지게 날아오르던 빌리의 모습과 함께 신의 악기인 하프의 반주를 타고 흘러나오던 꿈결인 듯 아름다운 선율, 발레 장르의 클래식에 있어 대표 히트곡, 바로 19세기 러시아를 대표하는 작곡가 '차이코프스키'(Piotr, Ilyitch Tchaikovsky, 1840~1893)의 <백조의 호수>(Swan Lake, op.20) 중 '정경'(Scene)이다. 발레 <백조의 호수>는 크리스마스 이브에 벌어지는 마법 같은 이야기를 담은 <호두까기 인형>, 바늘에 찔려 잠든 공주가 왕자의 키스를 받아 깨어난다는 '샤를 페로'(Charles Perrault)의 유명한 동화를 춤으로 엮은 <잠자는 숲 속의 미녀>와 더불어 차이코프스키의 3대 발레 중 하나로 러시아의 전설을 재구성한 그 이야기가 어쩐지 낯익어 흥미롭다.

성년식을 맞아 마을 축제를 즐기는 왕자 '지그프리트', 그는 날아가는 백조를 발견, 여왕으로부터 성인식 선물로 받은 화살을 들고서 숲으로 향한다. / 백조를 쫓아 숲 속 호숫가에 도착한 왕자, 이때 그는 인간

의 모습으로 변하는 '오데트'를 목격한다. 그녀는 마법으로 인해 백조의 모습으로 지내다 해가 지면 다시 본 모습으로 돌아오는 것이다. 첫눈에 반한 왕자는 그녀에게 결혼을 청하고 악마의 마법에서 벗어나려면 변치 않는 사랑을 약속 받아야 한다는 말에 맹세와 함께 다음날 있을 무도회에서의 결혼 발표를 약속하고 헤어진다. / 궁전의 무도회장, 오데트가 나타나기만을 기다리는 왕자 앞에 악마 '로트바르트'가 오데트와 꼭 닮은 자신의 딸 '오딜'을 데리고 나타난다. 착각했던 것일까? 아니면 흑조 오딜의 매력에 빠져버린 것일까? 왕자는 홀린 듯 오딜에게 영원한 사랑을 약속하고 만다. 이때 악마와 흑조 오딜은 그를 조롱하며 사라지고 자신의 잘못을 깨달은 왕자는 오데트를 찾아 숲으로 향한다. / 왕자의 배신으로 백조의 모습으로 영원히 살게 된 공주, 그리고 용서를 구하는 왕자, 그들은 서로의 운명을 슬퍼한다. 이때 그들을 떼어놓으려 나타난 악마 로트바르트, 하지만 둘은 사랑의 힘으로 악마를 물리치고 마침내 사랑이 완성된다.

1877년 볼쇼이 극장에서의 초연 당시 <백조의 호수>는 열악한 장치와 조악한 안무로 인해 참담한 실패를 겪는다. 이후 오랫동안 창고에서 잠자던 악보는 안무가 '프티파'(Marius Petipa, 1818~1910)에 의해 발견되어 새롭게 구성된다. 하여 현재의 무대에서 상연되는 버전은 초연과는 다른 것으로, 작곡가 차이코프스키의 사망 2년 후인 1895년, 프티파와 '이바노프'(Lev Ivanovich, 1834~1901) 안무의 차이코프스키 추모공연 버전이며 이때 얻은 인기에 힘입어 조금씩 보강되어 총 4막으로 이루어지게 된 것이다. 발레라는 것이 누가 어떻게 안무했느냐에 따라 다양한 스타일을 가질 수 있기에 <백조의 호수> 역시 다양한 결말을 지닌 버전들이 존재한다. 이 중 두 가지 버전이 유명한데, 먼저 마법에서 벗어난 공주가 인간의 모습으로 돌아온다는 행복한 결말의 볼쇼이 버전과 왕자와 공주가 함께 죽는 비극적인 결말의 로열 발레단 버전이 그것이다. 이 두 버전은 안무에 있어서도 상당한 차이를 보이며 다른 분위기를 자아내는데, 볼쇼이 버전이 악마 로트바르트의 비중이 크고 다소 어둡다면 로열 발레단 버전은 그 결말과 달리 좀 더 화려한 색채감을 지니는 것이다. 그리고 또 하나, 영화의 마지막 장면에서 사용된 '매튜 본'(Matthew Bourne)의 현대판 재해석 버전 역시 빼놓을 수 없다. 이는 남자(ballerino) 백조들이 등장하는 것으로 편견과 한계를 깬 도약을 이야기하고픈 영화이기에 절묘한 선택이며, 성인이 된 빌리 역에 매튜 본 버전 <백조의 호수>에서 제1대 백조를 맡았던 세계적인 발레리노 '아담 쿠퍼'(Adam Saul Cooper)가 직접 출연하여 그 의미를 더한다.

이렇듯 다양한 버전이 존재하지만 어느 것이든 발레 <백조의 호수>에 있어 주요 감상 포인트는 백조의 신비롭고도 우아한 동작을 얼마나 아름답게 표현하였는가에 있다. 더불어 청초한 백조 오데트와 관능의 흑조 오딜이 펼치는 화려한 테크닉 대결 역시 매력적인 즐길 거리다. 그리고 빼놓을 수 없는 것, 바로 선율의 마술사 '차이코프스키'가 이루어 놓은 찬란한 음악이다. 이는 전 4막 40여 곡에 달하는 방대한 선율의 향연으로 이 중 연주회용으로 발췌된 6개의 모음곡만으로도 그 음악적 감동을 충분히 느낄 수 있다.

오디션이 끝난 후 한 심사위원이 춤을 출 때 어떤 기분이냐며 묻는다. 이에 잠시 머뭇거리던 빌리는 "나 자신조차도 사라지고 불에 탄 듯, 하늘을 날아오르는 것 같다"고 답한다. 이러한 대답이 심사위원들의 마음을 조금은 더 움직였겠지만 아마도 그들은 소년의 잠재력을 이미 알아보았을 것이고 하여 격려하고 다시금 그 열정을 마음 속에 새기라 내어 보낸 질문이었을 것이다. 재능의 번뜩이는 순간을 알아채는 그들의 심미안이 부럽다. 지닌 잠재력과 가능성을 보는 자리이기에 다른 어떠한 것도 평가에 끼어들지 않는 그 순간이 부러운 것이다. 지금의 우리가 가지지 못하여 절실히 필요한 것이 바로 타고난 이를 가려내는 안목과 그들을 인정하며 길을 내어 줄 용기이기 때문이다.

▶ 영화의 마지막 장면, 어른이 된 빌리 역을 맡은 세계적인 발레리노 '아담 쿠퍼'의 도약

추천 음반

TCHAIKOVSKY: Swan Lake op. 20
Gennady Rozhdestvensky
Moscow Radio Large Symphon Orchestra
1969, USSR

전곡 녹음으로는 러시아의 명장 '로제스트벤스키'(Rozhdestvensky)의 1969년 녹음(MELODIYA)을 먼저 언급해야 할 것이다. 발레라는 낭만적인 장르에 있어서도 특유의 러시아 사운드가 발산하는 매력이 대단하다.

이와의 반대의 지점에서 지휘자 '앙드레 프레빈'(Andre Previn) 역시 높은 성과를 남긴다. 발레음악이 지닌 최고의 우아함과 아름다움을 실현한 '이것이 발레다' 연주(EMI, 1974)인 것이다. 모음곡에 있어서는 곡이 지닌 교향악적 울림을 멋지게 들려준 '제임스 레바인'(James Levine)의 녹음(DG, 1992)과 더불어 러시아의 첼리스트이자 지휘자인 '로스트로포비치'(Mstislav Rostropovich)가 베를린 필을 대동한 1978년 음반(DG)을 꼽을 수 있다. 웬만해선 자신의 지휘봉을 내어주지 않는 카라얀이 왜 이 곡에 있어서는 배턴(baton)을 양보하였는지를 알게 해주는 수연이다.

03

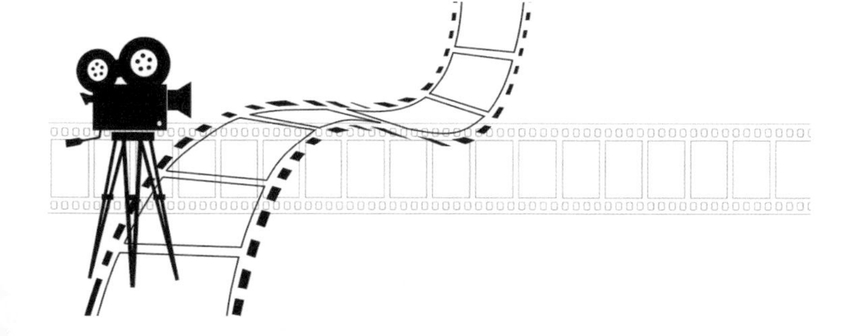

새로운 음악을 향한 도전,

후기 낭만과 민족주의

아, 이 불행한 세계를 위한 아름다운 밤이여!

생상스 <죽음의 무도>(Danse macabre)

— 영화 <히든 아이덴티티>(2014)
감독: 브래드 앤더슨 / 주연: 케이트 베킨세일, 짐 스터게스

겨울에는 접근하기 쉽지 않은 외딴 곳의 한 정신병원, 그곳에 졸업을 위해 마지막 단계를 거쳐야 하는 옥스퍼드 의대생 에드워드가 도착한다. 이곳에서 뭔가 의심스러운 행동의 병원장 '램'을 대면하고 아름다운 여인 '일라이저'를 만나 사랑에 빠지지만 그들은 모두 병원을 점거한 정신병자들이며 실제 병원을 운영하던 간호사들과 병원장은 지하에 감금되어 있다는 사실을 알게 되는데…….

이야기의 전개로 보아 왠지 음산한 곡조 하나쯤은 깔려야 할 듯 한데 마침 딱 맞춤의 선율이 등장한다. 19세기를 떠나 보내고 20세기를 맞이하는 축제의 날, 병원을 점령한 그들은 함께 춤추며 모든 낡은 것을 태워버리는 의식을 준비하고 그런 가운데 어지럽게 빙글빙글 돌아가는 그들의 춤에 맞춰 흐르던 곡이 있으니, 바로 프랑스 작곡가 '생상

스'(Camille Saint-Saëns, 1835~1921)의 교향시 <죽음의 무도>(Danse macabre, Op.40)이다.

세 살이라는 믿기 어려운 나이에 작곡을 시작했다는 생상스, 그는 프랑스의 모차르트라 불릴 정도로 음악에 있어 뛰어난 재능을 보이며 <교향곡 3번 '오르간'>(Symphonie No. 3 Op. 78 'Organ'), <서주와 론도 카프리치오>(Introduction et Rond capriccioso Op 28), <피아노 협주곡 제2번>(Piano Concerto No. 2), <죽음의 무도>(Danse macabre), 그리고 널리 알려진 <동물의 사육제>(Le carnaval des animaux) 등의 명곡을 남긴 프랑스 낭만주의를 대표하는 작곡가다. 이 중 영화에 흐르던 <죽음의 무도>는 그의 교향시 중 가장 성공적인 작품으로, 헝가리의 작곡가 '리스트'(Liszt)는 이미 30년 전 자신이 지은 같은 제목의 곡이 있음에도 불구 생상스의 것에 경도되어 피아노 솔로 곡으로 편곡, 곡의 인기에 일조하였다. 우리에게는 국민 스케이트 요정 김연아의 쇼트프로그램 곡으로 기억되어 더욱 친근한데 이는 이러한 이벤트가 하나의 곡을 알리는데 얼마나 효과적인지를 다시 한번 돌아보게 한다.

작품은 프랑스의 시인 '앙리 카잘리스'(Henri Cazalis)의 시를 따라 움직인다.

> 지그, 지그, 지그, 죽음의 무도가 시작된다.
> 발을 박차 무덤을 나온 죽음은, 깊은 밤 춤을 추기 시작한다.
> 지그, 지그, 재그, 바이올린 선율을 따라,
> 겨울바람 불고 밤은 더욱 깊어 가고,
> 린덴나무로부터 들려오는 신음소리.
> 하얀 해골이 자신의 수의를 펄럭이며,
> 음침한 분위기를 가르며 나아간다.
> 지그, 지그, 지그, 해골들은 껑충이며 뛰어다니고,
> 들려오는 춤추는 뼈들의 부딪치며 덜걱거리는 소리.

이끼 위에 앉은 음탕한 연인은,
기다란 타락의 희열을 만끽하고,
지그, 지그, 지그, 죽음은 끊임없이
자신의 악기를 할퀴며 연주를 한다.
—중략—
"하지만 쉿!" 갑자기 춤이 멈춘다.
서로 떠 밀치다 날래게 도망친다. 수탉이 울었다.
아, 이 불행한 세계를 위한 아름다운 밤이여!
죽음과 평등이여 영원하라!

▶카미유 생상스(camille saint-saëns, 1835~1921)

작곡가 생상스는 이러한 시의 흐름에 따라 깊은 밤 벌어지는 광란의 춤과 이윽고 허무하게 사라져 가는 광경을 기괴하면서도 유머러스하게 음악적으로 전달하고 있다. 곡은 12시를 알리는 하프의 짧은 스타카토로 시작한다. 이어 해골들을 무덤으로부터 일으키는 인상적인 악마의 바이올린 선율이 들려오고, 이제 이 기괴한 해골들의 왈츠는 스페인풍의 리듬과 함께 휘몰아치며 점차 고조되어 나가다 마침내 절정에 이르는 것이다. 그러다 들려오는 수탉의 울음 소리, 이는 <동물의 사육제> 중 '암탉과 수탉' 수탉에서 보여준 작곡가의 위트처럼 그렇게 오보에가 아침을 알리며 죽음의 무도는 조용히 끝을 맺는다. 이는 지난 밤 춤의 향연이 격렬하였기에 더욱 허무한 것으로 무덤으로 돌아가야만 하는 그들이 측은하여 등(뼈)이라도 두드려 주고 싶은 심정

이다.

이러한 죽음의 무도는 음악에서뿐만 아니라 다양한 예술에서의 주제다. 하지만 이는 누군가에 의해 홀연히 등장한 것이 아니다. 전염병과 전쟁으로 늘 죽음을 가까이 두어야만 했던 중세 시절, 당시를 지내던 이들은 이러한 죽음에 대한 공포를 극복하고자 이를 평범한 일상이자 삶의 일부로 받아들인다. 그러다 심지어 희화화하기까지 이르러 무덤가에서 춤추는 유령과 해골에 얽힌 설화들로 전해져 내려오며 여러 예술 작품 등을 통하여 등장하는 것이다. 죽음이라는 주제가 최고의 소재로 각광받던 낭만주의 시대 작곡가들이 이러한 훌륭한 소재를 가만히 내버려둘 리 없다. 하여 이에 영감을 받아 죽음을 주제를 한 작품들을 써 내려 가기 시작하였는데, 그 중심에 '슈베르트'(Schubert)의 <죽음과 소녀>,[1] 리스트의 <죽음의 무도>(Totentanz), 그리고 영화에 사용된 생상스의 <죽음의 무도>가 있다.

여기서 또 하나 주목할 점은 왈츠라는 춤곡이 지닌 오묘함이다. 일반적으로 왈츠라고 한다면 오스트리아의 밝고 낙천적인 분위기와 '쇼팽'(Chopin)의 명랑한 타건이 연상되지만 살펴본다면 참으로 다양한 분위기를 전달하는 음악적 수단임을 알 수 있다. 러시아의 작곡가 '차이코프스키'(Tchaikovsky)가 남긴 3대 발레 속 왈츠는 오스트리아적인 향취를 품고 있으나 좀 더욱 우아하고 낭만적이며, 같은 러시아의 작곡가이지만 '하차투리안'(Khachaturian)의 '가면무도회'(Masquerade) 중 왈츠는 호전적이며 러시아적인 광활함이 배어 있다.

영화 <번지 점프를 하다>에 등장한 '쇼스타코비치'(Shostakovich)의 왈츠는 쓸쓸한 서정을 전하며, 영화 <올드보이> 속 '라스트왈츠'(Last

---

1) String Quartet No. 14 D. 810 'Death and the Maiden'

Waltz)에서 들려오는 클라리넷 선율은 서글픈 것이다. 핀란드의 작곡가 '시벨리우스'(Sibelius)는 그의 작품 <슬픈 왈츠>(Valse triste)를 통해 떠난 자의 슬픔을 몽환적으로 그려내며, '라벨'(Ravel)의 <왈츠>(La valse)와 생상스의 <죽음의 무도>는 심지어 그로테스크한 분위기까지 표현해 내니 참으로 다양한 분위기를 선사하는 묘한 양식인 것이다.

영화의 첫 장면은 무척이나 불편하다. 치료와 연구라는 미명 아래 한 여인의 인권을 유린하는데 정신병자라는 이유이며 그 대상이 바로 일라이저인 것이다. 그러한 교수의 행동이 불쾌감을 선사했다면 그의 강의를 공책에 옮기는 학생들의 무감정한 서걱거림은 그들의 무표정과 함께 서늘한 공포를 안겨준다. 누군가는 큰소리로 그녀의 인권을 부르짖어 줄 것이라는 작은 희망이 그렇게 서걱서걱 사라져 가는 것이다.

이처럼 영화는 정상인이라고 칭해지는 자들을 향한 시선이 곱지 않다. 치료라는 이름으로 환자에게 고문에 가까운 실험을 일삼는 대학교수와 병원장 벤자민은 지금의 우리가 보기에도 더 정신병자에 가깝다. 반면 가짜 병원장이 되어 병원을 꾸려가는 '램'은 군의관 출신으로 전쟁터에서 상처를 입어 죽음보다 더한 고통에 괴로워하는 병사들을 보다 못해 권총으로 쏴 목숨을 거둬 간 인물로 자신도 그 자리에서 자살하려 하나 실

패한다. 결코 잘했다 단언할 순 없다 해도 왠지 더 인간적이다.

그렇다면 정상이라 여기며 현재를 살아가는 우리들도 미쳐 있는 것은 아닌가? 더 높은 곳에 도달하기 위하여, 더 빠르기 위해, 그런 와중에 타인을 돌아보지 않으며 아니 그럴 틈도 없이 앞만을 응시한 채 나아갈 뿐이라면 과연 정상인가?

"좀 느리면 어때"라고 한다면 정신병자 취급을 받을 것이고 "조금 못해도 돼" 하면 바보 같아 보일 것이다. 그렇다면.

"램…… 다시 병원으로 돌아와 주세요."

▶ 과연 이 곳에서 무슨 일이

추천 음반

SAINT-SAËNS: Danse Macabre op. 40
Jerome Rosen, Violin
Arthur Fiedler (conductor)
The Boston Pops Orchestra
1971/06, Symphony Hall, Boston, United States

프랑스적인 정취를 가장 잘 살린 연주로 지휘자 '다니엘 바렌보임'(Daniel Barenboim)의 녹음(DG, 1981)이 먼저 떠오른다. 평소에 강렬한 연주를 즐겨 하던 그는 이 곡에 있어서 만큼은 자신의 기질은 잠시 내려 놓고 모범적인 연주를 들려준다. 더불어 언급해야 할 연주로는 지휘자 '아서 피들러'의 것이다. 극적인 곡을 강렬하게 연주해 내는데 있어 특화된 지휘자와 보스턴 팝스 오케스트라는 이 곡에 있어서도 변함없이 휘몰아 치며 마치 깊은 밤 춤의 향연 한 가운데 선 듯 온통 정신을 빼놓는다. 바이올린 독주를 맡은 '제롬 로젠' 역시 이러한 밤의 무도를 주도하는 악마의 바이올린 소리를 제대로 할퀴어 낸다.

안토닌 드보르자크 (Antonin Dvorak)

1841.09.08.~1904.05.01.

나의 본향, 그리운 그곳

드보르자크 <교향곡 9번 '신세계로부터'>(from the New World)

— 영화 <암살>(2015)
감독: 최동훈 / 주연: 전지현, 이정재, 하정우

조국이란 단어가 주는 무게가 가벼워진 요즘이다. 하지만 고향으로 바꿔보면 어떨까? 물론 이전보단 희미해진 듯 하지만 아직도 그 주는 의미가 절절하다. 어린 왕자가 떠나 온 별처럼 우리도 언젠가 그곳으로 돌아가야 할 것이다. 그곳엔 나의 소중한 시간을 주었던 장미가 있기 때문이며 가는 길을 잃거나 그 별이 사라져서는 안될 일인 것이다.

대한민국 임시 정부에서 조우한 백범 김구와 약산 김원봉, 그들은 성공을 위해서라면 가족마저도 저버리는 가혹한 친일파 강인국과 수많은 조선인을 학살하고 이제 곧 일본으로 돌아갈 총독을 향한 암살 작전을 세운다. "살려서 돌려보내지 말자고", 백범의 목소리는 단호하다. 이제 신흥무관학교 출신 속사포(조진웅), 폭약 전문가 황덕삼(최덕문), 그리고 백발백중 저격수 안옥윤(전지현)이 거사를 위하여 모이고, 내부의 밀정

염석진(이정재)에 의해 정보가 새어나가지만 일찍 몸을 움직인 덕에 그들은 다행하게도 경성에 무사히 도착한다. 비밀리에 준비한 작전의 정보가 새어나갔음에 백범은 염석진을 의심하고, 하와이 피스톨에게 암살자들에 대한 암살을 의뢰하다 결국 꼬리가 잡힌 염석진 역시 경성으로 도망쳐 오게 된다.

이제 이곳에선 친일파와 총독을 암살하려는 이들과 그런 그들에 대한 살인 의뢰를 받은 킬러, 그리고 이 모든 것을 알고 자신의 안위를 위해 세 결사들의 앞을 막아서는 파렴치한 염석진의 대결이 시작되는 것이다. 속사포와 하와이 피스톨이 벌이는 길 위에서의 육박적, 이때 상처를 입고 실종된 속사포와 염석진의 제보로 실패해 버린 첫 번째 암살 작전, 냉혹한 킬러이지만 일본군의 만행을 목격하며 무엇이 옳은 것인가를 서서히 각성해 가는 하와이 피스톨, 그리고 자신이 매국노 강인국의 딸이며 미츠코라는 쌍둥이 언니가 있음을 알게 되는 안옥윤 등, 이러한 여러 사건들이 얽히는 가운데 그들은 목숨을 걸고 자신들의 사명을 완수하려 한다. 과연 그들의 거사는 성공할 수 있을까? 그리고 끝까지 치명적인 걸림돌이 되어온 염석진의 최후는?

▶ 영화 <암살> 스틸컷

TV에선 일본의 항복과 해방의 소식이 전해지고 임시정부에선 백범과 약산이 마주 앉았다. 모두가 기뻐하며 '집에 가자'를 외치는 감격의 순간, 그들은 죽어간 이들을 위로하듯 고량주에 불을 붙이며 애도한다. 많은 이들이 죽어갔다고, 미안하다고, 그리고 백범은 내가 더 미안하다고……. 이러한 장면들과 함께 하는 아득한 선율이 있으니, 바로 체코를 대표하는 작곡가 '드보르자크'(Antonín Dvořák, 1841~1904)의 <교향곡 제9번 '신세계로부터'>(Symphony No.9 'from the New World' Op. 95)이다.

프라하로부터 북단, 몰다우 강변의 한 작은 마을에서 태어난 드보르자크는 작곡가보다는 푸줏간 사장이 될 가능성이 더 컸었다. 아버지는 장남인 그가 가업을 잇기를 바랐던 것이다. 하지만 그런 환경조차도 드보르자크의 음악적 열망을 잠재우지 못하였으니 그의 재능은 꽃을 피워 1866년, 마침내 체코 국민음악의 아버지 '스메타나'(Smetana)의 뒤를 이어 국립오케스트라의 지휘자 자리에 오른다. 이후 작곡에 전념하던 그는 1874년, 교향곡 3번으로 오스트리아 국가 대상을 받게 되는데 이때 심사위원이었던 '브람스'(Brahms)와의 만남은 드보르자크의 음악 인생에 있어 가장 중요한 전환점이 된다. 그의 음악적 재능을 알아 본 브람스가 자신의 헝가리무곡을 출판했던 곳을 소개하였고 이 출판사는 드보르자크에게 '슬라브 무곡'을 의뢰, 널리 연주됨으로 그의 이름이 세계에 알려지는 초석이 되었던 것이다. 이후 활발한 창작 활동은 이어져 교향곡 7번과 8번을 위시한 많은 걸작들을 만들어 내며 드보르자크의 명성은 날로 더해져 유럽은 물론 멀리 미국에까지 이름이 전해지게 된다.

그리고 1891년, 또 한번의 음악적 전환점이 그에게 찾아온다. 프라하 음악원의 작곡과 교수로 임명되고 얼마 지나지 않아 미국으로부터 음악원(뉴욕) 원장 제의가 온 것이다. 조국을 떠나는 것이 탐탁지 않았던

▶ 번스타인이 지휘한 <신세계로부터>의 음반 표지, 1986

그는 고민했지만 제시된 조건들이 뿌리치기 힘든 파격적인 것이었기에 결국 수락, 그로부터 약 3년 간의 미국 생활(1892.09.~1895.04.)이 시작된다. 그리고 이 시기에 걸쳐 많은 걸작들이 탄생하는데 <현악 사중주 F장조 '아메리카'>와 <현악 오중주 E플랫장조>, <첼로 협주곡>, 그리고 영화에 사용된 <교향곡 제9번 '신세계로부터'> 등이 그것이며, 이러한 작품들을 통해 우리는 작곡가의 가슴 속엔 새로운 세계에 대한 놀라움과 함께 고향을 향한 그리움이라는 두 감정이 동시에 혼재했음을 들여다 볼 수 있다.

특히 <교향곡 9번>은 이러한 그의 내면을 명확히 들여다 볼 수 있는 명곡으로, 혹자는 토속적, 보헤미안적이라는 단어로 대변할 수 있는 그의 작풍에서 벗어나 있기에 드보르자크의 대표 곡이라 할 수 없다는 평가를 하기도 하지만 작곡가의 가장 유명한 작품이라는 데에는 크게 이견이 없다. 곡의 모든 악장(총 4악장으로 구성되어 있다.)이 아름다우며 특히 영화에서 흐르던 2악장의 선율은 망향을 그리는 대표적인 선율로 많은 사랑을 받고 있는 가운데 'Going Home'(내 본향 가려네)이라는 가사로도 붙여져 애창되고 있다. 하니 나라를 잃었다 되찾아 이제는 '집에 가자'라며 환호하는 영화의 장면과 잘 어울리며, 그 선율적 서글픔으로 독립을 보지 못하고 먼저 떠난 이들에 대한 추모곡으로도 그 역할을 다하는 것이다. 곡의 4악장 역시 친숙한 것이라 그 시작에 있어 분위기가 점차 고조되다 터져 나오는 팡파르는 너무나 멋지다. 점차 빨라지며 다가오는 느낌이 마치 영화 <죠스>(Jaws, 1975)에서 상어가 나타나기 직전,

그 긴장감을 절묘하게 표현하여 오금을 저리게 했던 메인 테마와 흡사하여 <죠스> 도입부라 불리기도 한다. 증기를 받아 서서히 속도를 높여 가는 기차의 철컹거림과 마침내 뿜어져 나오는 기적소리와도 같은 느낌 또한 드는 것은 아마도 평생을 기관차 마니아로 살아온 그의 이력 때문일 것이다.

이외에도 영화에선 여러 클래식 명곡들을 만나 볼 수 있다. 드보르자크가 남긴 또 하나의 명 선율 <유모레스크>(Humoresque), 영화 <트루먼쇼>에서도 인상적으로 사용되었던 '쇼팽'의 <피아노협주곡 1번> 중 2악장, '슈만'의 <어린이의 정경> 중 제7곡 <트로이메라이>(Träumerei, 꿈)가 등장하니 귀기울여 보자.

영화의 초반부, 약산 김원봉이 배를 타고 대한민국 임시정부를 찾아오는 장면에서다. 다가오는 그를 향해 보초인 듯한 이들이 저리 가라 경고하고 임시정부를 찾는다는 말에 "너 누구냐?"며 위협할 때 그는 철통 같은 보안을 뚫어내고 백범과 만나기 위해 단지 자신의 고향과 이름 석자만을 이야기할 뿐이다. 그 이름, 그것은 그가 옳은 것을 좇아 살아왔던 세월의 결정체인 것이며 그러기에 힘이 실려 있다는 생각에 미치자 나 자신의 이름에 실려 있을 무게에 대해 생각해 본다. 약산의 이름에 실려 있을 법한 크기의 가치만큼은 아니더라도, 민족을 위한 헌신까지의 대의는 아닐지라도, 조그마한 한 구석에서라도 이름값을 지녀 그처럼 떳떳하게 대답할 수 있어야지 하는 생각에 마음이 부끄럽고 마침내 바빠진다.

"나, 밀양사람 김원봉이오."

추천 음반

DVORAK: Symphony No. 9 in E minor op. 95 "From the New World"
Karl Bohm (conductor, 1894~1981)
Wiener Philharmoniker
녹음: 1978/05 Stereo, Analog

드보르자크의 <교향곡 제9번 '신세계로부터'>에 있어 체코의 지휘자들과 체코 필이 이뤄낸 업적은 압도적이다. '바츨라프 탈리히'(Václav Talich, 1883~1961), '카렐 안체를'(Karel Ancerl, 1908~1973), 그리고 '바츨라프 노이만'(Vaclav Neumann, 1920~1995)으로 이어지는 체코의 정통 지휘자들은 이 곡을 자신들의 숙명인 듯 여러 차례 연주하며 녹음을 남기는데 어느 것 하나 졸작이 없다. 체코가 낳은 세계적인 지휘자 '라파엘 쿠벨릭'(Rafael Kubelik, 1914~1996) 역시도 비록 체코 필과 함께 하진 못했지만 베를린 필과의 녹음(DG, 1972)을 통해 최상의 연주를 들려준다. 조국을 떠나 오랫동안 타국을 떠 돌았던 그이기에 들려오는 2악장은 이러한 사연만으로도 감동적인 것이다. 오스트리아의 지휘자 '칼 뵘' 역시 멋진 연주를 남겨 놓았는데 평소의 뚜벅 뚜벅, 무뚝뚝했던 모습과는 다른, 가끔씩 터져 나오던 그의 강렬한 일탈을 여기에서 만나볼 수 있다. 그가 빚어 낸 '신세계로부터'는 정통 체코의 토속적인 면은 다소 부족할지라도 곡이 지니고 있는 보편적 아름다움을 잘 드러낸 수연으로 특히 4악장 말미 여운의 깊이는 실로 아득하다.

▶ Wiener Philharmoniker

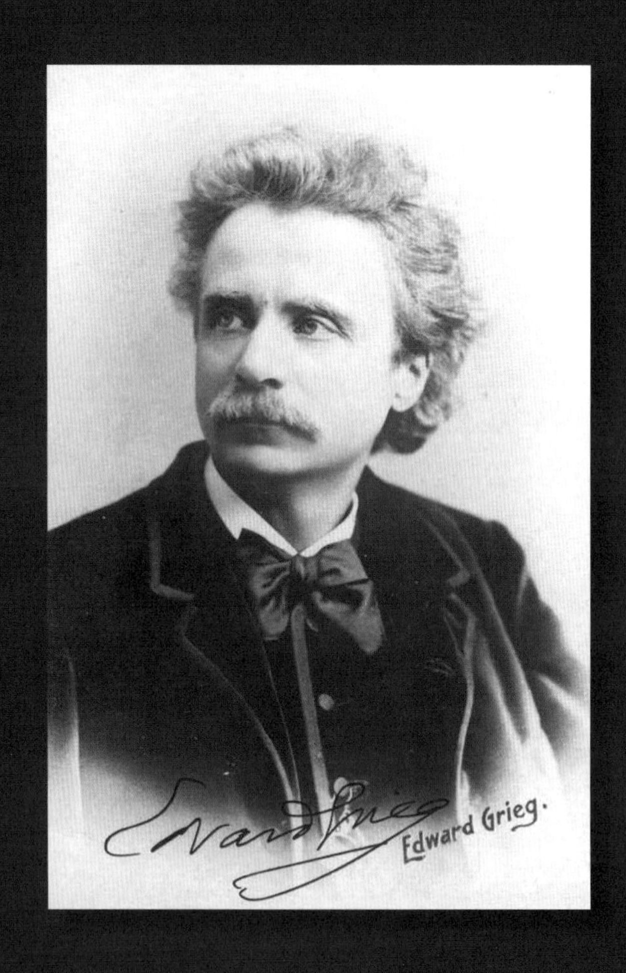

에드바르 하게루프 그리그 (Edvard Hagerup Grieg)

1843.06.15.~1907.09.04.

네가 돌아온다면

그리그 <솔베이그의 노래>(Solveigs Lied)

— 영화 <하모니>(2009)
감독: 강대규 / 주연 : 김윤진, 나문희

영화가 감옥을 배경으로 하였을 때 풀어낼 수 있는 이야기는 그 공간적 한계로 인해 제한적일 수밖에 없다. 억울하게 누명을 쓴 이들의 탈출기이거나 죗값을 치러야 하는 공간에서 되려 또 다른 죄를 짓는 이야기이거나. 하지만 그 공간적 한계를 활용하여 오히려 더 높은 가치를 보여주려는 영화들이 있다. 영화 <쇼생크 탈출>이 인간의 자유의지에 대하여 논하였다면 영화 <7번방의 선물>과 영화 <하모니>는 사랑인 것이다.

주인공 정혜(김윤진)는 살인죄로 10년형을 받은 재소자로 그곳에서 아이를 기르고 있으며 생후 18개월이면 헤어져야 할 운명이지만 사랑하는 아이로 인해 행복하다. 그런 그녀와 같은 방에 있는 죄수 김문옥(나문희), 음대의 교수를 지내던 그녀는 자기의 제자와 남편이 바람을 피우는

장면을 목격, 이들을 살해한 혐의로 복역 중이며 이젠 자식들조차 그녀를 원망하며 외면하는 처지다. 그러던 어느 날, 방문한 합창단의 노래에 감명을 받은 정혜는 합창단을 만들자며 제안하고 당연 음대 교수 출신인 문옥에게 지도를 부탁한다.

하지만 쉽게 흘러갈 수 없는 상황인 것이 당연, 각종 기구한 사연을 지닌 죄수들을 데리고 합창단이라니. 다잡는 것도 문제지만 일단 제대로 노래를 불러본 적이 없다는 것이 더 큰 문제다. 이때, 과연 영화적 설정답게 그곳에는 음대 성악과 출신의 죄수가 있다. 아름다운 목소리를 지닌 유미의 노래를 우연히 듣게 된 정혜는 그녀를 설득해 보려 하지만 마음에 입은 상처로 인하여 비협조적이다. 하지만 '많이 힘들지'하며 위로하고 남은 시간이라도 열심히 살자는 문옥의 격려에 그만 무너지고 만다. 그렇게 문옥의 지도하에 점차 모습을 갖춰가는 합창단, 아들 민우의 울음 유발 정혜의 목소리도 이제 조금씩 자리를 잡아가고 드디어 재소자들 앞에서의 공연, 그리고 이때 울려 퍼지는 그들의 아름다운 하모니. 하지만 이미 정해져 있던 헤어짐의 순간이 다가오고 이런 슬픈 현실을 담담하게 받아들이려 애써 큰소리 치던 정혜였지만 막상 새 엄마의 품에 안겨 떠나는 민우를 보며 울음을 터트리고 만다.

▶ 영화 <하모니> 스틸컷

그로부터 4년, 합창경연대회의 특별초대로 무대에 서게 된 기쁜 소식이 합창단에 전해진다. 하지만 그보다 더 기쁜 건 공연 후 가족들과의 특별면회가 있다는 것이다. 목걸이가 분실되어 온갖 편견의 이목이 집중되지만 마침내 무대에 오른 그들은 보란 듯 멋진 화음(하모니)을 일궈내고 이때 뜻하지 않은 어린이 합창단과의 콜라보, 더 놀라운 것은 그 속에 민우가 있다. 손을 맞잡은 엄마와 아들, 민우는 그녀가 엄마인 것을 알지 못하지만 정혜에겐 너무도 소중한 크리스마스 선물인 것이다. 하지만 이들에겐 또 다른 서글픈 이별이 남아 있었으니, 바로 합창단의 어머니 문옥의 사형집행이 결정된 것. 그렇게 이별의 날이 다가오고 면회를 핑계로 형장으로 발을 옮기는 문옥은 '부럽냐'며 능청을 부려보지만 모두가 다시는 그녀를 볼 수 없음을 안다. '면회 안 한다고 해'라며 투정 부리는 정혜를 뒤로 하고 형장을 향하는 문옥, 그녀의 귓가로 서글픈 <찔레꽃>이 들려 온다.

영화 <하모니>는 아름다운 노래들로 가득하다. 가수 '이문세'의 '이 세상 살아가다 보면'과 같은 신나는 곡도 좋지만 영화 속 이별을 노래하는 곡들이 더욱 가슴에 남는 것은 아마도 영화가 이별에 관한 이야기이기 때문일 것이다. 영화의 후반 초청공연 장면, 떠나버린 가족을 애타게 찾듯 애절하게 그들이 부르는 곡은 북구 노르웨이의 작곡가 '그리그'(Edvard Grieg, 1843~1907)의 극음악 <페르귄트>(Peer Gynt) 중 '솔베이그의 노래'(Solveigs Lied)다. 1843년 노르웨이의 항구도시 베그겐에서 태어난 작곡가 그리그는 15세의 나이로 독일로 유학, 라이프치히에서 본격적으로 음악을 공부한 이후 작곡가로서의 길을 걸으며 많은 명곡을 남긴 노르웨이를 대표하는 국민주의 음악가다. 그의 작풍이라면 밝고 온화함이라 표현할 수 있는데 이는 노르웨이의 아름다운 풍광 속에서 비교적 순탄한 삶은 살아왔기 때문일 것이다. 그런 그가 남긴 명곡들 중 피아노 협주곡의 도입부는 너무도 유명하며 피아노의 명인 '리스트'(Liszt)는 이 곡을 연주 후 극찬을 아끼지 않았다고 한다.

▶ 노르웨이의 극작가 헨릭 입센

하지만 역시 그의 대표작이라면 극음악 <페르귄트>일 것이다. 그렇다면 극 <페르귄트>를 쓴 작가는 누구일까? 바로 노르웨이가 낳은 또 한 명의 위대한 예술가인 극작가 '헨릭 입센'(Henrik Ibsen), 민속설화를 바탕으로 한 환상적인 내용을 완성한 그는 극에 쓰여질 음악을 '그리그'에게 위촉한다. 하지만 자신의 음악적 성정이 작품과 어울리지 않는다고 여긴 그리그는 망설였지만 결국 입센의 간곡한 의뢰를 받아들여 마침내 아름다운 곡들로 가득한 멋진 극음악이 탄생하게 된 것이다. 오늘날로 보자면 위대한 시나리오 작가와 영화 음악가가 만나 멋진 영화 한편이 만들어진 것이라 하겠다.

내용은 이렇다. 어려서 아버지를 잃은 페르귄트는 어머니인 오제와 함께 살고 있다. 늘 허황된 꿈만을 좇는 방탕한 그는 부인인 솔베이그가 있음에도 남의 여자를 납치해 산으로 달아나는 터무니없는 짓을 저지른다. 하지만 납치한 여인에 대한 사랑도 잠시, 허무함을 느낀 페르귄트는 홀로 산속을 헤매다 산속마왕을 만나고, 자신의 딸과 결혼시키려 하자 혼비백산 도망쳐 나온다. 집으로 돌아온 페르귄트, 하지만 어머니 오제는 아들의 허무맹랑한 이야기를 들으며 죽음을 맞고 다시 그의 방랑 생활이 시작된다. 아프리카 추장의 딸과 사랑에 빠지기도 하고 큰 돈을 가졌다 잃기를 거듭, 어느덧 죽음을 생각해야 할 나이에 이른 페르귄트, 고향이 그리워진 그는 그동안 모은 재물을 싣고 고향 길로 향하지만 일어난 폭풍으로 그만 모든 것을 잃고 만다. 그렇게 초라한 몰골로 돌아 온 고향 집, 그곳엔 백발의 솔베이그가 있다. 기나긴 시간 동안 그녀는 변함없이 그를 기다리고 있었으며 이제 늙고 지친 페르귄트는 그녀의 무릎에 기대어 평화로운 자장가와 함께 파란만장했던 생을 거둔다.

이러한 입센의 극시로 이루어진 장대한 이야기는 풀 버전으로 보고 듣는다면 무려 5시간이 필요하다. 하여 오늘날 흔히 접하는 것은 이후 두 차례에 걸쳐 극 중 유명한 4개의 곡들을 관현악으로 편곡한 것으로 이 중 모음곡 2번의 네 번째 곡이 바로 영화에서 흐르던 '솔베이그의 노래'다. 이는 극 중 솔베이그가 페르귄트의 귀향을 바라며 부르는 간절한 기다림의 노래로 그 선율이 너무도 애잔하여 살아서도 가족과 함께 하지 못하는 죄수들의 심정이 얼마나 절절한지를 들려주는 듯하다.

"그 겨울이 지나 봄은 가고 또 그렇게 봄은 가고 다시 여름날이 가면 그렇게 세월이 가네 세월이 가네. 아! 그러나 그대는 나의 님일세. 내 정성을 다하여 늘 기다린다네."

영화에 등장하는 또 하나의 명곡, 바로 작곡가 '슈만'(Schumann)의 '트로이메라이'(Träumerei, 꿈)이다. 이는 제목이 딸린 피아노 모음곡을 많이 작곡한 슈만의 작품들 가운데서도 가장 유명한 곡으로 '조르는 아이', '술래잡기', '약이 올라서'와 같은 천진한 제목을 지닌 13개의 곡들로 구성된 <어린이의 정경>(Kinderszenen, Op.15) 중 7번째에 위치한다. 문옥과 유미가 피아노 앞에 앉아 함께 연주하며 서로를 받아들이는 장면에서 마치 꿈처럼 흐르는데 그 순간만큼은 문옥은 유미에게 있어 어머니인 것이다. 모든 것이 순수했던 어린 시절, 기다리며 그리워하는 것은 대상만이 아니라 그렇게 시절이 될 수도 있다.

관객을 울린 또 하나의 이별과 기다림의 노래가 있다. '솔베이그의 노래'가 주는 정서와 맞닿아 심금을 울리던 그 노래는 바로 '대니 보이'(Danny Boy). 19세기 중엽 아일랜드 지방에서 불려지던 사랑의 노래가 20세기 초 새로운 가사를 입어 '대니 보이'라는 제목을 얻게 된 것으로 전쟁에 떠나 보낸 아들을 향한 아버지의 애틋한 사랑을 담은 노래다. 하여 가사를 음미하다 보면 절로 눈물이 흐른다.

"세월이 흐르고 흘러 나 여기 오래 살며 너를 기다리다, 혹여 땅에 묻히더라도 너의 발자국 소리를 듣는다면 나의 무덤은 따뜻하고 행복해지겠지. 네가 와서 나에게 사랑한다 말해줄 것이기에 나의 이 깊은 잠은 평화로울 거야, 그렇게 네가 나에게 다시 돌아올 때까지."

세월과 죽음을 이기는 기다림과 사랑, 페르귄트를 향한 솔베이그의 지고지순한 사랑, 전쟁터에 나간 아들을 무덤에서라도 기다리겠다는 부정, 순수했던 어린 시절에 대한 동경과 이미지, 이러한 곡들과 어우러져 그렇게 영화는 희생을 넘어 영원한 기다림을 말한다.

"저 목동들의 피리 소리들은 산골짝마다 울려 나오고, 여름은 가고 꽃은 떨어지니, 너도 가고 또 나도 가야지."

추천 음반

GRIEG: Peer Gynt - incidental music op. 23
Adele Stolte(sop)
Vaclav Neumann (conductor)
Gewandhausorchester Leipzig
1967

음악 극이라는 작품의 특성상 다양한 형태의 선별 녹음이 가능한 가운데 이 중 20곡을 선별, 원어버전을 사용한 지휘자 '블롬슈테트'(Herbert Blomstedt)의 녹음(DECCA, 1988)이 가장 먼저 언급해야 할 발췌 음반으로, 북구 가수들을 캐스팅, 그리그가 실현한 가장 노르웨이적인 순박함을 펼쳐낸다. 체코가 낳은 거장 '바츨라프 노이만'이 남긴 연주 역시 수연이다. 지휘자의 보헤미안적 호방함과 악단의 북독일적 진득함이 만나 이루어 낸 호연으로 특히 가수의 음성이 들어간 녹음이 흔치 않은 가운데 솔베이그의 노래에서 들려준 소프라노 '아델레 스톨테'의 목소리는 맑고 투명하지만 곡이 지닌 쓸쓸한 정서와도 묘한 조화를 이루며 감동을 전한다.

파블로 데 사라사테 (Pablo de Sarasate)

1844.03.10.~1908.09.20.

그렇게 집시는 바이올린을 들고 태어난다

사라사테 <찌고이네르바이젠>(Zigeunerweisen)

— 영화 <쿵푸 허슬>(2004)
감독 / 주연: 주성치

성룡이 등장하는 영화로 명절을 맞이하던 시절이 있었다. 그렇게 이소룡과 성룡을 거쳐 이연걸과 견자단이 그 바통을 이어 받으며 중국의 전통무술 쿵푸는 영화를 통해 중국을 대표하는 문화로 자리 잡았고 자메이카의 가수 '칼 더글라스'(Carl Douglas)는 노골적으로 '쿵푸 파이팅'(Kung Fu Fighting)이라 노래했다. 하지만 언제부턴가 현란했던 손기술과 발차기 대신 총성이 스크린을 뒤덮기 시작했고 누아르가 홍콩영화의 대명사가 되어 버렸으며 한 명의 적을 쓰러트리는데 1초면 충분했다. 하지만 적을 제압하기 위해 쿵푸는 한참의 기합 소리가 필요하다. 초반 적에게 쥐어 터지는 것은 기본, 신나게 얻어 맞은 후에야 각성하고 잠재되어 있던 진짜 실력이 발휘되는 것이다. 이렇듯 우리의 가슴을 시원하게 뚫어 주던 전통 쿵푸 영화, 세월의 흐름에 따라 극장에서 사라지는 듯했지만 팬더가 그 부활에 앞장섰으며 <쿵푸 허슬>은 그 정점에

있는 것이다.

▶ 영화 <매트릭스>를 패러디한 마지막 혈투 장면 / 스틸컷

1940년대의 중국 상하이, 난세를 틈타 어둠의 세력 도끼파가 밤의 세상을 평정하고 그 일원이 되고픈 어리숙한 건달 '싱'(주성치)은 가난한 자들이 모여 사는 돼지촌을 접수하려 한다. 하지만 이 과정에서 일원이 부상을 당하자 도끼파들이 모여들어 행패를 부리기 시작하고, 마침내 그곳에 은거하던 강호의 고수들이 실체를 드러낸다. 여기서 톡톡히 망신을 당한 도끼파는 가야금 소리에 공력을 실어 공격하는 탄금신공의 고수들을 보내 복수를 노리지만 초절정 고수 돼지촌의 주인 부부에 의해 또 한번 굴욕적인 패배를 맞는다. 이렇게 되자 도끼파 두목은 복수에 눈이 멀어 급기야 강호로부터 격리된 전설 속의 고수인 '야수'를 정신 병원으로부터 빼내오고 마는데……. 뭔가 크게 잘못 되었음을 느낀 싱, 그는 야수에게 덤벼드나 그의 상대가 될 수 없다. 돼지촌의 대모가 혼신의 공력을 실어 낸 사자후에도 끄떡없는, 한마디로 악마를 깨우고 만 것이다. 그렇게 강호가 다시 피바다가 될 위기의 순간, 하지만 '싱'에게는 내재되어 있는 신공이 있었으니, 바로 '여래신장'. 이제 자신에게

감춰졌던 힘을 각성한 싱은 위기에 빠진 돼지촌을 구하기 위해 일전에 나선다. 과연 그는 합마공의 고수 야수로부터 돼지촌을 구하고 강호의 평화를 되찾아 올 수 있을 것인가?

영화 <쿵푸 허슬>은 코미디와 액션이 적절히 잘 조화되어 있다. 특히 탄금신공의 고수들과 돼지촌 잠룡들과의 대결, 영화 <매트릭스>를 패러디한 싱과 도끼파 일원들과의 마지막 혈투 장면 등은 인상적이다. 그리고 몇 번을 다시 봐도 큰 웃음을 선사하는 장면이 있으니 바로 돼지촌의 대모를 숨어 공격하려는 싱과 물삽겹이 벌이는 해프닝으로, 둘의 능청스런 연기에 누구라도 웃음이 터질 수밖에 없는 것이다. 그러다 결국 둘의 작전은 실패로 끝나고 엄청난 속력으로 싱을 쫓는 대모, 주인공 싱은 사력을 다해 도망치는데 이 장면에 사용된 음악이 바로 스페인의 작곡가 '파블로 사라사테'(Pablo Sarasate, 1844~1908)의 <찌고이네르바이젠>(Zigeunerweisen op. 20)이다.

'파가니니'(Paganini) 이후 최고의 바이올리니스트로서의 명성을 지닌 사라사테, 그는 군악대의 악장이었던 아버지로부터 5세 때부터 바이올린을 익혔으며 8세 때 이미 공개 연주회를 열 정도의 신동이었다. 또한 10살이란 어린 나이로 이자벨라 여왕 앞에서 연주하여 격찬을 받았으며 이때 여왕으로부터 스트라디바리우스를 선물 받았다고 하니 그의 비범함이 어느 정도였는지 알 수 있다. 이렇듯 어린 시절부터 이미 그 천재성을 드러내던 그는 이후 조국인 스페인을 떠나 파리로 유학, 달콤한 음색을 그 특징으로 하는 프랑스 바이올린 악파의 특성을 흡수하며 더욱 뛰어난 음악가로 성장하여 특유의 화려한 기교와 우아함으로 청중들을 매료시킨다. 그리고 16세 되던 해, 드디어 정식 바이올리니스트로 데뷔 유럽 주요 도시뿐 아니라 아메리카 대륙까지 이름이 알려진

▶ '야사 하이페츠', 1901~1987

다. 이렇듯 그의 명성은 세계적인 것으로 바이올린과 사라사테를 떼어 놓고 설명하기란 어렵다. '완벽한 테크닉을 바탕으로 한 유려하고도 우아한 음색', 이는 당시 독일 바이올린 악파를 지배하던 절제된 표현과는 궤를 달리 하는 것으로, 당대 최고의 바이올리니스트로서 그의 위상은 굳건했으며 인기 또한 폭발적이었던 것이다.

영화에 사용된 <찌고이네르바이젠>은 이렇듯 바이올린 연주에 있어 탁월했던 그의 대표작으로, 과연 바이올린이라는 악기가 보여줄 수 있는 모든 기교와 서정을 집약해 놓은 듯 열정적이면서도 몽환적인 명곡이다. '집시의 노래'라는 뜻을 지닌 이 곡은 4분의 2박자의 헝가리 민속무곡 '차르다시'(Czardas)의 리듬과 형식을 바탕으로 하고 있다. 이는 느리고 애절한 서정적 도입부 '라수'(lassu)와 빠르고 경쾌한 리듬의 주부인 '프리수'(frissu)로 전 후반부가 나뉘는 것이 그 특징이며, 느리던 박자가 점점 그 속도를 올려 결국 빠른 춤곡이 전개되는 것 또한 이 형식이 지닌 독특한 매력으로, 오늘날에 있어 헝가리 민속음악을 대표하는 리듬과 형식으로 자리 잡고 있다.

주요 작품들을 살펴보자면, 작곡가 '리스트'(Liszt)의 <헝가리광시곡> 제2번이 차르다시의 전형을 완벽히 보여주고 있으며, 이탈리아의 작곡가 '비토리오 몬티'(Vittorio Monti) 역시 이 양식을 통한 유명한 작품을 남겨 그 제목마저도 '차르다시'인데 듣다 보면 모닥불 주위에 모여 든 집시들의 흥겨운 춤판을 떠올리게 한다. 그렇지만 역시 차르다시의 대표곡이라 한다면 <찌고이네르바이젠>을 그 처음에 두어야 할 것이다. 곡은 처연하면서도 비극적인 서주를 시작으로 슬픈 집시풍의 가락이 이어지다 곡의 주부에 이르러 강렬한 리듬을 바탕으로 화려한 바이올린의 기교를 뽐내며 그 대미를 장식한다. 이는 마치 곡예를 보는 듯 아찔함을 선사하는 것으로, 이러한 감성들이 효과적으로 전달되기 위하여는 완벽한 기교와 더불어 서정적 표현력 또한 요구되는 것이기에 참으로 난곡인 것이다.

▶ 집시에게 바이올린이란 몸의 일부와 같다.

지금도 그 기원이 확실치 않은 집시, 하지만 그들의 자취는 이미 9세기경에서부터 찾아볼 수 있으며 이후 14~15세기에 걸쳐 유럽 전체에 급속히 퍼져 나가 지역마다 다른 호칭으로 불렸다. 하지만 추구하던 삶의 색깔은 어디에서도 다르지 않아, 자유를 추구하였으며 불확실한 미래보다는 현재의 행복을 위해 살았고 그 중심에 음악과 춤이 있었던 것이다. 특히 음악에 있어서 그들의 재능은 천재적이었으니 가는 곳마다 그들의 선율은 스며들었고 그 지역만의 독특한 선율과 만나 융화되어 새로운 음악이 탄생하였던 것으로 그 중심에 헝가리의 차르다시와 스페인의 플라멩코가 있는 것이다. 하니 음악이 종교와 권력에 봉사하던 시절, 그들은 서민에게 있어 음악을 전하는 다정한 벗

이었을 것이며 삶에 음악을 더해 주는 전령이었을 것이다. 어둡던 시절, 고단한 마을에 집시 악사라도 도착한다면 모두가 나와 웃음으로 맞이했을 장면을 상상해 본다. 그리고 그렇게 바이올린이라는 악기로 전해졌을 잠시나마의 흥겨움과 고달픈 삶을 향한 위로. 하니 집시는 자유로운 기질과 더불어 한가지를 마저 지닌 채 태어나야 했던 것이다.

'집시는 바이올린을 들고 태어난다.'

추천 음반

SARASATE: Zigeunerweisen op. 20
Jascha Heifetz (violin)
William Steinberg (conductor)
RCA Victor Symphony Orchestra
1951/06/16, Republic Studios Sound Stage 9, Hollywood

악기가 가진 매력을 유감없이 드러내는 곡이다 보니 바이올리니스트들에겐 도전의 대상이 아닐 수 없다. 하여 수많은 연주자들의 다양한 음반들이 존재하는 가운데 35세에 요절한 바이올리니스트 '마이클 래빈'(Michael Rabin)의 음반(EMI, 1959)이나 지휘자 '제임스 레바인'(James Levine)과 함께 한 '안네 소피 무터'(Anne- Sophie Mutter)의 이름을 떠올리는 이들이 많겠지만 '야사 하이페츠'가 빠질 수는 없다. 데뷔와 함께 기존의 연주자들을 강단으로 내 몬 전설의 바이올리니스트, 1901년 재정 러시아 리투아니아 지방의 작은 마을에서 태어난 그는 완벽에 가까운 테크닉, 기계적일 정도로 정확한 템포 조절, 한 음 한 음에 부여하는 긴장감으로 표현되는 연주자이니 어쩌면 <찌고이네르바이젠>에 특화되어 있다 해도 과언이 아닐 것이다. 파가니니가 19세기 최고의 바이올리니스트라면 20세기는 하이페츠란 말이 있을 정도로 바이올린 연주에 있어 그의 위상은 놀라우며 그의 연주회를 직접 본 바이올린의 명인 '크라이슬러'가 "이제 우리는 바이올린을 부셔버려야겠다."고 말한 일화는 유명하다.

불로써 세상을 심판하러 오시리니

포레 <레퀴엠>(Requiem) 중 <리베라 메>(Libera me)

— 영화 <리베라 메>(2000)
감독: 양윤호 / 주연: 최민수, 차승원

죽음이란 과연 모든 것을 지워버리는 소멸의 순간일까 아니면 평온한 안식의 시작일까? 역설적이게도 삶은 죽음과 맞닿아 있고 그 이후를 알 수 없기에 두려운 것이다. 화마(火魔)를 소재로 한 영화들을 기억해 본다. 140층에 이르는 고층건물에서 불길과 싸우는 소방관들의 이야기를 다룬 <타워링>(1974)이 일단 먼저 떠오른다. 이를 리메이크한 듯 닮은 한국영화 <타워>(2012)도. 하지만 가장 인상에 남은 영화는 1991년 작 <분노의 역류>(Backdraft)다. 세 영화 모두 소방관들의 희생을 감동적으로 다룬 작품들이며 지금도 어디선가 뜨거운 불길과 싸우고 있을 그들을 향한 헌사인 것이다.

방화범으로 12년간 복역 후 가석방되는 '희수'(차승원), 불을 다루는데 있어 마스터인 그는 교도소 문을 나서지만 그가 이미 만들어 놓은 불

의 함정에 교도관이 목숨을 잃는다. 몇 개월 후, 원인을 알 수 없는 화재가 발생하고 소방관 '인수'와 '상우'(최민수)는 그 불길과 맞선다. 위험한 순간, 인수는 상우를 살리려 대신 죽음을 맞고 이에 죄책감에 휩싸이는 '상우'. 한편 정신병동에서 아이들을 돌보며 새로운 삶을 시작한 듯 보이는 '희수'는 사실 일련의 방화를 계획하고 실행 중이다. 그에게 있어 불이란 죄인들에게 내리는 형벌이며 자신은 그 집행자다. 어릴 적 아버지의 학대에 견디다 못해 불로 벌하고 자신마저 화마에 던져 버리는 누나를 보고 있을 수밖에 없던 희수는 불에 반응하는 살인마가 되어 버린 것이다. 어릴 적 제발 구해 달라던 자신의 절규에 귀 기울여 주는 이 없었기에 이제 스스로 학대 받는 아이들의 구원자가 되기로 한 희수. 그는 자신이 돌보는 아이들 중 학대 받는 아이들의 부모들을 불로써 심판해 나간다. 그들에 대한 처벌이 아이들에게 최고의 선물이라 여기며.

한편 연속적으로 일어나는 화재를 미심쩍어 하던 조사관 '민성'은 계속해서 수사망을 좁혀가고, '방해하지 말라'는 범인의 협박은 상우의 새로운 파트너 '현태'(유지태)의 죽음으로 이어지고 만다. 계속되는 동료의 죽음으로 두려움에 떨던 현태, 하지만 자신의 사명에 끝까지 충실하려 애쓰던 그의 죽음은 대원들 모두를 비통하게 하지만 잇달아 파트너를 잃은 상우의 충격은 말로 할 수 없다. 이제 희수를 돌보던 정신과 의사의 제보로 그의 범죄가 밝혀지고, 거처를 습격하지만 또 다시 희생되는 경찰들. 하지만 그보다 더 위급한 것은 아이들이 머무는 병원에 곧 화마가 덮친다는 것이다.

소식을 듣고 출발한 소방차는 크리스마스로 인해 꽉 막혀 버린 도로 가운데 발이 묶이고, 그들은 자동차 사이를 헤치며 위험에 처한 아이들을 리베라(구원)하기 위하여 달린다. 비번이라 아이들과 함께 하던 '한무'도 "아빠는 소방관이잖아"라는 말을 남긴 채 구원의 대열에 합류한다. 그들의 목숨을 건 화마와의 싸움, 희수가 만들어 놓은 불의 함정이 만만치 않기에 여기저기 희생자가 나오지만 그들은 포기하지 않는다. 이러한 아수라장에서 마주한 희수와 상우, 그 둘은 이제 목숨을 건 사투를 벌인다.

▶ 영화 <리베라 메>에 등장하는 소방관 상우(최민수 분) / 스틸컷

주유소에 도착한 소방차, 모든 것이 평온해 보인다. 화재의 기미가 보이지 않기에 약간의 점검 후 돌아가려던 찰나 주유소는 불길에 휩싸인다. 뭔가 심상치 않았는지 구경꾼들 사이로 달려간 상우, 그는 희수를 목격한다. 그들의 첫 대면인 것이다. 불의 무시무시함을 실감나는 영상으로 보여주는 이 장면에서 간절하게 흐르는 음악, 바로 프랑스의 작곡가 '포레'(Gabriel Fauré, 1845~1924)의 <레퀴엠>(Requiem in D minor, op.48) 중 '리베라 메'(Libera me). 경찰들이 방화범 희수의 거처를 습격할 때 그가 올려 놓은 LP에서 긁혀 나오던 것도 이 곡이다.

"주여. 하늘과 땅이 진동하는 무서운 그날에 / 영원한 죽음에서 나를 구원해 주소서. 불로써 세상을 심판하러 오실 그때에. / 나는 두려움에 떨고 전율하며 다가올 진노의 심판 날을 기다리나이다."

▶ 포레 레퀴엠 1893년 판본 – 헤레베헤

독특한 화성과 세련됨으로 프랑스적 감흥을 표현했던 작곡가 포레, '근대 프랑스 음악의 아버지'로 불리며 100여 개에 이르는 가곡과 바이올린 소나타, 그리고 피아노 4중주와 같은 주옥같은 작품들을 남기지만 역시 그의 대표작이자 히트작이라면 <레퀴엠>이다.

'레퀴엠'이란 카톨릭에 있어 '라틴어 가사로 일정한 순서에 따라 죽은 자를 위해 치러지는 미사'를 말한다. 이는 라틴어로 '안식'이며 '리베라 메'는 '나를 구원하소서'라는 뜻으로 많은 작곡가의 작품들이 남아 있지만 '모차르트'(Mozart)와 '베르디'(Verdi)의 것과 더불어 '포레'의 작품이 자주 연주되며 사랑받고 있는 것이다.

죽은 자를 위한 '레퀴엠'이라 하여 평안과 위로만이 있는 것은 아니다. 순서에 포함되어 있는 '진노의 날'(Dies Irae)은 죽음과 심판에 대한 무시무시한 음악적 경고로 '모차르트'가 작곡한 <레퀴엠>의 '진노의 날'도 서슬 같지만 '베르디'가 음악으로 표현한 '진노의 날'은 그야말로 공포다. 사방에서 불비가 쏟아지는 듯 내려 갈기는 나팔 소리와 합창단의 울부짖음은 죄인의 발을 묶어버리는 준엄한 심판 같아 자그마한 죄에라도 당장 무릎을 꿇어 용서를 구해야 할 듯 엄중하게 내려온다. 하지만 '포레'의 <레퀴엠>은 다르다. '죽음의 자장가'라는 별명이 붙은 이 평화로운 곡이 어떻게 탄생하게 되었는지는 작곡가가 생전에 했던 이야기에서 알 수 있다. "내가 죽음에 대해 느낀 것은 서글픈 스러짐이 아

▶ 가브리엘 포레

니라 행복한 구원이며, 영원한 행복에의 도달인 것이다." 바로 이러한 내세관을 지닌 그였기에 이토록 따뜻한 위로와 평온의 곡을 만들어낸 것이다. 이에 작곡가는 심판의 불길인 '진노의 날'을 축소, '리베라 메'에 살짝 얹혀 놓기만 하여 한 곡처럼 취급할 뿐 아니라 선율 또한 듣는 사람으로 하여금 두려움에 떨게 하는 것이 아닌 평화로운 흐름으로 전개해 전체적인 분위기가 평안하게 흘러가도록 구성한다.

또한 기존의 텍스트에는 없는 '천국에서'(In Paradisum)를 가미하여 곡을 끝맺도록 하는데 그 선율이 신비롭고 아름다워 독자적으로도 자주 연주되며, 오르간과 하프로 묘사되는 천국의 모습에 이어 들려오는 천사의 노래는 이곳이 그곳인 듯 평화로운 것이다. 하여 죽은 자들의 발밑에 놓여있는 꽃이요, 살아있는 자들에게 있어 따스한 위로다. 자신을 구원자라 믿는 '희수'가 '모차르트'나 '베르디'가 아닌 '포레'의 레퀴엠을 선택한 것은 아마도 심판의 날이 악인들에게는 공포의 날이겠지만 아이들에게 있어서는 악마로부터 구원되는 축복의 날이라 여겼기 때문일 것이다.

아동 학대라는 묵직한 사회 문제를 제기하지만 결국 이 영화는 구원과 희생에 관한 영화다. 구원에는 희생이 필요하다고 생각하니 속상하다. '나를 구원해'가 아니라 '나만 구원해'를 외치며 더한 나락에 허우적대는 이들을 돌아보지 않는 시절이니 누구에게 손을 내밀어야 할지조차 혼란스럽다. 그렇지만 세상엔 늪에 빨려 들어가듯, 급류에 휩쓸리듯 삶과 이별하려는 이들을 붙들어 결코 포기하지 않는 핏줄 두터운 구원의 손길들이 아직도 많다. 혼자만의 외로운 사투가 아닌 것이다.

영화 <분노의 역류>에서의 마지막 싸움, 숨소리마저 태워 버릴 듯 거센 화마와 싸워야 하지만 쉽게 용기가 나지 않는다. 악마 같은 거대한 불길이 지옥의 소리를 내며 거칠게 위협한다. 하지만 잠시 멈칫하게 할 뿐 그들을 막을 순 없다. 그들은 혼자가 아니기 때문이다.

"네가 가면, 우리도 간다.(You go, We go!)"

추천 음반

FAURE: Requiem op. 48
Johannette Zomer, soprano
Stephan Genz, baritone
La Chapelle Royale Collegium Vocale Gent
Philippe Herreweghe, conductor
Orchestre des Champs Elysees
2001/11 Stereo, Digital / Le Grande Salle de l'Arsenal de Metz

지휘자 '앙드레 클뤼탕스'(Andre Cluytens)가 당시 최고의 성악가인 소프라노 '데 로스 앙헬레스'(Victoria de Los Angeles)와 '피셔-디스카우'(Dietrich Fischer-Dieskau)를 대동하여 이루어낸 해석은 시간의 흐름에도 그 빛이 바래지 않는다. 프랑스 음악에 정통했던 지휘자가 프랑스 근대 음악의 아버지의 대표 곡을 가장 프랑스적으로 풀어 낸 연주. (EMI, 1962)

디지털 시대에 들어 참신한 해석과 새로운 시도가 계속하여 선보이는 가운데 가장 주목할만한 성과를 낸 지휘자를 꼽자면 단연 '필립 헤레베헤'(Philippe Herreweghe)다.

'포레'의 <레퀴엠>은 1888년 5곡으로 이루어진 초판과 '리베라 메'(Libera me)와 '오퍼토리움'(Offertoire, 봉헌 송)이 추가된 1893년 판본, 그리고 콘서트 용으로 오르간과 금관 등이 보강된 1900년의 마지막 판본이 있다. 이 중 헤레베헤는 1893년 판본(HARMONIA MUNDI, 1988)과 1900년 판본(HARMONIA MUNDI, 2001)을 13년의 시차를 두고 음반에 새기는데 그 결과물이 놀라우며 특히 2001년 녹음은 작곡가의 의도를 가장 이상적으로 반영한 것으로 그 감동이 깊다.

처절하고도 슬픈 희극, 끝나다

레온카발로 <의상을 입어라>(Vesti la giubba)

— 영화 <로마 위드 러브>(2012)
감독: 우디 앨런 / 주연 : 우디앨런, 알렉 볼드윈 등

'우리 모두는 여행을 꿈꾼다.' 이 말은 '우리 모두는 일탈을 꿈꾼다'로 바꾸어 이야기할 수 있을 것이다. 하지만 어디 그게 쉬운 일인가? 아니 쉽다면 꿈꾸지도 않았을 것이다. 이러한 여행에 대한 로망을 대리 충족하는데 있어 영화가 해왔던 역할은 크다. 굳이 <80일간의 세계일주>와 같은 영화에서처럼 바삐 움직일 필요는 없다. 스크린은 우리를 세상의 모든 아름다운 곳으로 느긋이 안내해 왔으며 쉽게 경험할 수 없는 달과 우주의 세계, 지구의 오지로도 데려다 주었으며 심지어 과거와 미래로의 시간여행까지 펼쳐주는 친절한 가이드인 것이다.

'우디 앨런'(Woody Allen)은 놀라운 상상력을 펼쳐 보이며 총 4 차례에 걸쳐 유럽의 주요도시로 우리를 안내한다. 영화 <매치포인트>(2005)로 영국의 런던을, <내 남자의 아내도 좋아>(2008)로 스페인 바르셀로나를, 그리고 2011년, 영화 <미드나잇 인 파리>로 낭만의 도시 프랑스 파리,

그것도 과거와 현재를 걸쳐 여행토록 재주를 부리곤 다음해인 2012년, 사랑 가득한 이탈리아 로마로 우리를 데려다 놓는다.

영화 <로마 위드 러브>는 총 4 가지의 전혀 다른 에피소드들을 번갈아 보여주는 옴니버스로 그 첫 번째 에피소드는 추억에 관한 것이다. 로마로 휴가를 온 건축가 '존'은 자신이 젊은 학도 시절 지내던 골목을 찾아간다. 우연히 만난 젊은 건축학도 '잭', 그는 자신의 젊은 시절을 다시 만난 듯하다. 이때 배우 지망생 '모니카'가 '잭'의 삶에 끼어들고 결코 넘어가지 않을 것이란 다짐과는 달리 알 수 없는 매력의 '모니카'에게 점점 빠져든다. 가끔씩 '존'이 나타나 뻔한 결말에 대해 충고하지만 사랑의 감정은 숨길 수 없는 것, 결국 둘은 특별한 관계가 된다. 하지만 그것도 잠시, 영화에 캐스팅되었다는 소식에 '모니카'는 서둘러 돌아가고 둘의 사랑은 그렇게 싱겁게 끝을 맺는다. 아마도 '존'은 함께 여행 온 일행과 떨어져 잠시 추억으로의 짧은 산책을 했던 듯하다. 계속해서 이 사랑을 경고하고 말리던 '존', 하지만 그의 목소리가 비꼬는 듯했지만 강고하지 않았던 것은 젊은 시절 스쳐갔던 사랑이 상처이면서도 간직하고픈 아름다운 추억이기 때문일 것이다.

▶ 우디 앨런식 황당 설정이 돋보이는 영화의 장면 / 스틸컷

이어서 그 허무함을 비웃듯 보여주는 에피소드 '명성', 결혼을 앞둔 부부에게 일어난, 어쩌면 속으로는 은근히 바라왔을지도 모를 우연한 해프닝을 그린 세 번째 에피소드 '스캔들'을 지나, 이제 마지막 에피소드인 '꿈'이다. 이 에피소드엔 감독인 우디 앨런이 '게리'로 직접 출연한다.

낭만의 도시 로마에서 사랑하는 이를 만나 결혼을 결심한 딸 '헤일리', '게리'는 상견례를 위하여 이탈리아를 방문, 샤워 중인 사돈 '카를로'의 노래를 우연히 듣고서 오페라 가수로의 데뷔를 종용한다. 이때 뚱한 반응을 보이던 카를로는 오페라 '팔리아치'를 할 수 있다는 말에 결국 넘어가 오디션을 받지만 망쳐 버리고, 미래 사위가 비웃듯 이야기한 '샤워실에서는 누구나 가수'라는 말에 힌트를 얻어 엉뚱한 기획을 하게 된다. 바로 무대에 샤워실을 설치해 노래하는 것. 그리고 그 결과는 대성공, 이제 '카를로'는 가수로서의 꿈을 이루게 되고 은퇴는 죽음이라 여기던 '게리'는 오페라 기획자로 커리어를 유지하게 된다.

이러한 에피소드의 막바지, '카를로'가 출연하는 공연은 바로 그의 마음을 움직였던 오페라, 이탈리아 작곡가 '레온카발로'(Ruggero Leoncavallo)의 대표작 <팔리아치>(Pagliacci)이다. 팔리아치는 이탈리아어로 광대라는 뜻이며, '마스카니'(Pietro Mascani)의 <카발레리아 루스티카나>(Cavalleria rusticana)와 더불어 '베리즈모 오페라'의 대표작으로 꼽힌다. 여기서 '베리즈모'란 19세기 중엽 일어난 반낭만주의 운동의 일환으로 사실주의란 뜻을 지니고 있다. 이는 아련한 사랑 이야기가 아닌 현실에서 일어나는 잔인한 사건들을 바탕으로 쓰여진 작품들을 가리키는 것으로 여기에서 알 수 있듯 총 2막으로 구성된 짧은 오페라 <팔리아치>는 말 그대로 치정극이다.

유랑극단의 수장이며 광대인 주인공 '카니오', 그에게는 아름다운 아내 '네다'가 있지만 바람을 피운다는 소문이 무성하다. 그는 연극에서조차 아내에게 속는 바보 남편 역할이지만 실제로 누군가 자신의 아내를 노린다면 가만두지 않을 생각이다. 그러다 아내의 불륜과 관련한 증언을 전해 들은 카니오, 화를 내며 상대가 누군지 말하라고 다그쳐 보지만 아내 '네다'는 끝내 입을 열지 않는다. 그렇게 다가온 공연시작 시간, 그는 이 오페라에서 가장 유명한 아리아 '의상을 입어라'(Vesti la giubba)를 부른다. 이는 아무리 현실이 힘들고 슬프더라도 관객을 웃겨야 하며 스스로도 웃어야 하는 광대로서의 비참한 운명을 노래한 처절한 비가인 것이다.

"아픔과 눈물을 우스갯소리로 바꾸고 / 흐느낌과 슬픔을 우스꽝스러운 얼굴로 숨겨라 / 아! 웃어라! 광대여! 그대의 깨어져 버린 사랑을! / 너의 가슴을 쓰라리게 하는 그 슬픔을 웃어라!"

그렇게 연극이 시작되고 자신의 처지와 너무도 비슷한 내용이기에 실제 상황과 혼동한 '카니오', 그는 결국 이성을 잃고 대본과 달리 상대방이 누구인지 말하라며 다시 한번 협박하지만 오히려 관객은 실감나는 연기로 오인하여 환호한다. 이에 결코 말하지 않을 것이라는 아내의 대답만이 돌아오고 흥분한 그는 마침내 그녀를 칼로 찌른다. 이때 어이없게도 '실비오'에게 도움을 요청하는 네다, 그렇게 그녀의 정부임이 들통

▶ 역대 최고의 카니오 '엔리코 카루소'

난 '실비오' 역시 '카니오'의 칼에 죽음을 맞고, 그 둘을 응징한 슬픈 광대는 이 처참한 광경을 뒤로 한 채 객석을 향해 절규하듯 소리치는 것이다. "희극은 끝났다."

이렇게 오페라는 희극이 끝났다 외치지만 영화에서의 슬랩스틱은 멈추질 않는다. 일단 샤워부스에서 노래하는 가수의 모습이 황당하고, 그가 몸을 움직일 수 없으니 스스로 칼을 맞기 위해 슬금슬금 다가오는 상대역과 그 칼에 맞아 어색하게 고꾸라지는 발연기는 비극적 장면임에도 오히려 웃음을 자아내는 것이다. 이러한 황당한 설정과 마주하다 보면 '역시 우디 앨런' 하고 나직이 감탄할 수밖에 없으며 '카를로' 역을 맡아 태연히 멋진 노래를 들려주는 이탈리아의 성악가 '파비오 아르밀리아토' 역시 심히 능청스러운 분이라 하겠다.

영화에 사용된 그 밖의 아리아

- 푸치니의 오페라 <토스카> 중 '별은 빛나건만' (E luceven le stelle from Tosca)
- 푸치니의 오페라 <투란도트> 중 '공주는 잠 못 이루고'(Nessun Dorma from Turandot)
- 베르디의 오페라 <춘희> 중 '축배의 노래'(Libiamo ne'lieti calici(Brindisi) from La Traviata)
- 움베르토 조르다노의 오페라 <페도라> 중 '금지된 사랑'(Amor ti vieta from Fedora)
- 레온카발로의 오페라 <팔리아치> 중 '그가 왔다'(Son qua, son qua from Pagliacci)
- 레온카발로의 오페라 <팔리아치> 중 '마지막 2중창'(Duetto e finale from Pagliacci)

영화 <로마 위드 러브>는 추억, 명성, 스캔들 그리고 꿈이라는 네 가

지 소주제를 재미있는 에피소드로 엮어 보여준다. 그리고 마지막 장면, 영화 <로마의 휴일>에서 '오드리 햅번'이 아이스크림을 먹던 스페인 계단을 배경으로 이렇게 말한다. 이토록 아름답고 다양한 이야기로 가득한 로마로 오라고. 늘 꿈을 지나 현실로 넘어오던 우디 앨런도 이 영화에서만큼은 아름다운 도시 로마로의 일상탈출을 권하고 있는 것이다. 이쯤에서 서랍 속에 잠들어 있는 여권을 찾아 뒤적여 본다. 만료가 얼마 남지 않은 그 조그만 수첩에는 새로운 곳을 방문했던 흔적과 추억으로 채워지길 기다리는 많은 여백이 남았다. 서두르지 않지만 촘촘히 채워나갈 일이다.

▶ 영화 속 로마의 야경

추천 음반

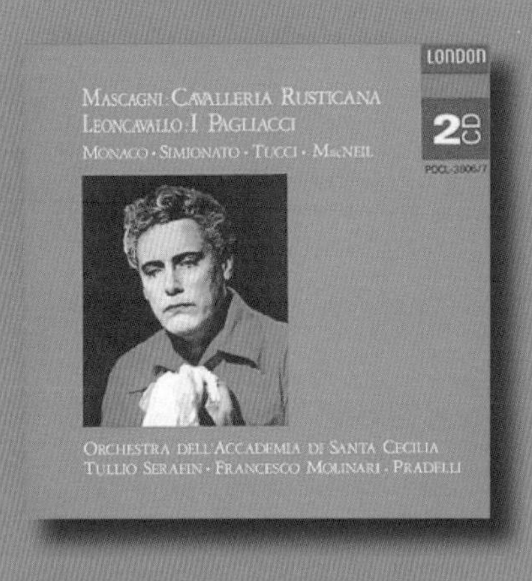

LEONCAVALLO: Pagliacci
Mario del Monaco / Gabriella Tucci / Cornell MacNeil
Francesco Molinari-Pradeli
Orchestra e Coro dell'Accademia di Santa Cecilia
1959/7, Rome

아리아 <의상을 입어라>를 이야기 함에 있어 '엔리코 카루소'(Enrico Caruso)의 위상은 높다. 그의 가장 유명한 사진이 광대복을 입고 북을 치는 카니오로 분한 모습인 것은 괜한 우연이 아니며, 그렇게 이 역할은 그의 장기로서 오페라 '팔리아치'가 세계적인 사랑을 받도록 한 장본인이었던 것이다. 그의 뒤를 이어 받은 최고의 카니오 '델 모나코' 역시 시종일관 듣는 이를 몰입하도록 하는 절창을 들려 주는데 특히 <의상을 입어라>에서 느껴지는 그의 처절한 절규는 대사마저도 노래가 되어 가슴속을 파고드는 듯 하다. 더불어 다른 배역을 맡은 가수들과 오케스트라의 반주 역시 역할을 멋지게 소화하며 명반의 탄생에 그 힘을 더한다.

그건 그 신발을 지금 신고 있기 때문이야

엘가 <사랑의 인사>(salut d'amour)

— 영화 <미술관 옆 동물원>(1998)
감독: 이정향 / 주연: 심은하, 이성재

낡은 집을 새롭게 바꿔 어려운 이들을 돕던 예능 프로그램 러브하우스, 놀랍게 변신한 보금자리를 보여줄 때면 어김없이 흘러나오던 익숙한 음악[1]과 함께 영화는 시작된다.

결혼식 비디오 촬영기사인 '춘희'(심은하)는 짝사랑을 하고 있다. 촬영 때 가끔 마주치는 보좌관 '인공'(안성기)이 그 대상이다. 한편 군대에서 휴가를 나온 '철수'(이성재)는 아무런 거리낌 없이 애인 '다혜'(송선미)의 집 문을 열고는 그녀를 기다린다. 하지만 그녀는 이미 다른 남자와 새로운 인생을 시작하기 위하여 그 집을 떠났고 이제 그곳은 춘희의 거처이다. 자신의 옛 연인이 더 이상 그곳에 살지 않음을 알게 된 철수는 함께 했던 공간을 버리고 마음까지 떠나 버린 다혜와의 관계 회복을 시도한다. 집 전화만이 유일한 통신수단이었던 시절, 언제 걸려올지 모를

1) <미술관 옆 동물원> OST 중 'Synopsis'

그녀의 전화를 기다려야 한다는 이유와 이미 월세를 철수 자신이 내었다는 권리 주장으로 둘의 좌충우돌 동거가 시작되는데. 몰입을 방해할 만한 이러한 황당한 설정이 지나면 영화는 지금부터 하고 싶은 이야기를 시작한다. 너무도 다른 생활 방식을 지닌 두 사람, 하지만 가장 극명한 차이는 사랑에 대한 서로의 가치관이다. 춘희는 순수한 사랑에 대한 믿음을 가지고 살아가는 소녀 감성임에 반해 철수에게 있어 사랑이란 서로의 체온을 나누어야 하는 현실적인 것이다. 이제 춘희가 써 나가던 시나리오에 철수가 끼어 들게 되고 그 제목은 '미술관 옆 동물원', 미술관은 춘희가 좋아하는 장소이고 동물원은 철수가 가고 싶어 하는 장소이며 서로의 생각의 거리를 보여주는 은유적 공간인 것이다.

▶ 둘 사이의 거리를 보여주는 은유적 공간, 미술관과 동물원

둘은 서로의 주장을 포기하지 않아 결국 합의점은 미술관 옆 동물원. 자신의 생각을 상대방에게 설득하기 위하여 그들이 선택하는 방법은 세련됨과는 거리가 멀다. 때로는 큰 소리를 내고, 때로는 "맘대로 하세요"라며 귀를 막고 무시하는 것이 전부다. 티격태격, 이러한 거친 과정이 지나며 그들은 서로에 대해 조금씩 이해해 가지만 겉으로는 이전 모습과 별로 달라진 게 없다. 하지만 그들이 써 나가는 시나리오 속 두 주인공의 변해 가는 모습을 통해 춘희와 철수의 변화를 조용히 보여준다.

그러던 중 철수의 휴가가 끝나고 춘희는 시나리오 공모를 포기한다.

춘희가 일을 보러 나간 사이 그녀가 갖고 싶어하던 선물과 과천으로 갔다가 귀대한다는 짧은 편지만을 남겨 두곤 집을 나선 철수, 황급히 그를 찾아 가는 춘희, 하지만 이번에도 그들의 길은 엇갈리고 만다. 철수는 춘희가 좋아하는 미술관으로, 춘희는 철수를 찾아 동물원으로.

시나리오 속 두 주인공 '다혜'와 '인공'은 현실의 두 주인공처럼 먼 생각의 거리가 있다. 자전거, 외로움, 순수함이 다혜를 표현한다면 자동차, 현실, 무관심은 인공을 대변하며 미술관의 프레임과 우주는 두 사람의 차이를 가장 극명하게 보여주는 공간적 설정으로 영화에서 사용된다. 지금 보는 별의 빛이 수억 년 전의 것이라는 막대함을 사랑하는 인공, 하지만 다혜에게는 그 광활함에 비해 너무도 초라한 사각 프레임에 자신의 모든 것이 있다. 서서히 서로에게 스며드는 인공과 다혜, 어느덧 인공은 자동차 대신 자전거가 이동 수단이 되어 가고, 다혜는 우주 관련 서적을 탐독하며 조심스러운 고백도 한다. "그림 밖이 훨씬 따뜻해요." 우주가 아름답다고 말하는 다혜에게 우주는 영하 수백 도의 진공 지옥이라 이야기하던 인공도 이젠 얼굴에 웃음이 늘었다. 좁은 프레임에 갇혀 누구도 받아들이기 힘들던 이와 너무 넓은 공간에 놓여 한 사람만을 받아들이기엔 공허했던 이가 공간을 넓히거나 좁히며 서로를 받아들일 준비를 하고 있는 것이다.

자동차가 고장 난 인공이 다혜의 자전거에 그녀를 태우고 밤길을 가고 있다. "다혜씨, 오늘 처음으로 자신의 이야기를 했어요, 누구누구의 이야기가 아니라" "인공씨, 오늘 처음으로 웃었어요." 이렇듯 서로는 이해를 통해 사랑을 키워가고 이처럼 아름다운 장면에서 그 설렘을 더해주는 익숙한 선율, 바로 영국 작곡가 '엘가'(Edward Elgar, 1857~1934)의 <사

랑의 인사>(salut d'amour, op.12)다.

평민 집안에서 태어난 '엘가'는 어릴 적부터 음악적 재능을 보였으나 평범한 음악 인생을 살고 있었다. 하지만 8살 연상의 '앨리스'를 만나면서부터 그의 인생은 달라지기 시작한다. 그녀는 '엘가'에게 좋은 음악적 조언자이자 매니저였으며 음악적 영감을 제공하는 역할을 했던 것이다. 실제 '엘가'의 명곡 <수수께끼 변주곡>(Variations on an original theme op. 36 'Enigma')도 아내를 위한 선율을 구상하던 중 창작된 작품이다.

그들의 결혼이 쉽게 이루어진 것은 아니었다. 평민인 '엘가'에 비해 '앨리스'는 귀족 집안의 딸이었던 것이다. 하지만 집안의 반대도 둘의 사랑을 막을 수 없었으며 결국 결혼에 이르게 되는데 아무것도 가진 것이 없던 '엘가'는 약혼자인 그녀에게 <사랑의 인사>를 작곡, 결혼 선물로 바친 것이다. 하니 들어 보면 곡의 제목만큼이나 사랑하는 이를 향한 절절함이 가득 묻어나는 너무도 아름다운 선율로, 영화 속 둘의 대화가 비껴 말하는 듯 "우리 이제 사랑이죠?" 하며 나누는 그 첫 인사와 같기에 더 적절한 곡이 떠오르지 않을 정도의 맞춤 선곡인 것이다. 평생의 사랑을 얻은 '엘가'는 이후 성공 가도를 달리며 영국을 대표하는 작곡가로서의 이름을 얻게 된다. 그런 그의 가장 유명한 작품이라면 <위풍당당 행진곡>(Pomp and Circumstance, Op. 39)일 것이다. 탄광촌에 위치한 학교에서 벌어지는 감동적인 실화를 담은 '최민식' 주연의 영화 <꽃피는 봄이 오면>(2004)에 등장하여 뭉클함을 안겨 주기도 했던 이 곡은 1901년 에드워드 7세의 대관식을 위하여 작곡된 것으로 모두 5곡으로 이루어져 있다. 이 중 1번이 가장 유명하며 이후 <희망과 영광의 나라>라는 가사가 붙여져 불리어지며 영국을 상징하는 곡으로 자리 잡았는데, 주는 감흥이 제목만큼이나 당당한 것이라 지금도 졸업식장이나 영광스러운 자리에 어울려 자주 연주되는 명곡인 것이다.

영화 <미술관 옆 동물원>엔 사랑에 관련한 명대사들로 가득하다. 그중 가장 유명한 것은 아마도 춘희가 영화의 막바지 조용히 읊조렸던 "사랑이 처음부터 풍덩 빠지는 줄만 알았지 이렇게 서서히 물들어 버리는 것인 줄은 몰랐어."일 것이다. 잊혀지지 않는 또 하나의 장면, 시나리오 속의 다혜가 지구를 별이라고 언급하자 인공은 "지구는 별이 아니라 행성입니다, 스스로 빛을 내지 못하니. 그런 행성도 자기 주변만 맴도는 위성을 갖고 있죠, 달처럼."이라며 고쳐 잡는다. 그런 그의 말에 "그럼 난 행성, 난 정말 달인가 보다. 내 안에서는 노을이 지지도 않으며, 그에게 미치는 내 중력은 너무도 약해 그를 당길 수도 없다. 누군가를 맞이하려는 듯 깨끗하게 치워진 내부. 난 태양빛을 못 받아 모습을 드러내지 못하는 월식 중인 불쌍한 달이다."라던 그녀의 체념은 서글프지만 눈부시도록 아름다운 시(詩)다.

그리고 또 하나의 깊게 스며드는 대사와 장면. 함께 길을 가다 진열대에 놓여진 어느 구두를 바라보며 춘희가 이야기한다. 저 구두가 너무 예쁘다고, 이 길을 가다 보면 꼭 보게 된다고.

"들어가서 한번 신어볼래?"
"아냐 됐어."
"그러지 말고 한번 신어봐."
"나한테는 안 어울릴 거야, 지금 신은 신발처럼 편하지도 않을 꺼구."
"신어보지도 않고 어떻게 알아, 야, 저기 니꺼랑 똑같은거 있다, 그지?"
"그렇네, 처음 봤을 땐 너무 마음에 들어서 샀는데 지금 보니까 왠지 초라해 보이네."
"그건 그 신발을 지금 신고 있기 때문에 그런 거야."

추천 음반

'Con amore'
Kyung-Wha Chung (violin)
Phillip Moll (piano)
1985/10, Forde Abbey, Somerset

<사랑의 인사>는 피아노 반주를 동반한 바이올린 독주를 위한 소품이지만 아름다운 선율로 인하여 다양한 악기들로 편곡되어 연주되곤 한다. 이렇듯 수많은 연주 중 가장 첫 손에 꼽을 것은 한국을 대표하는 바이올리니스트 '정경화'의 것이다. 그녀의 데뷔앨범인 '콘 아모레'(Con amore, DECCA)에 수록된 이 곡을 듣다 보면 악기로 노래를 한다는 것이 어떤 것인지 선명히 보여주는 듯 사랑하는 이에 대한 절절함이 바이올린 소리에 녹아 있다. 누군가에게 프로포즈를 준비하고 있는가? 그렇다면 이 연주를 배경으로 까시라. 성공 확률이 확연히 높아질 것이다.

누구도 잠들 수 없는 베이징의 밤

푸치니 <투란도트>(Turandot) 중 'Nessun dorma'

— 영화 <미션 임파서블: 로그네이션>(2015)
감독: 크리스토퍼 맥쿼리 / 주연: 톰 크루즈

스파이의 대명사 007 제임스 본드는 1대 '숀 코네리' 이후 여러 배우를 거쳐 현재에 이르렀지만 영화 미션 임파서블의 주인공은 20년이 넘도록 변함없이 '톰 크루즈'이다. 과거 스파이 영화의 대명사는 부인할 수 없이 007이었다. 젠틀한 외모와 여유 가득한 유머를 지녔지만 위기가 닥치면 최첨단 무기, 그리고 재치로 상황을 모면한다. 어지간해서는 옷에 핏자국을 묻히지 않는 것이 007인 것이다. 하지만 최근의 스파이들은 다르다. 소위 말하는 생계형 스파이, 그들의 신체 능력은 과거 007에 비해서 월등한 듯하지만 얼굴은 늘 상처투성이며 몸에는 멍 자국이 가득하다. 이 가운데서도 가장 고생하는 캐릭터라면 바로 <미션 임파서블>의 '에단 헌트', 제목부터가 벌써 불가능한 임무 아닌가?

영화는 시작부터 관객을 휘어잡는다. 임무를 완수하기 위하여 하늘로 날아오르는 비행기에 위태롭게 매달리는 것조차 불사하는 '에단'(톰 크루즈), 그는 역시나 임무에 성공한다. 하지만 그가 속한 IMF(Impossible Mission Force)는 존재의 당위성을 부인당하며 해체되고, 이 모든 것이 신디케이트라는 거대 범죄조직의 의도대로 흘러가는 것이다. 이런 와중 신디케이트에 납치되었던 에단은 '일사'의 도움으로 탈출에 성공, 이제 그는 유령처럼 숨어 세상을 조종하려는 적들의 계략을 멈추기 위해 과거의 동료들을 모은다.

점차 정체가 드러나는 신디케이트, 결국 그들이 원하는 것이 무엇인지 알아내지만 먼저 차지하기 위해서는 목숨을 걸어야 한다. 그렇게 아슬아슬한 죽음의 위기를 넘기고서야 얻어낸 파일, 그것은 영국 정부가 어떠한 대가를 치르더라도 숨기고 싶은 비밀이며 신디케이트가 원하는 것이기도 하다. 하지만 이때 동료인 '벤지'가 납치되고, 그를 구하기 위해선 파일을 열 수 있는 비밀번호가 필요한 상황. 그러니 이제 영국의 최고 권력자를 납치해 비밀번호를 알아내야 하고, 그것을 무사히 전달하여 동료를 구해야 하며, 동시에 신디케이트는 존재하지 않는다고 믿는 CIA 국장의 추격으로부터 벗어나야 하는, 말 그대로 불가능한 임무가 에단 앞에 놓여지는 것이다.

▶ 영화 <미션 임파서블>의 스틸컷

시리즈의 5번째에 이르러 새로운 여성 캐릭터 '일사'의 등장은 반갑다. 그녀가 카사블랑카에서 벌이는 화려한 오토바이 액션은 시리즈를 통틀어서도 손꼽힐 박진감 넘치는 명장면이다. 하지만 가장 인상적인 장면이라면 매끈한 다리를 뽐내며 저격 대상을 향해 총을 겨눌 때일 것이다. 해체된 IMF 대신 CIA를 위해 일하고 있는 에단의 동료 '벤지', 어느 날 누군가로부터 전해진 오페라 티켓을 받아 들고 빈 오페라 국립극장을 찾는다. 그곳엔 오스트리아의 대통령이 공연을 관람 중이며 '일사'는 그를 암살하려는 것이다. 하지만 그곳에는 그녀가 실패했을 때와 배신했을 때를 대비해 두 명의 저격수가 더 배치되어 있는 상황. 능숙하게 총을 조립한 '일사'는 가지고 있던 악보를 펼친다. 보여지는 악보에 선명히 보이는 가사 'Vincero(승리)', 그리고 이 중 'ro' 에서의 음은 하이C(높은 도)이며 악보의 곡은 바로 이탈리아 작곡가 '푸치니'(Giacomo Puccini, 1858 ~ 1924)의 오페라 <투란도트>(Turandot) 중 3막에 흐르는 'Nessun dorma'(공주는 잠 못 이루고), 이는 테너 가수가 부르는 이 마지막 음정에서 쏘겠다는 뜻으로 그만큼 이 오페라에 있어 가장 극적이고 웅장한 순간이라는 의미인 것이다.

1858년 이탈리아 '루카'에서 태어난 푸치니, 음악가였던 아버지의 이른 죽음으로 어려운 환경임에도 그의 음악적 재능과 열의는 빛을 잃지 않는다. 이렇게 어려서부터 음악과 인연을 꾸준히 이어가던 그가 작곡가가 될 것을 결심하게 된 계기는 이탈리아의 국민 작곡가 '베르디'(Verdi)의 오페라 <아이다>(Aida)를 보고서다. 그리고 1880년, 마르게리타 여왕의 장학금과 후원을 얻어 밀라노의 음악학교에 입학, 본격적인 음악교육을 받는다. 그리고 오페라 <마농 레스코>(Manon Lescaut)로 그의 이름이 세상에 알려지기까지는 오랜 시간이 필요치 않았으며, 이후 <라 보엠>(La Bohème), <토스카>(Tosca), 그리고 <나비부인>(Madame Butterfly)으로 이어지는 히트작으로 베르디의 대를 잇는 이탈리아 근대 오페라의 대표 작곡가로 자리잡게 되는 것이다.

세월이 흘러 말년에 접어 든 푸치니, 그는 무언가를 각성한 듯 이전

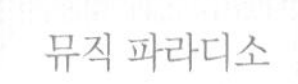

과는 다른 음악적 시도를 선보이며 새로운 작품을 써 나가기 시작한다. 하지만 이러한 그의 열정은 마지막 불꽃이 되어 슬프게도 그 끝을 맺지 못한 채 세상을 떠나고 만다. "이제까지의 내 오페라들은 모두 버려도 좋다"고 말할 정도로 자신감에 차 있던 그이기에 더욱 아쉽게 다가오는 부분이다. 이후 이 오페라의 위대함을 이미 알던 지휘자 '토스카니니'(Arturo Toscanini)는 푸치니의 제자 '프랑코 알파노'로 하여금 나머지 부분을 완성토록 한다. 그리고 치러진 밀라노에서 초연, 지휘를 하던 토스카니니는 작곡가가 창작한 부분까지 연주, "푸치니 선생님은 여기까지 작곡하고 돌아가셨습니다"라고 말하곤 지휘봉을 내려놓는데 이는 위대한 작곡가에 대한 경의이자 추모로 자리에 있던 모두를 숙연하게 한다. 이 작품이 바로 오페라 <투란도트>다.

작품의 배경은 중국 베이징의 황궁, 그곳의 공주 '투란도트'는 자신에게 청혼해 오는 자들에게 세가지 문제를 낸다.(공주님들은 도대체 왜들 이러시는지.) 맞추면 결혼, 틀리면 처형. 이때 이곳을 떠돌던 몰락한 왕국의 왕자 '칼라프'는 그녀에게 매혹되어 시험에 도전한다.

> 과연 어떤 문제일까? 도전해 보시라.
> 문 1 : 어두운 밤, 유령처럼 떠 다니며 사람의 마음을 들뜨게 하다가 아침이면 사라졌다 다시 밤이 되면 살아나는 것은?
> 문 2 : 불꽃처럼 타오르지만 아니다. 패배할 때 차가워지고 승리를 꿈꿀 땐 뜨겁게 달아오르고 그 소리는 작지만 그대는 들을 수 있다.
> 문 3 : 그대에게 불을 붙이는 얼음, 뜨겁게 타오를 수록 더욱 차갑고 단단해지는 얼음, 그대가 그것의 종이 된다면 세상의 제왕이 될 것이다.

문제들을 하나씩 풀어 나가는 '칼라프', 상황이 이렇게 되자 공주는 당황하고 결국 모든 문제의 정답을 맞추게 되어 이제 베이징은 그의 등장으로 인해 떠들썩하다. 하지만 알지도 못하는 이와의 결혼에 머뭇거리는 공주에게 이번엔 '칼라프'가 제안을 한다. "24시간 안에 나의 이름을 알아낸다면 옥에 가두어도 좋다." 이에 그의 이름을 알아낼 때까지 아무도 잠들 수 없다는 공주의 명이 떨어지고 그렇게 베이징은 잠들 수 없는 밤이 되어 버린다. 이렇게 2막이 끝나고 3막이 열리면 영화에 등장한 '칼라프'의 아리아 'Nessun dorma'(아무도 잠들지 말라)가 흐른다. 일반적으로 '공주는 잠 못 이루고'라는 곡명으로 알려져 있어 얼핏 '칼라프'가 사랑의 열병을 앓는 공주를 향해 바치는 세레나데처럼 여겨질 수도 있지만 사실은 아무도 이름을 알아내지 못해 결국은 자신이 승리(Vincero)할 것이라는 가사의 아리아인 것이다. 그의 이름을 알아내기 위해 필사적인 공주, 왕자를 짝사랑하는 하녀 '류'를 다그치며 협박해 보지만 그녀는 오히려 사랑을 위해 자결을 선택하고 이러한 희생은 얼음같이 차갑던 투란도트의 마음마저 녹여버리고 만다. 그렇게 사랑의 위대함을 목격한 공주 '투란도트', 그녀는 이제 왕자 '칼라프'에게 마음을 열어 "그의 이름은 사랑이었다." 노래하며 막을 내린다.

이렇듯 오페라는 과거의 어두운 기억으로 인해 팜므파탈이 되어버린 여인이 사랑을 깨우쳐 가는 과정을 드라마틱하게 보여주는데 이는 영화 속 일사의 모습과 닮아 있어 흥미롭다.

자, 그럼 문제의 정답은? '희망, 피, 그리고 투란도트'

이러한 이야기를 지닌 '투란도트'는 자체로도 멋진 작품이지만 그 인기의 많은 부분은 '칼라프'가 부르는 아리아 'Nessun dorma'로 인한 것임을 부인할 수 없으며 이제는 테너 가수에게 있어 반드시 소화해야 할 곡으로 그 역량을 가늠해 주는 기준이 되어 버린 듯 하다. TV광고나 많은 영화들의 장면에서도 널리 사용되며 그 인기가 더해지는 가운데, 이 곡이 흐르던 여러 장면들 중 가장 인상적이었던 순간이라면

바로 1990년 이태리 로마에서 열린 3 테너(Three Tenor)의 역사적인 월드컵 전야제 공연이다. 이는 당대를 대표하던 테너 '루치아노 파바로티'(Luciano Pavarotti), '플라시도 도밍고'(Placido Domingo), 그리고 '호세 카레라스'(Jose Carreras)가 한 무대에 등장하는 것이니 놀라운 기획이었으며, 오페라 애호가들에게 있어서는 꿈인가 싶은 순간이었을 것이다.

그렇다면 그들은 왜 모이게 되었을까? 그 이유마저도 감동적인 것은 카레라스의 재기를 위한 기념 공연이라는 것이다. 1987년, 한창의 인기를 구가하던 카레라스는 급성 백혈병 진단을 받는다. 그는 이제 삶과 죽음을 넘나드는 투병 생활을 시작하고 결국 치료비로 인한 경제적 어려움까지 겪는다. 그러던 어느 날, 카레라스는 어느 백혈병 재단의 후원을 받는 마드리드의 한 병원에서 거의 무상으로 치료를 받을 수 있다는 소식을 접하게 된다. 하늘이 도운 듯 병을 이겨내고 기적적으로 완치 판정을 받은 카레라스, 그는 감사의 마음을 담아 재단을 후원하려 한다. 그런데 이게 어찌된 일인가? 그 재단은 라이벌이자 평소 사이도 좋지 못했던 도밍고가 설립한 단체였으며 라이벌의 자존심을 지켜주기 위해 익명으로 지원한 그의 배려였던 것이다. 이후 둘은 우정을 나누는 친구가 되었으며 카레라스는 자신의 이름을 딴 백혈병 재단을 만든다.

그리고 함께한 자선연주회에서 파바로티를 포함한 셋은 이후의 재기 공연을 함께 하기로 약속한다. 그렇게 실현된 아름다운 노래와 목소리의 향연, 특히 공연의 대미에 함께 나와 앞서거니 뒤서거니 열창하던 명곡 메들리는 실로 장관이다. 그리고 그곳에 모인 모두가 열광하는 가운데 이루어진 앙코르, 모든 곡을 제쳐 두고 그 마지막을 장식하며 그들이 함께 나눠 부른 곡이 바로 'Nessun dorma'인 것이다.

<미션 임파서블> 시리즈엔 어김없이 미션 지령 장면이 등장한다. 방

법은 다양하지만 변함없는 것은 최첨단 기술이 동원된다는 것과 지령 후 폭파된다는 것. 이번엔 LP가게다. 턴테이블을 가장한 첨단 장비였지만 왠지 옛 친구를 만난 듯 정겹다. 음악을 듣는데 있어 LP가 최첨단이란 나의 생각은 여전하며 이제 곧 플라스틱으로 만들어진 음반을 다시 찾으며 음악을 사랑하는 이들을 설레게 하던 대화들이 다시금 오고 갈 것이라 조심스레 예언해 본다. 하지만 막상 누군가 'LP가 왜 좋아?'라고 묻는다면 어떻게 대답해야 할지 고민스럽다. 과학적으로? 혹은 감성적으로? 하지만 영화를 논하는 자리이니 인상적이었던 영화의 장면을 소개함으로 그 대답을 대신해 본다. 영화 <웜 바디스>(Warm Bodies, 2012)에 등장하는 좀비 'R', 그의 심장은 멈춰버린 지 이미 오래다. 하지만 한 여인을 만나 사랑을 느끼고 좀비들로부터 그녀를 숨기기 위해 자신의 거처로 데려온다. 그리고 그곳에서 바늘이 얹혀지는 '털컥' 소리에 이어 흘러 나오는 음악, '건스앤로지스'(Guns N' Roses)의 'Patience'. 그녀가 '왜 귀찮게 LP로 들어?' 하며 묻는다. 이때 죽어 있어 서러운 'R'은 자신도 그렇고 싶다는 듯 대답한다.

▶ 한 자리에 모인 쓰리 테너, 왼쪽부터 도밍고, 카레라스, 지휘자 쥬빈 메타 그리고 파바로티

"소리가 살아 있어.(Alive)"

추천 음반

PUCCINI: Turandot
Joan Sutherland (Turandot), Luciano Pavarotti (Calaf)
Montserrat Caballe (Liu), Nicolai Ghiaurov (Timur)
Zubin Mehta (conductor)
London Philharmonic Orchestra
John Aldis Choir
1972/08, Kingsway Hall, London

곡에 있어 '파바로티'와 유일하게 경쟁을 붙일 수 있다면 오직 '플라시도 도밍고'를 꼽을 수 있겠다. 1981년 당시 음악계의 황제라 할 지휘자 '카라얀'(Karajan)은 도밍고를 비롯한 당시 최고의 성악가들을 기용하여 훌륭한 연주(DG)를 들려준 바 있다. 그리고 6년 후, 절정에 이른 가창과 연기력으로 도밍고는 또 한번 최고의 연주를 들려주는데 이는 영상(DG, 1987)으로 만나볼 수 있어 더욱 즐겁다.

하지만 '파바로티'다. '칼라스'(Callas)의 '정결한 여신'(Casta Diva)이듯 '파바로티'의 'Nessun dorma'인 것이다. 3 테너 공연에서도 이 곡을 차지한 것은 그였으며, 영화 <파바로티>(2020)에서도 어김없이 이 곡을 부르는 그의 모습을 보여 준다. 그것도 두 번씩이나. 자, 그렇다면 이제 그가 남긴 오페라 전곡 정규 녹음(DECCA, 1972)을 통해 최고의 'Nessun dorma'를 만나 볼 차례다.

Fly me to the moon

드뷔시 <달빛>(Clair de lune)

— 영화 <오션스 일레븐>(2002)
감독: 스티븐 소더버그 / 주연: 조지 클루니, 브래드 피트

남의 것을 훔치는 것은 명백한 범죄다. 그렇지만 어찌된 일인지 이를 아름답게 포장한 영화들이 계속 만들어지고 있으며 관객의 발길 또한 끊이지 않는다. 어찌된 일일까? 분명 남의 것을 탐하는 행동은 잘못된 것이라 배워 모두가 알고 있음에도 말이다. 이는 아마도 자신의 것을 불합리한 이유로 다른 이에게 빼앗긴 채 살아간다는 피해의식인 듯, 언젠가는 다시 돌려 받아야 한다는 보상심리가 작용한 것으로 보인다. 이에 영화 <이탈리안 잡>(2003), 그리고 제목마저도 노골적인 <도둑들>(2012)과 같은 영화가 인기인 것이며 언젠가 임꺽정 같은 이가 나타나 잃은 것을 되찾아 줄 날을 기다리고 있는 것일지도 또한 모를 일이다.

이제 갓 교도소를 출감한 주인공 대니(조지 클루니), 그는 자유를 얻은지 채 하루도 지나지 않아 또 다시 엄청난 범죄를 계획한다. 라스베이

거스에 위치한 카지노 금고 털기. 그것도 사상최대 규모에 달하는 1억 5천만 달러라는 천문학적 금액이다. 실로 거대한 프로젝트라 혼자서는 성사시킬 수 없는 노릇이기에 러스티(브래드 피트)를 비롯 거사를 치르기 위해 필요한 분야의 최고 전문가들을 섭외, 그렇게 총 11명으로 이루어진 일류들. 하지만 이러한 거금을 보관해야 할 금고의 보안이 만만할 리 없다. 지하 200피트, 12시간마다 바뀌는 암호, 이도 모자라 지문인식 시스템과 적외선 감시망이 가로 막고 있으며 이를 무너트린다 하더라도 마지막 순간에는 음성인식장치라는 첨단장비와 무장경비까지 뚫어내야 하는 것이다. 하니 불가능에 가까운 작전, 착착 순조롭게 진행되어도 모자랄 판국이 하나씩 꼬이고 이를 조금씩 해결해 나가는 그들이지만 이젠 작전의 사령관이라 할 대니의 속내가 의심스럽다. 그들이 노리는 카지노의 주인이자 냉철한 사업가 테리의 애인이 바로 대니의 전처 테스(줄리아 로버츠)인 것이다.

꿍꿍이가 의심스러울 만도 한 상황, 하지만 그들은 예정대로 계획을 준비해 나가고 영화는 이러한 상황을 긴장감 있게 펼쳐내며 장면들을

끌고 가지만 영리하게도 정작 가장 궁금하다 할 어떻게 그 많은 현금 뭉치를 금고로부터 빼나갈지에 대해선 힌트가 없다. 자! 이제 금고털이 어벤저스의 출동 준비가 끝났다. 세기의 권투 시합이 예정된 라스베이거스의 밤, 과연 이들은 최고의 경비시스템을 뚫고 그곳으로 무사히 들어 갈 수 있을까? 하지만 성공한다 해도 그 많은 돈뭉치를 어떻게 운반할 생각인가? 과연 대니는 사랑 없이 돈만 쫓는 냉혈한으로부터 테스를 찾아올 수 있을 것인가?

혼을 빼놓듯 긴박하게 돌아가던 영화의 마지막 장면, 임무를 수행하느라 한시도 긴장을 늦추지 않던 오션스 일레븐과 그들을 눈으로 따라가느라 지친 관객들에게 이제는 그만 긴장의 끈을 놓고 쉬라는 듯 몽롱한 듯 지극히 아름다운 선율이 흐른다. 듣다 보면 이 모든 사건들이 꿈이었나 싶기도 하다. 경찰에 체포된 대니를 제외한 모두가 모여든 곳, 그곳에서 그들은 화려한 분수 쇼를 바라보며 아무런 말이 없다. 이전의 팽팽했던 긴장감과 대비를 이루는 평화로운 이 장면에서 흐르던 꿈결같은 선율, 바로 프랑스의 작곡가 '드뷔시'(Claude Debussy, 1862~1918)의 '달빛'(Clair de lune)이다.

후기 낭만주의에 과감히 도전하며 음악이 가진 표현 영역의 한계를 과감히 개혁한 인상주의 음악의 대표작곡가 '드뷔시'.

그렇다면 먼저 인상주의란 무엇일까? 화가 '마네'(Edouard Manet), '모네'(Claude Monet), 그리고 '르누아르'(Pierre-Auguste Renoir)로 대표되는 회화의 양식 인상주의가 그 이름을 얻게 된 것은 찬사가 아니라 신랄한 비판에서 비롯되었다. 때는 1874년 4월, 파리의 한 전람회에 <인상, 일출>이라는 작품이 전시된 것이 그 발단, 이 작품은 화가 모네의 것으로

프랑스 인상주의 회화의 시작이라 할 수 있는데 이때 기자 르루아가 이들 작품을 조롱하려 사용한 호칭을 그들은 쿨하게 받아들였던 것이다. 인상주의는 이전 사물을 정확히 표현하는데 집중한 화풍에 과감히 반하여 빛과 그림자를 중시한 풍경에 눈을 돌린다. 이는 사물을 정확히 묘사하기에 적합한 사진의 발명과 무관하지 않으며 그렇게 미술이 나아가야 할 새로운 방향을 제시한 과감한 도전으로 모호함과 순간의 감각적 환상과 상상력, 그리고 빛에 의한 찰나적 인상을 묘사했다는 것을 그 특징으로 하는 것이다.

이러한 회화의 경향을 가져와 음악으로 전환하는데 있어 가장 탁월했던 작곡가가 바로 드뷔시다. 그가 1894년에 완성한 교향시 <목신의 오후에의 전주곡>(Prélude à l'aprésmidi d'un faune)은 이러한 인상주의의 색채적 기법을 음악적 기법으로 가져온 그의 첫 번째 작품으로 여겨지며 현대음악의 출발에 있어 중요한 시작점으로 평가 받는다. 영화에 흐르던 '달빛'은 이러한 그의 작풍이 아직은 완전히 무르익지 않았던 젊은 시절의 초기 작품임에도 인상주의적 요소를 가득 담고 있어 의아한데 이는 아마도 창작 후 15년이 지나 1905년에서야 출판되는 과정에서 지속적인 수정이 가해졌기 때문이라 추정된다. 곡은 작곡가가 젊은 시절 이탈리아의 베르가모 지역을 여행하면서 받은 느낌을 선율로 옮겨 놓은 <베르가마스크 모음곡>(SuiteBergamasque) 중의 하나로, 이는 '프렐류드'(Prélude), '미뉴엣'(Menuet), '달빛'(Clair de lune), 그리고 '파스피에'(Passepied), 이렇게 네 개의 피아노 소품으로 이루어져 있으며 모두가 드뷔시 특유의 독특하면서도 신비롭다 할 화성을 바탕으로 꿈결인 듯 따스한 분위기를 지니고 있다.

이 중 가장 유명하다 할 '달빛'(Clair de lune)은 만연한 색채감과 그 몽환적인 분위기로 인해 특히나 많은 사랑을 받고 있는 선율로 베토벤

▶ 드뷔시의 달빛이 사용된
영화 <그린 파파야 향기>

(Beethoven)의 피아노 소나타 <월광>의 1악장과 더불어 달빛을 가장 절묘하게 묘사한 음악으로 꼽을 수 있을 것이다.

곡의 매력이 이러하다 보니 다른 여러 영화에서도 다투듯 사용되었는데 가난한 소녀의 성장담을 아름다운 영상으로 담아 낸 베트남 영화 <그린 파파야 향기>(1993), 그리고 뱀파이어와 인간 소녀와의 동화적 사랑을 다룬 영화 <트와일 라잇>(2008)에서 만나볼 수 있다.

인간의 발자국이 찍힌 바 이미 오래되었음에도 달이 지니고 있는 의미는 변함이 없는 듯하다. 영화 <아서>(Arthur, 1981)의 주제곡이자 그 해 골든 글로브 주제가상과 아카데미 주제가상을 석권한 팝 <Best that You can do>는 그 가사에서 '돈과 사랑'을 '뉴욕과 달'로 치환하여 표현하였는가 하면, 작가 '서머셋 모음'(William Somerset Maugham)은 그의 소설『달과 6펜스』에서 아름다움을 지향하는 예술의 세계, 이상의 세계로 함축한다. 그렇다면…….

"Fly me to the Moon!"

추천 음반

DEBUSSY: Suite Bergamasque
Seong-Jin Cho (piano)
2017/06, Siemensvilla, Berlin

고전적인 명연 '기제킹'(Walter Gieseking)의 음반(EMI, 1953)과 프랑스적 감홍이 깃든 '파스칼 로제'(Pascal Roge)의 새로운 녹음(ONYX, 2005)이 추천 되는 가운데 그들과 어깨를 나란히 할 피아니스트로 '조성진'을 자신 있게 언급할 수 있게 된 것은 즐거운 일이다. 2015년 쇼팽 콩쿠르 우승 이후 놀라운 행보를 보이며 세계적 피아니스트로 거듭난 그가 클래식 레이블의 대표격이라 할 도이치그라모폰(DG)과 손을 잡고 이루어낸 두 번째 정규 녹음. 그가 선택한 작곡가는 드뷔시이며 그 결과물은 놀랍다. 명연이란 곡이 지닌 아름다움을 잘 안내하는 연주라는 것은 늘 주장해 오던 바, 그의 터치가 주는 남다른 뉘앙스는 화성적 모호함을 품은 인상주의 음악의 독특한 매력에 시간을 잊은 듯 빠져들게 한다. 발매 연도에 기록한 클래식 음반시장에서의 놀라운 판매량은 결코 우연이 아니었음을 음반을 올리는 순간 느낄 수 있을 것이며 어느새 숨소리마저 조심스러운 자신을 발견할 것이다.

장엄한 승리의 순간에 들려오는 웅혼한 찬가

시벨리우스 <핀란디아>(Finlandia)

— 영화 <다이 하드 2>(1990)
감독: 레니 할린 / 주연: 브루스 윌리스

가끔은 영웅이 필요하다. 하지만 영웅이 필요치 않은 세상이어야 한다. 난세에 나고 세상이 위기에 빠졌을 때 필요로 한다니 그렇다. 위태롭지 않고 위협적인 것이 존재하지 않는 평화로운 세상. 그러한 시절이 있었던가? 풍요의 그늘에 가려졌을 뿐 여전히 지구의 한편에선 먹을 것이 없어 생존을 위협받고 세계 경제는 늘 불안했으며 전쟁의 포화는 국지적일지라도 끊이지 않았다. 지구가 아파 치료가 필요하다는, 어쩌면 이미 돌이킬 수 없을지 모른다는 절박함 또한 이제는 누구나 절감하는 바다. 빌딩이나 공항처럼 제한된 공간에서의 위기는 정의감으로 무장한 어느 작은 영웅에 의해 지워질 수 있다지만 과연 이러한 인류적 위기는? 그렇다면 이제 범지구적 영웅을 기다려 본다.

은총만이 가득해야 할 크리스마스 이브, 맥클레인 형사(브루스 윌리스)

는 아내를 마중하러 공항에 나와 있다. 지난 크리스마스, 거금을 취할 목적으로 빌딩에 잠입한 테러 일당을 만나 한바탕 죽을 고비를 넘기고 마침내 그들을 제압한 그는 이제 유명인사다. 하지만 올해도 고요한 크리스마스를 맞기는 틀렸다. 평화롭게만 보이는 공항이지만 이미 테러범들의 검은 계획이 은밀하게 진행되고 있는 것이다. 날카로운 촉으로 수상쩍은 낌새를 쫓던 맥클레인은 의도치 않은 총격전에 휘말리고 이에 경찰 관계자는 영웅 놀이를 하는 듯한 그의 행동을 거슬려 하며 대수롭지 않게 넘기려 한다. 하지만 상황은 우려했던 방향으로 흘러가는데. 테러범들에 의해 공항은 순식간에 장악되고 얼마 남지 않은 연료로 공항 주변을 선회하는 항공기들은 험악한 기상조건임에도 그저 기다릴 수밖에 없는 상황이 되어버린 것이다.

테러범들의 요구는 이제 곧 이곳에 도착할 사상 최악의 마약 대통령 에스페란자를 인도받는 것. 무고한 사람들이 타고 있는 항공기를 오인 유도, 땅으로 곤두박질치도록 만드는 그들의 잔혹함에도 속수무책인 가운데 이제 맥클레인은 공항 청소부의 도움을 받으며 홀로 행동에 나선다. 한편 상황의 심각성을 깨달은 관계자들은 특수부대의 지원을 요청하고 그들은 맥클레인에게 한 발 물러날 것을 요구하지만 돈키호테 같은 그는 여전히 이리 뛰고 저리 구르며 테러범들을 압박한다. 하니 테러범들에게나 특수부대에게나 그는 엄청나게 성가신 존재다. 하지만 이러한 목숨을 건 노력에도 잔인한 테러범들과 마약보스를 태운 비행기는 이제 곧 이륙할 것이다. 테러범들의 승리가 눈

앞에 있는 듯 하다. 그렇지만 그곳엔 그들을 막아 설 '웬만해선 죽지 않는'(Die Hard) 맥클레인이 있다. 그는 또 한번 테러리스트들을 응징할 것이다. 하지만 서둘러야 한다. 테러리스트들을 태운 비행기가 이미 활주로에 들어선 것이다.

마침내 마지막 죽음의 고비마저 넘기고 테러리스트들을 태우고 이륙하던 비행기의 파편을 랜딩가이드로 만들어 버린 맥클레인, 공항 상공을 위태롭게 배회하던 비행기들이 그가 만들어 놓은 길을 따라 하나 둘 착륙한다. 이때의 통쾌한 장면과 어울려 통렬히 뻗어 나오는 멋진 선율, 바로 핀란드의 국민 작곡가 '얀 시벨리우스'(Jean Sibelius 1865~1957)의 명곡 <핀란디아>(Finlandia op.26)다.

핀란드를 대표하는 작곡가이자 20세기 최고의 교향곡 작곡가라 칭송 받는 시벨리우스, 그런 그가 이루어 놓은 교향시 <핀란디아>는 <바이올린협주곡>, <교향곡 2번과 5번>, 그리고 <슬픈 왈츠> 등과 더불어 그의 대표 히트작으로, 압제에 시달리던 핀란드 국민들에게 있어 항거의 음악이며 민족의식을 고양시킨 조국에 대한 찬가다.

1889년부터 시작된 2년간의 베를린과 빈 유학 시절을 마치고 귀국해 헬싱키 음악원의 교수가 되어 자신의 재능을 펼쳐 나가던 시벨리우스, 자신의 첫 번째 교향곡을 작곡한 해인 1899년, 당시 핀란드를 지배하던 러시아는 '2월 선언'을 발표한다.

이는 명백히 핀란드의 자치권을 제한하는 조치로 자연히 국민들과 예술가들의 반발을 불러왔으며 곧 이에 저항하기 위한 자유언론을 지원코자 기금 마련 행사가 기획된다. 그 중 하나가 바로 핀란드의 역사를 다룬 '역사적 정경'이라는 음악 극으로 시벨리우스는 적극적인 항의를 표하기 위하여 총 7곡으로 구성된 이 역사극에 참여, 그 마지막 곡이

바로 그의 작품 <핀란드여 일어나라>(Suomi herää)이며 <핀란디아>의 첫 모습인 것이다.[1)]

▶ 얀 시벨리우스

이후 곡은 독립에 목마른 핀란드 국민들의 마음을 뜨겁게 달구며 민족의식을 고취시키는 한편 유럽 각지에서 연주되며 유명해져 간다. 그리고 이듬해인 1900년, 피아노 독주용 편곡을 거치며 <핀란디아>라는 곡명으로 정식 개정되는데, 당해 파리 대 박람회에서 작곡가의 지휘봉 아래 초연되어 높은 평가를 받기에 이른다. 그럼에도 정작 본국에서는 붙여진 곡명으로 공연이 이루어지지 못한다. 이는 러시아의 탄압에 의한 것으로 핀란드가 독립한 제1차 세계대전 이후에서야 '핀란디아'로 연주될 수 있었다 하니 같은 경험이 있는 우리로서는 한층 감정이 이입되는 사연이다.

곡은 호수와 숲으로 대변되는 핀란드의 풍광을 보여 주려는 듯 스산하다 곧 2번째 서주가 긴박한 분위기를 이끌며 등장하고 이는 곧 이를 이기고 맞이하는 승리의 절정으로 치닫는다. 그리곤 어두움을 뚫고 솟아나는 태양처럼 그 유명한 선율을 맞이하는데 이는 점차 고양되어 마침내 떠오른 햇살이 온 세상을 물들이 듯 웅혼하고도 장엄하게 끝을 맺는다.

<핀란디아>와 더불어 조국에 대한 사랑을 뜨겁게 표현한 또 하나의 걸작이 있다. 바로 체코의 작곡가 '스메타나'(Smetana, 1824~1884)의 총 여

1) Suomi는 호수와 늪의 나라라는 뜻으로 핀란드의 별칭이다.

섯 곡으로 이루어진 연작 교향시 <나의 조국>(My Country).

1990년 5월 12일, 프라하에 위치한 스메타나 홀에선 역사적인 공연이 열린다. 총성 하나 없이 이루어 낸 체코의 민주화 이후 치러지는 첫 '프라하의 봄' 음악제의 첫 무대, 그 포디엄에 선 이는 조국을 떠나 40여 년의 망명 생활을 지내온 체코가 나은 명 지휘자 '라파엘 쿠벨릭'(Rafael Kubelik)이었다. 오랜 타향 생활을 거쳐 마침내 돌아온 조국에서의 무대, 그는 병으로 편치 않은 몸을 이끌고 혼신을 다해 연주하였으며 이를 지켜보던 이들의 마음 속에 일렁였을 감동은 그 실황을 보아 알 수 있다. 이때 연주된 곡이 바로 <나의 조국>이며 현재까지도 '프라하의 봄' 음악제의 시작을 알리는데 2번째 곡 '몰다우'(Moldau)[2]가 특히 유명하니 프라하를 방문한다면 놓치지 말아야 할 것이며 곳곳에서 연주되니 놓치기도 쉽지 않을 것이다.

▶ 1990년 프라하의 봄 축제 실황음반, 라파엘 쿠벨릭

2) 프라하 시내를 가로지르는 강의 이름으로 체코어로는 '블타바'(Vltava)로 불린다.

추천 음반

SIBELIUS: Finlandia op. 26
Eugene Ormandy (conductor)
Philadelphia Orchestra & Mormon Tabernacle Choir
1965

시벨리우스 작품 해석에 탁월, 후기 교향곡에 있어 명연을 펼친 바 있는 '카라얀'(Karajan)은 <핀란디아>에 있어서도 역시 다섯 번의 정규 녹음을 남기며 곡에 대한 애착을 과시한다. 지휘자 특유의 조탁은 그의 마지막 정규 녹음(DG, 1984)에서 특히 완성도를 자랑하는데 광폭한 금관과 물결치는 듯한 현이 어우러져 북구의 정경을 치밀하게 표현해낸 명연이다.

곡은 1941년에 이르러 작곡가의 손에 의해 합창곡으로도 편곡되어 널리 불리어지며 현재 핀란드의 제2의 국가라 해도 과언이 아니다. 이러한 찬가 풍의 곡조는 사람의 목소리, 특히 합창단과 함께 한 연주를 접하였을 때 그 감동이 배가 된다. 헝가리가 낳은 위대한 지휘자 '유진 오먼디'(Eugene Ormandy, 1899~ 1985)는 필라델피아 오케스트라(The Philadelphia Orchestra)와 몰몬 태버너클 합창단(Mormon Tabernacle Choir)을 대동하여 장대한 연주를 펼쳐내는데 특히 절정에 이르러 솟아 나오는 합창은 신비로우면서도 감동적인 것이다.

'다시'가 아닌 '새로운' 날갯짓을 향한 응원가

말러 <교향곡 9번> & 라흐마니노프 <교향곡 2번>

— 영화 <버드맨>(2014)
감독: 알레한드로 곤잘레스 이냐리투 / 주연: 마이클 키튼

한때 잘나가던 액션 히어로 배우 리건 톰슨(마이클 키튼), 그는 영화 '버드맨'으로 할리우드를 지배하던 스타였다. 하지만 지금은 잊혀져 그에 대한 세간의 관심은 오직 '버드맨'으로 다시 돌아 오느냐 마느냐 일뿐이다. 하지만 그는 이제 상업 영화를 떠나 브로드웨이에 진출하여 예술가로서의 새로운 커리어를 쌓기 원한다. 그렇지만 현실은 호락호락하지 않다. 호흡을 나누어야 할 상대 배우는 사고뭉치, 바람둥이이며 재활원에 다녀 온 딸은 자신의 작품에 차디 찬 돌직구를 날리고 흥청망청했던 결과로 재정적인 어려움까지. 하지만 이대로 포기할 수 없다. 점차 세상에서 잊혀져 가는 자신을 바라볼 자신이 없는 것이다. 잊혀지는 것은 곧 죽음이라 여기는 리건에게 자신 안에 존재하는 또 하나의 자아 '버드맨'은 끊임없이 속삭인다. 다시 찬란했던 우리들의 시대로 돌아가자고. 하지만 이제 그럴 수 없다. 이미 육체적 매력을 잃었을 뿐 아니라

예술가로 기억되고픈 열망 때문이다. 그렇게 치러지는 세 번의 프리뷰 공연, 불안한 해프닝과 부끄러운 참극이 계속해서 벌어지는 가운데 더욱 비관적인 것은 술집에서 우연히 만난 평론가가 혹평을 예고한 것이다.

절망스러운 그는 한 동안 끊었던 술을 마시고 취해 길거리에서 잠이 들고 아침이 되자 '버드맨'은 그를 깨운다. 그리고는 속삭이는 것이다. 모두가 환호하는 버드맨으로 돌아가자고. 이때 멋지게 날아오르는 리건, 하지만 이는 현실이 아니며 깨달은 듯 공연장으로 돌아와 그 첫 공식 공연을 성공리에 마치지만 기어코 큰 사고를 치고야 만다. 마지막 장면, 자신을 향해 쏜 총이 가짜가 아닌 진짜였던 것이다. 얼굴을 붕대로 감은 리건, 그는 아직 살아 있다. 그리고 예상했던 혹평은 호평으로 바뀌었고 세상은 새로운 예술가의 탄생에 호의적이다. 이제 그는 붕대를 풀고 '버드맨'에게 '꺼져'를 외치곤 창문가로 향한다. 잠시 자리를 비웠던 딸 샘은 돌아와 병실 창문이 열린 것을 보고 불안함을 느끼며 창밖을 내려다 본다. 그렇게 아래를 살피던 그녀의 시선은 서서히 위로 향하고 얼굴에는 점차 웃음이 번진다.

첫 번째 프리뷰 공연, 리건의 독백을 배경으로 오스트리아 작곡가 '말러'(Gustav Mahler, 1860~1911)의 <교향곡 9번>(Symphony No. 9 in D major) 1

악장이 흐른다. '죽음의 교향곡'이라는 별명을 지닌 이 곡이 고결한 사랑에 관한 대사의 배경 음악이라니 어울리나 싶지만 권총 자살을 앞둔 연극 속 주인공이기에 맞는 선곡 같기도 하다. 자, 그렇다면 왜 죽음의 교향곡이라는 어두운 별명을 갖게 되었을까? 먼저 1악장의 악보에 적힌 "오, 젊음이여 사라졌구나, 사랑이여 가버렸구나."(O Jugendzeit! Entschwundene! O Liebe! Verwehte)와 '안녕'(Leb'wol! Leb'wol!)이라 되뇌이는 수수께끼 같은 메모에 기인한 것이다. 이러한 글귀는 이후 많은 음악학자들과 지휘자들로 하여금 죽음과 연결 지어 곡을 해석하도록 한 결과를 불러 왔으며, 작곡 당시 실제 작곡가는 심각한 심장병으로 죽음에 대한 극심한 공포에 시달리고 있었기에 이러한 해석에 더욱 힘을 실어주는 것이다. 이렇듯 죽음은 그에게 있어 자신과 동떨어진 미지의 것이 아닌, 평생에 걸쳐 현실적이며 직접적인 두려움의 대상이었다.

▶ 구스타프 말러

이는 그가 지내왔던 불행한 삶으로부터 온 것이다. 애초에 건강이 좋지 못했으며, '클림트'(Gustav Klimt), '프로이트'(Sigmund Freud)와 더불어 빈이 낳은 20세기 초 3대 천재로 평가 받음에도 살아 있는 동안 그의 작품은 광기의 곡으로 폄하된다. 이에 더하여 유대인이기에 받아 온 차별, 부인의 외도, 완벽주의 성향으로 인한 세인들과의 불화, 그리고 결정적으로 첫 딸의 죽음이 그가 작곡했던 <죽은 아이를 그리는 노래>(Kindertotenlieder) 때문이라는 자책감이 더욱 그를 어둠 속으로 숨어들게 한다. 이러한 그의 내면적 불행은 비극, 방황, 죽음이라는 염세적인 모

습을 띤 작품 세계로 표출되고 그 중심에 교향곡 9번이 있는 것이다. 이처럼 음울한 시기를 보내던 말러는 정신적인 불안이 극에 달해 결국 9라는 숫자에마저 심각한 의미를 부여, 자신의 9번째 교향곡에 번호를 붙이지 못해 '대지의 노래'로 발표하기에 이른다. 이는 선배 작곡가들(베토벤, 슈베르트, 브루크너, 드보르자크 등)의 마지막 교향곡이 9번이기 때문이었다 하니 그에게 있어 죽음에 대한 공포가 얼마나 컸었는지 잘 보여주는 사례로, "그래? 죽일 테면 한번 죽여봐"라듯 자신의 9번을 간결하면서도 발랄하게 해치워 버린 '쇼스타코비치'(Dmitri Shostakovich)와는 심히 대조적인 것이다. 하지만 그런 말러도 이 작품에서만큼은 9라는 숫자를 피하지 못하였으며 미완성의 10번을 제외하자면 그의 마지막 교향곡이 되었으니 여러 측면에서 죽음이란 주제와 연결된 음악임에는 분명한 것이다.

또 하나의 명곡이 절묘하게 사용된 또 다른 장면, 길거리에서 잠을 깬 리건의 귀에 '버드맨'이 속삭인다. 화려했던 과거로 돌아가자고. 이때 날아오르는 리건, 하지만 현실은 옥상 끝에 위태롭게 선 자신이다. 정신을 차리고 돌아서던 그는 무언가를 결심한 듯 옥상에서 뛰어내려 빌딩 숲을 자유로이 날아 극장에 도착하는데, 이 은유로 가득한 장면에서 신비롭게 흐르던 음악이 있으니 바로 러시아의 작곡가 '라흐마니노프'(Sergei Rachmaninoff, 1873~1943)의 <교향곡 2번>(Symphony No.2, Op.27)의 2악장이다.

그렇다면 왜 이 곡을 사용했을까? '라흐마니노프'는 <교향곡 1번>의 참혹한 실패로 인한 깊은 트라우마에 작곡 불능 상태가 되어 오랜 시련의 시기를 보낸다. 그랬던 그는 정신과 치료를 통해 극복의 시간을 보내고 <피아노협주곡 2번>을 통해 극적으로 재기에 성공, 세계적인 작곡가로 인정 받지만 아직도 교향곡은 자신에게 두려운 영역이었을 것

▶ 가장 긴 손가락을 지닌 피아니스트로 기네스북에 오른 라흐마니노프

이다. 그리고 10여 년만의 재도전, 이는 다시 찾아 온 자신의 불안한 처지를 예술로 극복하려는 의지의 표현이었다. 그리고 이어진 또 한번의 극복과 성공, 이후 작곡가는 차이코프스키의 후예라는 영예로운 칭호와 함께 명실상부 러시아를 대표하는 교향곡 작곡가로 입지를 굳히게 되니 과거의 허무한 명성을 뛰어 넘어 새로운 도전을 향해 날아오르는 세상 모든 주인공들에게 보내는 응원가인 것이다.

이 외에도 영화 <버드맨>의 장면 곳곳엔 다양한 클래식이 사용되어 그 의미를 더한다. 러시아 작곡가인 '차이코프스키'의 <교향곡 5번> 중 2악장, 프랑스 작곡가 '라벨'의 <죽은 왕녀를 위한 파반느> 등도 영화의 장면을 통해 만나볼 수 있으니 눈과 귀를 동시에 열어야 할 것이다.

이처럼 들리는 것이 중요한 역할을 하기에 더불어 주목해야 할 뮤지션이 있다. 바로 영화의 OST를 담당한 멕시코 작곡가 '안토니오 산체스'(Antonio Sánchez)다. '팻 매스니'(Pat Metheny) 재즈그룹의 드러머였으며 '마이그레이션'(Migration)이라는 재즈그룹을 창단해 활동하는 실력파 재즈 드러머. 드럼 작곡가라는 말이 생소하지만 그가 창조해 낸 음악과 연주는 영화의 긴장감, 그리고 생동감을 전해주는데 있어 큰 역할을 하며, 장면을 관통하여 흐르는 그의 드럼 소리는 영화의 몰입도를 높여, 보는 재미를 더해 준다. 하여 강력한 아카데미 음악상 후보였지만 영화에 너무 많은 클래식이 사용되었다는 이유로 후보에조차 오르지 못했다니 참으로 융통성 없는 처사다.

이 영화는 잊혀짐에 관한 이야기다. 화려했던 과거를 그리워하는 자아와 잊혀지지 않을 새로운 자아 만들기 사이에서의 갈등을 보여주며 과연 보여주기 위한 자아가 진정한 자아인지에 대한 문제제기 또한 잊지 않는다. 더불어 영화는 잊혀짐과 사랑 받지 못함은 곧 죽음이라 계속해서 말하는 듯 하지만 사실을 그 허무함을 피력하며 타인의 관심과 사랑에 얽매이지 말라 충고한다.

허무함의 끝에 위태로이 선 '리건', 그런 그에게 꾸짖듯 들려오는 목소리, "도와줄까요? 어디로 갈지 알고 있어요?" 그리고 이때 '사랑 받지 못하니 나는 존재하지 않아'라며 괴로워하던 그는 이젠 알겠다는 듯 그동안 자신을 괴롭혀오던 과거의 영광 <버드맨>을 향해 마침내 작별을 고한다. 새롭게 날아오를 준비가 된 것이다.

"예, 어디로 갈지 알고 있어요."

추천 음반

MAHLER: Symphony No. 9 in D major
Herbert von Karajan
Berliner Philharmoniker
1982/09/30, Philharmonie, Berlin

말러 해석에 있어 커다란 업적을 남긴 '번스타인'(Leonard Bernstein), 말러의 인기를 지금의 위치로 올려 놓은 일등공신이라 할 그가 베를린 필과 남긴 유일한 녹음이 바로 <교향곡 9번>이다. 그 역사적인 공연이 열린 1979년 국제 사면회를 위한 자선 콘서트에서 생애 처음으로 베를린 필과 만난 번스타인은 그의 강점을 최대한 발휘, 간간이 들려오는 부자연스러운 앙상블과 관악주자들의 실수에도 불구 처절하고도 감동적인 연주를 선보인다. 특히 기괴함과 광란을 지나 만나는 4악장은 그의 트레이드마크인 '레니의 도약'마저 음악으로 만들며 순식간에 죽음의 나락으로 떨어트리는데 그 긴장감이 글로 표현하기 어려울 정도이며 번스타인이기에 가능한 연주인 것이다.

라이벌인 번스타인이 자신의 악기라 할 베를린 필과 함께 만들어 낸 감동에 위기감을 느꼈던 것일까? 아니면 곡이 지닌 아름다움에 고취된 것일까? '카라얀'(Herbert von Karajan)은 다시 한번 곡에 도전, 또 한 번의 놀라운 순간을 만들어 내고야 만다. 스스로도 기적 같은 경험으로 다시 재현하기 어렵다고 하였으며 안티 카라얀들마저 인정하는 명연이 탄생한 것이다. 혼신을 다하는 악단과 그 극한을 이끌어내는 지휘자간의 팽팽한 긴장감과 혼연일체의 응집력이 놀라운 가운데 마침내 기적의 4악장, 들려오는 현의 절규와 절정의 아름다움은 세상의 모든 슬픔을 보여 주려는 듯 처절하면서도 초월적인 것이다.

추천 음반

RACHMANINOV: Symphony No. 2 in E minor op. 27
Ivan Fischer
Budapest Festival Orchestra
2003/10, The Italian Institute, Budapest

곡이 지닌 서정성과 아름다움을 특유의 '필라델피아 사운드'로 멋지게 표현한 '유진 올만디'(Eugene Ormandy)의 연주(SONY, 1959)와 특유의 러시아 사운드로 그 광활함을 내세운 '스베틀라노프'(Evgeny Svetlanov)의 녹음(MELODIYA, 1968), 그리고 이 곡이 세계적으로 사랑 받는데 일조한 '앙드레 프레빈'(Andre Previn)의 연주(EMI, 1973)가 전통적인 강자로 자리 잡은 가운데, 놀라운 음질을 바탕으로 작품의 순 음악적 아름다움에 초점을 맞춘 '이반 피셔'(Ivan Fischer)의 2003년 녹음은 진솔한 감동을 선사하는 새로운 명연으로 손색이 없다.

최면처럼 반복되는 선율, 마침내 폭발하다

라벨 <볼레로>(Bolero)

— 영화 <밀정>(2016)
감독: 김지운 / 주연: 송강호, 공유

삶을 이어감에 있어 매 순간이 선택이다. 어떠한 것을 선택하더라도 문제될 것이 없는 사소한 것들이 있는 반면 한 개인의 인생을 넘어 역사에 두고 죄인과 영웅을 가를 중대한 선택의 순간이 있다. 그때의 심정은 어떨까? 그리고 과연 이러한 중차대한 결정을 내리는데 있어 가장 먼저 염두에 두어야 할 것은? 무엇이 옳고 정의로운 것인가가 명확하여 쉬이 결정할 수 있을 것처럼 다짐한대도 막상 눈 앞에 그 순간이 놓인다면 말이다.

일제 강점 시절, 일본을 위해 일하는 경찰 이정출(송강호)은 무장독립운동 단체인 의열단의 배후에 접근하여 일망타진하라는 특명을 받아 핵심이라 파악되는 김우진(공유)과 접촉하게 된다. 폭탄을 국내에 반입하려는 작전을 파고 들어 의열단의 단장인 정채산까지 모두 잡아 들이

려는 속셈인 것이다. 하지만 서로가 서로의 정체를 알고 있는 상황, 그리고 그렇게 다른 목적을 가진 채 가까워지는 둘. 의열단 우진은 경찰이라는 정출의 신분을 이용해 폭탄을 무사히 들여올 심산이다. 마침내 단장 정채산과 조우하게 된 정출, 결국 그들의 사람됨과 권고에 넘어가 폭탄 반입을 돕기로 하지만 확실한 선을 긋고 싶다. 돕기는 하되 자신이 지닌 안정적인 지위를 포기할 마음이 없는 것이다. 그렇게 시작된 폭탄 반입 작전, 애국심이라기보다 상대의 인간적인 매력에 끌리어 그들을 돕게 된 정출은 앞으로 어떠한 길을 걸을까? 일제의 억압에 무력으로 대항하기 위하여 실려오는 폭탄은 과연 서슬 퍼런 감시를 뚫고 무사히 경성에 도착할 수 있을 것인가?

▶ 영화 <밀정> 스틸컷

작전에 투입되었던 단원들은 또 다른 밀정의 비열한 배신에 모두 체포되어 고문의 상처를 안은 채 법정에 서고 이들과 함께 정출도 피고의 입장이 되어 진술한다. "그저 일본의 경찰로서 임무를 수행하기 위하여 최선을 다하였을 뿐"이라고 말이다. 진술을 마친 그가 법정을 빠져 나가는 것을 안타까운 듯, 절박한 듯 바라보는 우진. 이렇듯 모든 것이 끝난 듯한 상황에서 경찰 간부들과 매국 인사들의 모임이 개최되고 이제 이곳에서 단원들을 밀고해 감옥으로 몰고 간 밀정의 단죄와 함께 폭탄 테러가 진행된다. 인사를 건네며 유유히 계단을 내려오던 경찰수장, 그리고 그의 눈에 들어 온 정출. 모든 것이 수포로 돌아 갈 상황에 놓이자 우진은 정출에게 이 모든 작전을 부탁한 것이며 그렇기에 우진의 눈빛이 그토록 간절했던 것이다. 마침내 자신의 집에 숨겨 놓았던 폭탄으로 거사를 진행하는 정출. 그리고 이러한 일련의 장면을 따라 홀린 듯 유유히 흐르던 선율이 있으니 바로 프랑스의 천재 작곡가 '모리스 라벨'(Maurice Ravel 1875~1937)의 <볼레로>(Bolero)다.

▶ '모리스 라벨'(Maurice Ravel 1875~1937)

'드뷔시'(Debussy)와 더불어 프랑스 인상주의를 대표하는 라벨은 내어주는 음색에 있어 드뷔시와 닮아 있는 듯하지만 이를 넘어 좀 더 고전적인 형식을 바탕으로 한 치밀한 구성적 작품들을 만들어 낸 작곡가다. 그는 작곡가 '스트라빈스키'(Stravinsky)로부터 '스위스의 시계공'으로 비유되기도 한 정교한 관현악법의 대가로 '무소르그스키'(Mussorgsky)의 피아노 작품인 <전람회의 그림>(Pictures at an Exhibition)을 멋지게 편곡한 데서 그 역량을 가늠할 수 있는 것이다. 음악 애호가였던 아버지의 영향으로 어릴 적부터 음악과 가깝게 지내던 라벨은 14세 이후 본격적인 음악 공부를 시작, 1899년 발표한 <죽은 왕녀를 위한 파반느>(Pavane pour une infant

défunte)로 명성을 얻게 되지만 정작 일류 음악가들이 반드시 거쳐야 할 로마상 콩쿠르에는 번번이 낙선한다. 하지만 이미 음악계로부터 주목을 받고 있었기에 이런 결과는 오히려 보수적인 음악계를 향한 평단의 비판으로 연결, 결국 음악원 원장의 경질로까지 번지게 되어 그의 명성을 더욱 높여주는 결과를 가져오고 이후 순조로운 작품 활동을 이어가게 된다.

그런 그의 작품 세계를 들여다 보면 스페인 취향의 곡들이 여럿 발견된다. 이는 스페인 계열이었던 어머니의 기질을 이어받은 것으로 대표적인 작품이라면 <스페인 광시곡>(Rapsodie espagnole), <하바네라>(Habanera) 등이 있으며 영화에 사용된 <볼레로> 역시 이러한 취향이 반영된 역작인 것이다. 볼레로란 18세기경 스페인 민속무용의 한 형식으로 캐스터네츠의 리듬 반주에 따른 춤곡을 말하는 것이다. 라벨은 당시 유명했던 발레리나 '이다 루빈슈타인'(Ida Rubinstein)의 의뢰를 받아 1928년 다음과 같이 완성한다.

'스페인의 어느 한 허름한 술집, 희뿌연 가게 안에는 손님들로 가득 차 있고 그 가운데 놓인 탁자 위에서 어느 한 댄서가 춤을 추지만 아무도 관심이 없다. 하지만 춤은 같은 리듬이 반복되며 고조되어 가고 점차 손님들의 관심을 끌게 되어 마침내 모두 일어나 무용수와 함께 격렬하게 춤을 춘다.'

이러한 내용을 지닌 무곡 볼레로는 라벨의 독창성이 유감없이 드러나 있기에 이후 그의 대표 곡이 되어 연주회의 기본 레퍼토리로 자리를 잡았으며 그 멜로디는 중독적인 것이라 듣고 나면 끊임없이 귓속을 맴도는 마력을 지닌 것이다.

그도 그럴 것이 16분이란 시간 동안 동일한 리듬 속에서 단 두 가지의 선율이 악기만 바뀔 뿐 지속적으로 반복되니 선율적인 각인이 최면처럼 이루어지며, 막상 그 클라이맥스에 이르러서는 기어코 감각적 카타르시스마저 선사하니 어찌 쉬이 잊을 수 있겠는가? 하여 곡은 단순한 재료로 최고의 효과를 구현한 작품의 대명사로 자리잡고 있다. 하지만 사실 그 단순함 속에 난제가 숨어있어 악명이 높은데 이는 주제를 교대로 연주해야 하기에 각 파트에 있어 연주자의 기량이 가감 없이 드러나는 곡의 구조 때문이다. 또한 처음부터 연주가 끝나기까지 계속하여 같은 리듬을 반복해야 하는 스네어드럼은 긴 시간 동안 흐트러짐이 없어야 하니 여간 어려운 일이 아닌 것이다. 곡이 지닌 이러한 특징으로 인하여 "세상에서 가장 지루한 음악"이라는 평을 듣기도 하지만 그 클라이맥스에 이르러 터져 나오는 희열은 상당한 것으로 영화 <텐(10)>에서 섹스에 가장 훌륭한 배경 음악이라는 대사는 고개를 끄덕이게 한다.

이러한 치명적인 매력을 지닌 곡이다 보니 다양한 분야에서 그 선율을 빌려 사용하였는데 먼저 떠오르는 것이라면 1984년 사라예보 동계 올림픽, 피겨스케이팅 '제인 토빌'과 '크리스토퍼 딘' 조가 이 곡을 배경으로 멋진 공연을 연출하여 심판전원 예술 점수 만점을 이루어낸 것이다. 이후 <볼레로>는 피겨스케이팅 종목에 있어 단골 레퍼토리로 자리를 잡는다. 또한 1980년 프랑스 영화 <사랑과 슬픔의 볼레로>의 마지막 장면에서 인상적으로 사용되었으며 각종 CF와 다양한 장면에서의 배경으로도 자주 등장하니 폭 넓은 대중성을 확보한 걸작이라 하겠다.

▶ 영화의 마지막, 드보르작의 슬라브무곡이 흐르던 장면 / 스틸컷

영화를 통해 만날 수 있는 또 하나의 명곡이 있다. 영화의 마지막, 옥고를 치르고 있는 우진과 그의 뜻을 이어 받아 독립운동가가 된 정출의 모습을 교차로 보여주는 장면에서 흐느끼는 곡, 체코의 작곡가 '드보르자크'(Dvorak)의 <슬라브 무곡> 중 '제10번'(Slavonic Dances, Op.72 No.2)이다. 슬라브 무곡은 무명이었던 드보르자크에게 국제적인 명성을 가져다 준 출세작으로 1878년(Op.42)과 1886년(Op.72) 출판된 각각의 8곡으로 구성되어 있으며 그 처음은 '네 손을 위한 피아노곡'이었으나 이후 관현악으로 편곡되어 더욱 큰 사랑을 받게 된다. 이는 슬라브적 정서를 절대음악으로 세련되게 풀어낸 결과물로 향토적 색채가 가득하며 그 중 10번이 가장 유명한데 그 선율이 아련하여 마치 황량한 벌판을 외로이 홀로 걷는 듯 쓸쓸한 서정을 전한다. 이렇듯 우수에 찬 선율이 영화의 마지막 을씨년스러운 장면에 녹아 절묘하게 어우러지며 가슴을 먹먹하게 하는 것이다.

범인과 영웅의 차이는 정의로운 것에 대한 신념과 그 믿는 길을 걷는 용기다. 길고도 어두운 터널을 지나던 시절, 그 끝이 보이지 않기에 주저앉고 싶은 범인들을 이끌고 힘겹게 앞으로 나아가는 이들이 있었다. 그리고 그 범인들이 품었을 의문은 터널의 끝을 믿지 않는 이들에게라면 푸념이자 비아냥이었겠지만 영화에서 정출이 밀고자에게 건넨 물음은 의심이 아닌 단호한 신념이자 경고인 것이다.

"독립이 될 것 같소, 영감은?"

추천 음반

RAVEL: Bolero
Bernard Haitink (conductor)
Concertgebouw Orchestra Amsterdam
1975/04, Amsterdam

프랑스 관현악에 있어 그 지위가 확고한 지휘자 '클뤼탕스'(Andre Cluytens)는 <볼레로>에 있어서도 최고의 녹음(EMI, 1961)을 남겨 놓아 그 가치가 확고한데 과연 프랑스적 감흥이 물씬하며 곡이 지닌 리듬감마저 잘 표현한 명연이다. 정직한 연주로 대변되는 '하이팅크'의 성과 역시 추천에 있어 첫 번째 두어야 할 녹음으로 언제나처럼 치밀하게 계획된 사운드와 구조적 응축으로 그 클라이맥스의 감동이 더욱 선명하게 다가온다.

쓰러질 때까지 춤추다 잠들다

스트라빈스키 <불새>(Firebird)

— 영화 <유스>(Youth, 2016)
감독: 파올로 소렌티노 / 주연: 마이클 케인, 하비 케이틀

태어나 자라 누구나 자신의 자리를 누리다 그 힘이 다해 마침내 소멸되는 것. 생명체를 넘어 모든 물질의 운명이다. 시공을 초월한 듯한 우주마저도 그 시작이 있었다 하니 그 끝도 있을 것이지만 이쯤에서 가진 상상력의 빈약함을 절감한다. 또한 죽음 너머를 고민하기엔 당장의 삶의 본질에조차 접근하기 버거운 것이다. 하지만 우리는 끝없이 삶과 죽음에 대하여 질문하고 그 해답을 찾아 헤맨다. 하니 어찌 알겠는가? 수만 가지 해답 가운데 진실과 마주할 그 순간이 올지도.

아름다운 풍광으로 둘러싸인 스위스의 한 요양원, 그곳은 휴식을 위하여 각지에서 모여든 다양한 사연과 경력을 지닌 이들의 공간이다. 최고급 요리와 서비스, 그리고 다채로운 공연이 밤마다 펼쳐지는 꿈 같은 공간이지만 싱그러운 시절을 지나 스산한 인생의 가을을 맞이한 이들

의 마지막 장소이기에 을씨년스럽고 고요하기만 하다. 그런 그곳을 찾은 세계적인 음악가 '밸린저'(마이클 케인), 그는 이제 삶을 조용히 정리하는 것만이 남은 듯 평온한 듯 쓸쓸하다. 자신의 전부였던 음악을 향한 남아 있는 열정인 듯 자연의 소리에 맞춰 손을 흔들어 보지만 이 역시도 곧 스러질 듯 안타까울 뿐이다. 자서전을 내자는 세간의 제의에 자신을 잊으라 하는 밸린저. 이런 그와 함께 친구 '믹'(하비 케이틀) 역시 그곳에 머물고 있다. 영화감독으로서 성공한 삶을 살아 온 그는 아직도 창작에 대한 열정으로 가득하여 여기에서도 작품의 시나리오에 매달리고 있다. 그렇게 그곳엔 그 둘 외에도 세계적인 운동선수였던 이가 이제는 제 몸 하나 가누기 힘들어 가쁜 호흡을 버티고 있으며 서로 대화하는 것을 본 적이 없는 회색 빛만이 감도는 노년의 부부도 있다.

어느덧 젊음을 지내버려 생명력을 모두 잃은 듯 머무는 곳. 하지만 그곳엔 보란 듯 젊음을 뽐내는 이들이 공존한다. 밸린저의 전담 안마사는 언제나 탄력 넘치는 몸을 빛내며 감각의 위대함을 피력하는데 주저함이 없다. 그곳을 찾은 미스 유니버스의 싱그러운 나체는 평생 예술과 함께 살아온 밸린저와 믹의 입에서마저 "생에 가장 아름다운 순간"이라는 탄성을 빚어내며 전날 보여준 그녀의 속물 근성마저 잊게 만들고, 자신의 몸을 팔기 위해 늘 로비에 앉은 여자는 그 젊음과 아름다움만으로도 그곳에 머무는 성공이라는 열매를 취한 이들의 지성

과 부마저 비웃듯 이겨버리는 것이다.

그러던 어느 날, 밸린저는 어디선가 들려오는 바이올린 선율을 찾아 나서는데 그 곡은 바로 그가 작곡한 것이다. 연습하던 아이의 "정말 아름다운 곡"이라는 말에 "누군가를 사랑할 때 만든 곡"이라고 대답하는 밸린저, 하지만 어떤 이유인지 영국 여왕의 연주회 요청은 완강히 거절한다. 이는 세상으로 다시 나올 생각이 없다는 것이다. 하지만 마지막이라 여기던 작품을 더 이상 진행할 수 없게 된 '믹'이 새롭게 시작할 수 있는 곳으로 가겠다는 말을 남긴 채 건물 밖으로 몸을 던지자 이를 지켜본 밸린저는 이제야 깨달은 듯 다시 한번 연주를 위해 포디움에 선다.

주인공 밸린저가 딸과 함께 산책을 하다 남편의 이별 통보를 받아 든 딸이 애꿎은 그에게 이유를 따져 묻는다. 그렇게 이 장면이 지난 후 마치 사진처럼, 아무런 움직임이 없지만 역설적이게도 발레인 듯 보이는 장면에서 죽음처럼 고요히 흐르던 음악이 있으니 바로 러시아 출신 미국 작곡가 '이고르 스트라빈스키'(Igor Stravinsky, 1882~1971)의 발레곡 <불새>(Firebird) 중 '자장가'(Berceuse)다.

1882년 러시아의 상트페테르부르크(Sankt Peterburg, 구 레닌그라드)에서 태어난 스트라빈스키는 러시아 5인조의 음악적 리더이자 관현악법의 대가 '림스키 코르사코프'(Rimsky Korsakov)로부터 작곡을 배운 재원이다. 그가 본격적인 작곡 수업을 받은 것이 1902년이었으니 그리 빠른 시작이 아니었음에도 인생을 바꿀 기회가 찾아온 것은 그리 오래 걸리지 않았다. 1909년, 러시아 발레단(발레 뤼스, Ballet Russe)의 창설자 '디아길레프'(Serge Diaghilew)가 파리에서의 공연을 위한 곡을 의뢰해 온 것이다. 이는 젊은 무명 작곡가인 스트라빈스키에게 있어 일생일대의 기회였기에 그동안의 작업을 뒤로 한 채 빡빡한 일정을 맞추기 위하여 오직 <불

새>에 전력하게 된다. 그리고 그 결과 탄생한 작품은 그를 새로운 시대를 열어갈 신예 작곡가로서의 위상을 공고히 해주는 초석이 되었으니 실로 영혼과 열정이 넘치도록 담긴 곡인 것이다. 이러한 불새의 시나리오는 전설적인 안무가 '마하일 포킨'(Michel Fokine, 1880~1942)의 것으로 동슬라브 지역의 민담을 바탕으로 하였으며 내용은 이러하다.

▶ 모두가 죽은 듯 고요한 장면, <불새>의 자장가가 흐른다. / 스틸컷

불멸의 마왕 카셰이의 정원, 이곳에 있는 마법의 나무에 열린 황금사과를 따 먹으려던 불새는 왕자 이반에게 붙잡히고 만다. 하지만 위급할 때 도와주겠다는 약속의 징표로 황금깃털을 얻은 이반은 불새를 놓아 준다. 이제 이반은 어느 오래된 성 앞에 도착하는데 이곳에서 열두 명의 처녀와 공주 차레브나를 만나 여기가 마왕 카셰이의 성이라는 말을 듣는다. 마법에 빠진 공주를 사랑하게 된 이반, 하지만 안타까운 새벽이 다가와 성으로 돌아가야 하는 공주, 이반은 공주의 경고를 무시한 채 그녀를 구하기 위해 성으로 들어간다. 이때 갑자기 몰아치는 끔찍한

무리들, 그리고 곧 마왕 카셰이가 등장하여 모두가 머리를 조아리는 가운데 마왕은 이반을 돌로 만들려 한다. 하지만 이반이 도움을 요청하자 불새가 나타나 모두에게 지쳐 쓰러질 때까지 춤추도록 마법을 건다. 그렇게 모두가 잠들고, 왕자는 불새와 함께 마왕의 영혼이 든 구슬을 찾아 내어 깨트리자 카셰이는 죽고 무리들은 마법에서 풀려나 공주와 이반은 모두의 축복을 받으며 하나가 된다.

이러한 이야기를 발레로 담아낸 <불새>는 '카셰이 왕의 지옥의 춤'에서 들려주는 광폭함과 '자장가'에서 들려오는 몽환적인 선율, 무엇보다도 곡을 관통하며 흐르는 이국적인 뉘앙스와 색채감으로 1910년 6월 25일, 파리 오페라 하우스에서 초연되자마자 관객들을 매료시키며 스트라빈스키를 대표하는 작품으로서 큰 인기를 모으게 된다. 작곡가는 이에 부응, 50여분에 달하는 곡을 줄여 연주회용 모음곡의 형식을 빌어 콘서트장으로 가져오는데, 피날레가 생략된 1911년 버전, 자장가와 피날레가 첨가되어 그 전개가 자연스러워 가장 자주 연주되는 1919년 버전, 그리고 원곡을 좀 더 담으려 노력한 1945년 버전이 있어 작품이 지닌 순음악적 감동을 전한다.

쓰러질 때까지 춤추다 잠들다……. 젊음과 맞바꾸어 세상에서 춤추다 이제는 잠자듯 스러져 가는 영화 속 인물들을 보여주기 위하여 이 곡을 사용한 것일까? 곡이 흐르는 동안 영화 속 모든 것이 멈춰 선 듯만 하다. 그게 아니라면 주인공 밸린저와 작곡가 스트라빈스키가 친분이 있다는 영화적 설정 때문인지 혹은 몽환적인 영화의 장면을 위해 사용하였는지는 알 수 없으나 어쨌든 장면과 선율이 절묘하게 어울린다는 점은 분명하다. <불새>가 사용되어 감동적이었던 또 하나의 영화로 <환타지아 2000>을 빼놓을 수 없다. 과연 그 상상력의 끝이 어디일지 궁금케 만드는 디즈니의 애니메이션으로 유명 클래식 작품을 배경으로 각기 다른 8개의 단편적 에피소드를 엮었으며 그 마지막이 바로 <불새>다. 영화의 마지막, 불새에 의해 태워져 잿빛으로 변해 버린 세상을 숲의 정령이 초록으로 물들여 나가던 장면에서의 피날레는 시각적 감동과의 완벽한 시너지로 이루어 낸 예술적 장관인 것이다.

▶ 영화의 마지막 장면, 심플 송을 부르는 조수미 / 스틸컷

영화 <유스>엔 놓치지 않아야 할 또 하나의 곡이 있다. 주인공 밸린저가 누군가를 사랑할 때 만들었다 고백했던 곡, 소년이 연습하던 바이올린으로 일부만을 들려주어 궁금증을 자아냈으며 다시 포디엄에 선 밸린저의 손끝에서 만들어지던 그 선율, 바로 <심플 송>(Simple Song)이다. 제73회 골든글로버 주제가상에 노미네이트되어 그 가치를 인정받았으며 영화의 마지막을 장식한 곡, 그리고 이때의 장면에서 등장하는 가수는 '조수미'다. 여왕이 부탁한 콘서트마저 한사코 거절하는 밸린저에게 그를 찾아 온 책임자가 묻는다. 도대체 뭐가 문제냐고. 그리고 결

코 이유일 리 없다는 듯 말하는 것이다.

"그녀는 세계 최고의 소프라노예요."

추천 음반

STRAVINSKY: The Firebird (L'oiseau de feu) - Suite
Myung-Whun Chung (conductor)
Orchestre de l'Opera Bastille
1992/9, Opera de Paris-Bastille, Paris

작곡가가 스스로 지휘봉을 잡은 1967년 음반(SONY)이 연주의 호불호를 떠나 그 권위를 인정받고 있다. 근 현대 음악에 있어 강점을 드러내는 지휘자 '피에르 볼레즈'(Pierre Boulez)가 시카고 심포니(Chicago Symphony Orchestra)와 함께 호흡을 맞춘 1910년 발레버전 또한 빼어난 연주(1992)로 회자되는 가운데 1919년 모음곡 버전으로 지휘자 정명훈이 자신이 재임했던 바스티유 오페라 오케스트라를 대동하여 이루어낸 연주를 추천하는 바이다. 작품이 지닌 순음악적 가치를 가감 없이 드러낸 연주로 특히 피날레에 있어 울려나는 예술적 고양감이 압권이며 다소 먹먹하다 여겨질 수 있는 음질은 오히려 고급스러운 느낌으로 다가온다. 함께 커플링된 '코르사코프'(Rimsky Korssakoff, 1844~1908)의 <세헤라자데>(Scheherazade Op.35) 역시 좋은 연주이니 소장 가치가 높다.

모든 선택의 순간이 기회였음을

에릭 사티 <짐노페디>(Gymnopédies)

— 영화 <미스터 노바디>(2009)
감독: 자코 반 도마엘 / 주연: 자레드 레토

버튼을 눌러 먹이를 얻던 비둘기, 20초마다 자동으로 먹이가 나오도록 설정하니 당황한다. '내가 뭘 했던가?' '그래 날개를 퍼덕였었지' 이제 비둘기는 가만히 있어도 얻을 수 있는 것을 위해 힘겹도록 날개를 퍼덕인다.

2092년 세포재생 기술의 발달로 더 이상 죽음이 없는 시대, 118세 나이의 '니모 노바디'는 이제 곧 인류 최후로 늙어 세상을 떠나는 이로 기록될 것이다. 최면의 도움을 받아 자신의 과거로 여행을 떠나는 니모, 그 여정은 태어나기도 이전의 기억에서부터 시작된다. 망각의 천사의 실수로 모든 기억을 지닌 채 태어난 니모, 기억이란 단어는 분명 과거에 지나온 것임이 분명하지만 영화에서 그의 기억은 미래조차 포함하고 있다. 그렇게 태어난 그는 부모의 사랑과 보살핌 아래 자라 9살이 되고 이제 인생을 좌우할 첫 선택의 순간을 맞이한다. 빨강, 파랑, 노랑으로 표현되는 선택의 세상에서 늘 선택하지 않음으로 얻어지는 가능성을 택하던 그에게 닥친 피할 수 없는 선택의 순간, 이혼하는 부모 중 누구와 함께 살 것인가? 니모는 이때의 선택을 시작으로 각기 다른 모습의 인생을 살게 되며, 화면에 보여지는 수만 갈래 기찻길은 인생은 선택의 연속임을 시각화한다. 그에겐 이제 어머니를 따라 기차에 오른 니모의 삶과 기차에 오르지 못하고 아버지와 함께 하는 인생이 있다. 그 시간 속에서 또 다른 선택의 순간이 찾아오고 이렇게 영화엔 아홉 가지 다른 삶이 있는 것이다. 수없이 갈라지던 기찻길이 어지럽듯 화면은 각 삶을 복잡하게 오가기에 혼란스러운데 그러다 문득 궁금해진다. 이 중 그의 진짜 삶은 무엇이었을까? 그리고 영화의 마지막 반전, 그 힌트는 주인공은 미래에 대한 기억마저 지니고 있다는 데에서 찾을 수 있다.

9살 소년에게는 너무도 가혹한 순간, 가족이 붕괴되고 이젠 아버지와 어머니 중 누구와 살지를 선택해야 하는 것이다. 이때 잠시 멍하게 섰던 소년은 결심한 듯 엄마가 올라탄 기차를 쫓아 달리고, 분명 사력을 다해 뛰지만 세상의 시간이 느려진 듯 흘러가는 화면과 함께 딱 그 속도만큼의 몽환적인 음악이 따라 흐르니 바로 프랑스의 괴짜 작곡가 '에릭 사티'(Erik Satie, 1866~1925)가 1888년에 작곡한 <짐노페디>

(Gymnopédies).

세 개의 피아노 독주곡 모음인 <짐노페디>는 형식이나 자아내는 분위기에 있어 모두 큰 차이가 없지만 1번의 선율이 가장 유명하며 영화에 사용된 것은 제3번 '느리고 장중하게'(Len et grave)이다.

▶ '에릭 사티'(Erik Satie,1866~1925)

19세기 말과 20세기 초를 살다간 작곡가 '사티', 그는 반골 기질이 다분하여 사교성이라곤 찾아볼 수 없는 당시 음악계에 있어 아웃사이더로 통한다. 이러한 그의 성향은 작곡한 곡들의 농담 같은 제목에서도 엿볼 수 있는데 <정말 똑 부르진 데가 없는 개를 위한 변주곡>, <끝에서 두 번째 사상>, 그리고 어느 사악한 마녀의 실험실에 놓인 병에나 적혀 있을 법한 <바짝 말라버린 태아> 등이 그것이다. 제도권 음악교육에 적응하지 못해 두 번에 걸쳐 자퇴한 것 역시 그의 기질을 보여주는 사례로 이러한 그의 행보는 형식에 사로잡힌 음악을 멀리 하도록 하여 그만의 독특한 개성과 음악적 철학을 잃지 않도록 해주었다. 이에 사티는 복잡하고 현학적이며 사람을 다그치듯 웅변적인 음악에 반기를 들어 음악적 핵심에 좀 더 간결하고도 명확하게 다가가려 하였다. 그 결과 나타난 그의 음악적 특징을 한마디로 표현하자면 '단순함'인 것이다. 또한 이러한 개성적 독창성은 당시를 지배하던 이른바 정통이라 간주되던 양식의 굴레를 벗어나고자 했던 젊은 작곡가들에게 다양한 아이디어와 영감을 주었으며 그 영향력은 현재의 뉴 에이지 음악에까지 미친다. 하니 가진 기질로 인해 살아 외롭고 힘들던 그의 삶은 안타까

워도 이로 인해 탄생한 음악적 업적은 큰 것이다.

그런 그가 파리 몽마르트의 어느 한 카바레(검은 고양이)에서 피아노를 연주하던 시절, 그의 작품 중 가장 유명하다 할 <짐노페디>를 완성한다. 듣고 있자면 시절을 방황하던 보헤미안들이 가득 모인, 담배 연기 자욱한 어느 카페에 앉아 있는 듯 신비로운 느낌이 전해지며 어두운 밤 홀로 곡에 빠져들다 보면 어느 인상주의 화가가 만들어 낸 그림 속으로 들어가 거니는 듯 꿈처럼 헤매게 하니 '음악으로 거는 최면'인 듯 몽롱하다.

젊은이들이 나체로 춤을 추었다는 고대 그리스의 의식 '짐노페디', 하여 어쩐지 토템적 분위기 또한 자아내는데, 작곡가 '스트라빈스키'의 원시적 춤의 향연인 <봄의 제전>이 광란이라면 사티에 의해 단순한 리듬과 멜로디로 표현된 의식은 정적이며 묘하다. 어쩌면 감독은 니모에게 닥친 첫 결정의 순간을 그의 인생을 가를 중요한 의식으로 보아 이 곡을 사용한 것이지 않을까?

영화 <미스터 노바디>는 영화라는 매체에서 기대할 수 있는 많은 것을 충족시킨다. 비현실과 현실을 오가는 감각적인 영상이 그러하고 삶의 본질에 대해 성찰해 볼 철학적 물음 또한 던져주는 것이다. 하지만 무엇보다도 이러한 아름다운 영상과 조화를 이루는 멋진 음악이 있다. 소개해 보자면 수영장에서 니모가 다이빙을 하던 장면과 아버지를 돌보다 혼자만의 시간, 타자기에 앉아 소설을 쓰던 장면에서 흐르던 이탈리아의 미남 작곡가 '벨리니'(Vincenzo Bellini, 1801-1835)의 대표 오페라 <노르마>(Norma) 중 가장 유명한 아리아 '정결한 여신이여'(Casta Diva). 사랑하는 이가 돌아오길 바라며 달에 바치는 간절한 기도라 할 이 곡을 이야기할 때 빼 놓을 수 없는 소프라노가 있으니 바로 '마리아 칼라스'(Maria Callas, 1923~1977)다. '칼라스의 노르마냐, 노르마의 칼라스냐'라는 얘기가 있을 정도이니 그녀의 목소리로 접해 본다면 곡의 매력을 한껏 느낄 수 있을 것이다.

다음으로는 니모가 다른 이의 아내가 된 안나를 기차역에서 우연히 만나는 장면과 그가 써 나가는 소설 속 니모가 화성에 도착하는 순간의 장면에서 화면과 어울리던 우울한 듯 귀에 익은 선율, 바로 프랑스 작곡가 '포레'(Gabriel Faure, 1845~1924)의 걸작 <파반느>(Pavane Op.50)[1]다. 그가 남긴 멜로디 중 가장 대중적으로 알려졌다 할 이 곡은 본래 관현악 소품으로 작곡되었지만 그 아름다움으로 인해 많은 연주자들에 의해 경쟁하듯 다양한 악기로 편곡, 연주되고 있는데 그 우아하고도 기품 가득한 선율은 마법처럼 우리를 17세기 궁정의 무도회로 데려다 놓는다.

'아홉 인생이나'며 어지럽던 나에게 영화가 끝나고 드는 생각은 '고작 아홉'이다. 우리의 인생은 매 순간 선택의 연속이며 그 결과에 의해 살아가고 있고 다른 선택이 어떤 결과로 나타났을지는 결코 알 수 없다. 선택의 가지들은 계속해서 뻗어 나가 그 경우의 수는 무한에 가까울 테니 말이다. 하지만 우리는 가끔 '그때 다르게 결정했더라면' 하고 후회를 동반한 과거 선택의 순간을 기억하며 현재의 삶을 한탄하곤 한다. 그래! 그랬더라면. 그때 다른 선택을 했더라면 과연 당신은 현재의 당신보다 더 행복할 수 있을까? 답을 알 수 없는 이 질문에 영화는 주인공의 입을 빌어 모든 길이 다 올바른 길이라 위로하고 과거에 대한 후회로 현재에 주어진 선택마저 주저하는 이들을 다독인다.

'어떻게 될지 몰랐기 때문에 선택할 수 없었던 그 아이는, 이제 어떻

1) 파반느는 16세기 초에 발생해 17세기 중반까지 유행했던 장중하고 위엄 있는 이탈리아 궁정 무곡

게 될지 다 알았으니 또 선택할 수 없겠지.'

에필로그

이 글을 쓰고 영화의 이미지를 찾아보다 머리를 크게 얻어맞은 듯 멍해졌다. 이는 영화의 장면을 캡처한 어느 한 장의 사진 때문. 무심한 듯 흘러가는 장면과 장치들로 은밀히 영화의 주제를 내비치던 영화들을 가끔 보아왔지만 이번처럼 충격이 컸던 적은 없었다. 주인공 니모가 엄마와 아빠의 손을 잡고 선택의 기로에 섰던 기차역 장면. 그리고 그들의 뒤로 보이는 역사(驛舍)에 '선택'(CHOICE) 대신 쓰여진 선명한 단어 하나. 비록 고통스러운 선택일지라도 가질 수 있었던 모든 선택의 순간은 기회였음을.

"CHANCE"

▶ 이혼하는 부모 중 누구와 함께 살 것인가. 처음으로 선택의 기로에 서게 된 니모. / 스틸컷

추천 음반

SATIE: Gymnopédies

Lajos Lencses: Oboe

Gisele Herbert: Harfe

1986/11 Stereo, Digital, Tonstudio Mauermann

프랑스의 피아니스트 '파스칼 로제'(Pascal Roge)는 그의 1983년 음반(DECCA)을 통해 고요하고도 절제되었지만 핵심을 파고 든 해석을 보여주었으며, 이 곡에 있어 여러 번의 녹음을 남기며 곡에 대한 애정을 보여 온 '알도 치콜리니'(Aldo Ciccolini) 또한 작곡가의 천재성을 드러낸 뛰어난 연주(EMI, 1983)를 펼친다. 피아니스트 '백건우' 역시 Virgin 레이블을 통해 녹음을 남기며(1990) 프랑스 작품 해석에 있어 그의 존재감을 드러낸 바 있으며, 프랑스의 첼리스트 '오펠리 가이야르'(Ophelie Gaillard)는 음반 'Dreams'(신나라)를 통해 첼로의 그윽한 소리로 곡을 만나볼 수 있도록 하는데 첼로를 사랑하는 이들에게 있어 선물 같은 것이다.

1968년 제네바 콩쿨의 우승자 '라요스 렌체슈'(Lajos Lencses)는 음반 '밤의 노래(Musique de Nuit, AUDITE)'를 통해 사티의 대표작이라 할 <짐노페디>와 <그노시엔느>(Gnossiennes)를 모두 들려준다. 영롱한 하프 반주에 맞춰 흘러 나오는 그의 신비로운 오보에 소리는 음반의 제목과 어울리듯 밤의 서정을 너무도 멋지게 표현하여 이 곡이 본래 오보에를 위한 곡이 아닌가 착각이 들 정도다. 훌륭한 녹음과 아름다운 자켓, 그리고 오보에란 악기와 어울릴 법한 타 프랑스 작곡가들의 명곡이 빼곡하게 채워진 것 또한 이 음반이 지닌 장점이다.

꾹꾹 눌러 다져진 슬픔

빌라 로보스 <브라질풍의 바흐>(Bachianas brasileiras no. 5)

— 영화 <8월의 크리스마스>(1998)
감독: 허진호 / 주연 : 한석규, 심은하

관객을 위한다며 장황한 설명으로 장르가 가져야 할 긴장감을 떨어트리곤 하는 영화들을 가끔씩 본다. SF장르의 영화를 보러 온 관객들은 과학으로 설명되지 않는 장면들을 기꺼이 받아들인 준비가 이미 되어 있음에도 아직 증명 되지 않은 억지스런 과학적 근거를 들어 오히려 흥미를 반감시키곤 한다는 것이다. 이렇듯 안타까운 사랑 이야기를 보러 극장을 찾은 이들은 조그마한 감정이입에도 기꺼이 눈물을 흘릴 준비가 되어 있다. 그럼에도 이어지는 지나친 설정과 환타지급 우연들은 오히려 실소를 자아낼 뿐이며 무엇보다 '이래도 안 울어?' 하며 먼저 오열하는 주인공들을 볼 때면 그 민망함에 나오던 눈물마저 '쏙' 하고 사라지고 만다.

영화 <8월의 크리스마스>는 영상으로 쓰여진 시(詩)다. 언어를 펼치지 않고 함축함으로 그 의미를 오히려 더욱 확대시키는 마법 같은 문학

이 시(詩)이 듯 영화는 대사를 자제하고 클로즈업과 같은 화면적 기교 또한 아끼지만 그랬기에 대사 한 줄, 장면 하나가 더욱 큰 의미를 지닌 채 다가오는 것이다. 흐름에 중요치 않은 설정들은 모두 지워냈기에 담백하고 깊으며, 소소한 듯 현실적이기에 주는 슬픔이 날리지 않고 꾹꾹 다져져 큰 여운을 남긴다.

어느 조그만 도시의 초원 사진관, 초라한 듯 소박한 이곳엔 30대의 젊은 사진사 정원(한석규)이 있다. 그리고 구청 주차단속 요원 다림(심은하), 사진 현상을 위하여 그곳을 자주 찾을 수밖에 없는 상황에서 조금씩 가까워지는 둘의 모습이 풋풋하다. 그러던 어느 날, 병원을 찾은 정원의 표정이 심상치 않고 "이제 얼마 남지 않았습니다."라는 의사의 멘트는 없지만 그의 죽음이 다가옴을 알 수 있다. 친구를 찾아가 평소 멀리 하던 술도 한잔 기울이며 조용히 마지막을 준비하는 정원. 이런 사실을 알 리 없는 다림은 그의 마음을 열어 보려 노력하지만 이제 곧 세상을 등질 그는 쉽게 자리를 내어 줄 수도, 멀리 쫓아버릴 수도 없다. 아무 일 없는 듯 이어가는 삶과 조금씩 그 삶을 정리해 나가는 정원의 표정은 담담하기에 슬프며 다림을 볼 때마다 지어지는 그의 웃음은 애달프다.

시간이 얼마 남지 않았음에도 긴 시간이 필요한 사랑을 시작한 둘. 아마도 정원에게 있어 그녀는 떨치기 싫은 마지막 행복이겠지만 또한 떠나 보내야 할 추억이다. 하지만 끝내 마음에 걸리는 홀로 남겨질 아버지, 몇 번을 알려 드린 것들을 익히지 못하는 아버지에게 화가 나고 타박하면서도 꼼꼼히 사용법을 적어나가던 정원의 모습은 죽음을 준비하는 자를 묘사한 서러운 명장면이다. 이렇게 시간은 흐르고 아무것도 모르는 다림은 총총거리며 사진관을 찾지만 굳게 닫혀 버린 문이 당황스럽다. 그렇게 닫혀버린 사진관을 씁쓸히 돌아서는 다림의 표정은 처음엔 의아하다 그의 계속되는 부재에 당혹함과 슬픔으로 바뀐다. 그러다 결국 돌멩이를 날려 유리창을 깨곤 씩씩거리지만 이렇게라도 그를 불러내고픈 것이 그녀의 마음이다.

▶ 영화 <8월의 크리스마스> 스틸컷

병원 생활을 마치고 사진관으로 돌아온 정원, 그동안 쌓인 고지서들을 확인하던 중 그 속에 섞인 다림의 편지를 발견한다. 읽어 내려가는 정원의 얼굴에 미소가 번지고 이제 정성스럽게 쓴 답장을 들고서 그녀를 찾아간다. 카페에 앉아 창 밖으로 보이는 다림을 눈으로 쫓으며 쓰다듬는 그의 표정이 간절하다. 하지만 끝내 그녀를 불러 세우진 못한다. 그리고 가져 간 편지는 말 그대로 부치지 않은 편지가 되고, 사진관으로 돌아 온 그는 웃으며 자신의 마지막 모습을 카메라에 담는다.[1)]

"내 기억 속에 무수한 사진들처럼 사랑도 언젠가는 추억으로 그친다

1) 가수 고 김광석의 웃고 있는 영정사진을 모티브로 하였다 한다.

는 걸 난 알고 있었습니다. 하지만 당신만은 추억이 되질 않았습니다. 사랑을 간직한 채 떠날 수 있게 해준 당신께 고맙단 말을 남깁니다."

죽음을 받아들여야만 하는 주인공의 설움이 결국 폭발하고 마는 장면들이 있다. 친구와 술을 마시다 무슨 연유에선지 잡혀 온 경찰서에서 조용히 머리를 감싸 쥐고 있던 그가 갑자기 미친 듯 절규하던 장면, 그리고 죽음을 준비하던 어느 날, 덮어 쓴 이불 속에서 오열하던 장면이 그것이다.

이때 그토록 서럽게 새어 나오던 그의 울음 소리와 함께 흐르던 음악이 있으니 바로 세계적 명성의 브라질 작곡가 '에이토르 빌라 로보스'(Heitor Villa-lobos, 1887~1959)의 <브라질풍의 바흐> 중 제5번.

어려서부터 여러 악기를 익힌 '빌라 로보스'는 공식적인 음악 교육을 받은 적 없이 독학으로 서양음악을 탐구한 천부적 재능의 소유자였다. 그런 그는 18세의 젊은 시절부터 브라질 전역을 떠돌며 민속음악을 채집하고 그 연구에도 큰 공헌을 남기는데 이러한 노력은 국립 음악원에 들어간 이후에도 계속된다. 그 결과 브라질 음악에 정통할 수 있었으며 이에 기반한 다양한 작품들을 발표하며 주목 받는 작곡가가 될 수 있었던 것이다.

이후 1920년대 유럽으로 건너간 그는 당시를 대표하는 많은 작곡가들과 친분을 쌓으며 성공적인 작품 활동을 이어간다. 그리고 이 동안 그의 이름이 세계에 알려지며 브라질을 새로운 음악의 중심국으로 자리할 수 있도록 하니 브라질 입장에서 본다면 국보 같은 작곡가인 것이다. 이러한 성공적인 1920년대를 보내고 1930년 조국으로 돌아온 그는 이제 자국의 음악 교육 및 환경 개선에 힘을 쏟는다. 그리고 평소 세계 음악의 공통언어라며 존경하던 바흐의 대위적 기법과 그동안 연구해 온 에너지로 가득 찬 브라질 민속음악의 선율을 융합, 그의 대표작 <브라질풍의 바흐>를 작곡하게 되는데 국민 작곡가로서 브라질 음악의 새 지평을 열었다는 평가다.

각 곡마다 편성과 분위기를 달리 하는 15년이란 긴 시간의 결실 <브라질풍의 바흐>, 이 작품은 연작 형태의 9곡으로 이루어져 있으며 바흐가 활동하던 바로크 시대를 연상시키는 제목 프렐류드, 푸가, 토카타, 아리아 등과 단사, 초로스 등 브라질 민속음악 장르의 제목이 함께 병존하는 것이 특징이다. 영화 속에 흐르던 가장 유명하다 할 제5번 역시 '아리아'와 '단사'로 구성되어 있으며 8대의 첼로와 소프라노라는 혁신적인 편성으로, 이는 한 가지 악기가 대거 투입된 모험적 시도인 것이다. 첼로의 피치카토(현을 손가락으로 뜯어 내는 음) 도입부가 지나면 아련한 듯 몽롱한 여인의 목소리가 흐느껴 나온다. 그 선율은 유려하고 리듬은 육감적이다. 또한 세상의 모든 것을 버리고 익숙한 것들과 멀리 떠나 홀로 남겨진 듯 이국적이며 남미 특유의 쓸쓸한 비감이 흘러 넘친다. 이는 브라질의 아마존 밀림 한가운데에서 맞이하는 밤처럼 그 고독은 야생의 것이다. 유사한 분위기를 지닌 곡으로 영화 <흑인 오르페>의 주제곡 <카니발의 아침>(Manha de Carnaval)이 있으니 비교해 듣다 보면 두 곡간의 선율을 교차해 읊조리고 있는 자신을 발견할 수 있을 것이다.

영화 <8월의 크리스마스>엔 감정의 강요가 없다. 내가 하고픈 이야

기를 다한 듯한 어느 번역가의 글이 있어 소개하고자 한다.

"자랑하지 않고, 충고하지 않고, 강요하지 않는 그 침묵에 더없이 큰 위로를 받는다. 대사도 적지만 이렇게 여백이 많은 작품도 드물다. 인물이 다 빠진 배경이 덩그러니 남아 한참 동안 나를 쳐다본다. 이 정도면 오히려 영화에 내가 말을 걸고 싶을 정도다."

이 영화는 이별에 관한 이야기다. 두 남녀의 이별은 애틋하지만 무덤덤한 듯 깊은 것이 남자들의 이별이다. 이불 속에서 흐느낌, 방문 밖 언뜻 비치던 아버지의 그림자는 어떠한 위로의 말도 건네지 않지만 피를 토하는 슬픔이다. 평소와 다른 행동의 정원이 취한 김에 친구의 귀에 대고 자신의 죽음을 조용히 알렸을 때 술 먹고 싶어 별소릴 다한다며 "그래 한잔 더해 인마" 하며 웃던 그 친구는 제발, 제발 농담이기를 빌었을 것이고, 그래서 더 과장되게 웃었을 것이다. 이렇듯 대수롭지 않게 행동해 보던 친구가 묻는다, "무슨 일 있냐?" 이쯤이면 아무 일도 없다 우겨봐야 소용없다. 벼랑 끝에 섰을 때 친구가 이렇게 건네 온다면 털어 놓을 수밖에. 하여 그냥 그저 고마운 그 말.

"말해 봐."

추천 음반

Villa-Lobos : Bachianas Brasileiras Nos.1, 2, 5, 9
Victoria De Los Angeles (soprano)
Orchestre National de la Radiodiffusion Francaise
Heitor Villa-Lobos (conductor)

기타리스트 존 윌리엄즈 (John Williams)의 반주로 들어보는 나나 무스꾸리 (nana mouskouri)의 목소리가 신비로우며 좋은 녹음을 바탕으로 한 베를린 필 12첼리스트의 연주(EMI) 또한 제 물을 만난 듯 멋스럽지만 1959년, 작곡가의 지휘봉 아래 연주된 녹음(EMI)은 역사적 권위를 지닌다. 모노 녹음이라 음질이 다소 통명스럽게 들릴 수 있겠지만 감상에 방해가 되지 않으며 무엇보다도 전성기 시절 '로스 앙헬레스'의 목소리는 놓치기 싫은 선물이다.

조지 거쉰 (George Gershwin)

1898.09.26.~1937.07.11.

회색 빛 도시 속의 작은 새

조지 거쉰 <랩소디 인 블루>(Rhapsody in Blue)

— 영화 <맨하탄>(1979)
감독 / 주연: 우디 앨런

굳이 흑백 필름이 아니었더라도 회색 빛이 가득할 도시 뉴욕, 이상과 현실 사이를 방황하며 고뇌하는 작가 아이삭은 두 번의 이혼 경험이 있다. 그리고 지금은 17살의 고등학생인 트레이시와 관계를 유지하고 있지만 늘 어린 그녀에게 자신과의 만남은 단순히 스쳐 지나가는 순간이며 서로에게 너무 깊이 빠지지는 말자며 당부한다. 이는 앞으로 주어질 많은 기회를 포기하지 말라는 배려이기도 하지만 이 사랑의 끝이 결코 행복할 수 없다는 자포자기의 심정이며 어쩌면 차가운 도시 속에 살다 더 이상 사랑이란 감정을 믿지 않게 되어버린 것일지도 모른다.

그러던 어느 날, 미술관에서 우연히 대면하게 된 매리, 그녀는 자신의 절친인 예일의 여자친구로 그 날의 첫 만남은 불쾌했지만 점차 서로의 고민을 들어주며 가까워져 간다. 아이삭은 자신의 예술적 신념을 위해 직장을 뛰쳐나와 힘든 처지였으며 매리는 유부남인 예일과의 사랑으

로 상처받고 외로웠던 것이다. 그렇게 가까워지다 결국 사랑하게 된, 아니 사랑하는 것처럼 느끼게 된 둘. 하지만 이도 잠시, 매리는 아직도 예일을 사랑한다며 다시 그에게로 돌아가 버리고 아이삭을 진정으로 사랑하던 트레이시는 이제 그가 주었던 조언대로 영국으로의 유학을 떠나려 한다. 이렇게 모두가 곁을 떠나 버린 상황에서 자신에게 소중했던 이들을 나직이 읊조리는 아이삭, "하지만 가장 먼저 떠오르는 것은 트레이시의 얼굴……." 이때 문득 깨달은 그는 그녀가 있는 곳을 향해 달린다.

영화가 시작되면 뉴욕의 거대한 마천루를 배경으로 귀에 익은 클라리넷 선율이 마치 새처럼 비상하다 지친 듯 내려앉는다. 이것은 마치 그 속에 살아보려 발버둥치다 이제는 영혼마저 시든 듯 고독한 것으로, 이 곡은 바로 미국의 작곡가 '조지 거쉰'(George Gershwin, 1898~1937)의 <랩소디 인 블루>(Rhapsody in Blue)인 것이다.

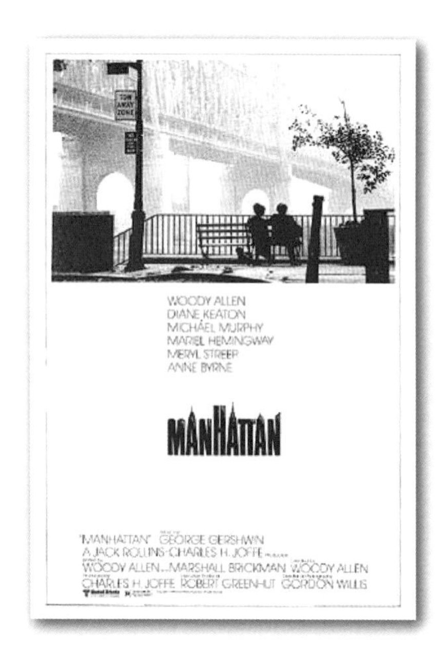

'피아졸라'(Astor Piazzolla)가 아르헨티나의 탱고를 예술적 경지에 올려 놓았듯 조지 거쉰은 미국의 재즈음악에 있어 동일한 업적을 남긴 음악가다. 어려서부터 정식 음악 교육을 받는 대신 스스로 모든 것을 습득해 나가던 그는 고등학교를 중퇴, 악보 출판사의 피아니스트로 사회 생활을

시작하여 틈틈이 작곡을 해 나간다. 그러다 1919년 발표한 <스와니>가 크게 히트하며 세상의 주목을 받기 시작하자 뮤지컬과 영화음악으로까지 창작의 영역을 넓혀나간다. 특히 그는 재즈에 있어 애정과 재능이 남달라 이를 미국인의 마음 깊이 자리 잡은 정서로 여기며 순수음악의 영역으로까지 확대해 나가는데 그 가장 대표적이면서도 성공적인 결과물이 바로 <랩소디 인 블루>인 것이다. 곡은 당시 재즈 왕이라 불리던 '폴 화이트먼'의 권유로 자신의 작품 오페레타 <블루 먼데이>를 자유로운 형식을 지닌 재즈 협주곡으로 변형, 재탄생시킨 것으로 폴 화이트먼이 이끄는 재즈 밴드와 작곡가 자신의 협연으로 1924년 2월 뉴욕 에올리언홀에서 열린 '현대음악의 실험'이란 콘서트를 통해 처음으로 세상에 등장한다.

여기서 재미있는 사실은 <랩소디 인 블루>의 시작을 알리는 유명한 도입부 '글리산도'[1]가 초연의 리허설 중에 탄생했다는 것이다. 이는 당시 악단의 클라리넷 연주자였던 '로스 고먼'이 장난 삼아 연주한 것으로 여기에 영감을 얻은 거쉰은 좀 더 처절하게 연주할 것을 주문, 곡에 적용하였다고 하니 그 탄생마저 재즈적인 것이다. 이렇게 등장한 곡은 그 초연부터 관객의 마음을 사로 잡아 당시의 공연장이 눈물바다가 되었으며 이 역사적인 자리에는 러시아의 작곡가 '라흐마니노프', 그리고 전설의 바이올리니스트 '야사 하이페츠'도 있었다고 전해진다. 이후 곡의 인기는 더욱 치솟아 연주회는 계속하여 이어졌고 레코딩은 100만장이 넘게 팔려나가며 그렇게 <랩소디 인 블루>는 거쉰을 단숨에 세계적인 작곡가, 미국 음악을 대표하는 작곡가로서의 반열에 올려 놓는다.

작품은 이후 작곡가 '그로페'에 의해 두 번의 편곡을 더 거치며 그 기

---

1) 높이가 다른 두 음의 사이를 급속히 미끄러지듯 연주하는 방법

능성을 더욱 확대하는데 오늘날 연주되는 것은 주로 1942년의 마지막 오케스트라용 편곡 버전으로 아직도 미국을 대표하는, 그리고 대도시의 공허함을 떠올릴 때면 항상 오버랩되는 명곡으로 사랑받고 있다. 하니 영화 <맨하탄>의 Opening, 회색 빛 빌딩으로 둘러 싸인 뉴욕을 배경으로 울부짖듯 상승하는 클라리넷 선율은 여전히 그 어울림이 절묘하여 <랩소디 인 블루>가 왜 뉴욕의 음악인지 증명한다.

트레이시의 집 앞을 뛰어 도착한 아이삭, 하지만 그녀는 이미 출발 준비를 마치고 막 공항으로 향하려던 참이다. 이때 그녀의 앞을 막아서는 아이삭, 가라며 떠밀 때는 언제고 이제는 어이없게도 가지 말라며 애원한다. 외로운 도시에서 허망한 사랑만을 해오던 아이삭은 진실된 사랑을 알려 준 그녀를 결코 놓칠 수 없는 것이다. '6개월', 그런 그에게 트레이시는 6개월 후면 돌아오니 기다려 달라고 한다. 하지만 아이삭은 너무 긴 시간이라며, 그동안 무슨 일이 생길지 알 수 없다며 그냥 가지 말라고 한다. 너무도 쉽게 변해버리는 현대인들의 삶에 섞여 살았으니 믿을 수 없는 것이다. 하지만 사랑의 숭고함을 알고 그 영원함을 주장하는 트레이시에게 있어 6개월은 아무것도 아니며 결코 자신의 마음을 변하게 할 수 없는 짧은 시간일 뿐이다. 하여 그녀는 자신보다 20년을 넘게 더 살았지만 배운 것이라곤 도시의 허무함과 덧없음뿐인 그에게 오히려 충고할 수 있는 것이다.

"사람에 대해 조금은 믿음을 가져야 해요."(You have to have a little faith in people)

추천 음반

GERSHWIN: Rhapsody in Blue
Stefano Bollani (piano)
Riccardo Chailly (conductor)
Gewandhausorchester
2010/01/28-30, Gewandhaus, Leipzig, Germany

미국적 분위기를 대표하는 곡이다 보니 미국 음악가들의 연주가 강세다. 이 곡에 대한 애호가라면 피아니스트 '얼 와일드'(Earl Wild)와 지휘자 '아서 피들러'(Arthur Fiedler)'가 호흡을 맞춘 연주(RCA, 1959), 그리고 미국적 감성을 가장 잘 살려낸 '번스타인'(Bernstein)의 음반(SONY, 1959)이 먼저 떠오를 것이며 아직도 <랩소디 인 블루>에 있어 그들의 연주가 지닌 위상에는 변함이 없다.

하지만 근래에 들어 이들의 아성에 도전하는 멋진 결과물이 있으니 바로 지휘자 '리카르도 샤이'의 빼어난 반주와 함께 한 재즈 피아니스트 '스테파노 볼라니'의 연주이다. 2006년 자라섬 국제재즈페스티벌에 등장하여 깊은 인상을 남긴 바 있는 볼라니는 이탈리아 재즈계의 신성으로 유럽을 넘어 세계적으로 주목 받는 피아니스트다. 그런 그가 재즈적 감성을 바탕으로 연주하였으니, 역시 이 곡의 해석에 있어서는 재즈 연주자가 제격이라는 기분 좋은 선입견을 남겨준 새로운 명연이다. 음반의 표지를 보라, 그들의 표정에서부터 벌써 이 연주의 분위기가 전해지지 않는가?

▶ 영화 <환타지아 2000>. <랩소디 인 블루> 연주를 배경으로 도시 속 네 가지 에피소드를 풀어낸다.

음악이 데려다 놓은 미지의 그곳

하차투리안 <스파르타쿠스>(Spartacus) 중 '아다지오'(Adagio)

— 영화 <허드서커 대리인>(1994)
감독: 조엘 코엔 / 주연: 팀 로빈스

시골에서 막 상경한 노빌(팀 로빈스), 그가 대도시 뉴욕에서 직업을 구하기란 쉽지 않다. 그러다 우연히 허드서커사의 구인광고를 본 노빌은 그곳을 향하고, 허드서커 빌딩의 44층에서는 이사회가 한창이다. 이때 모든 것이 완벽하다는 보고를 받던 회장 허드서커는 무슨 이유에서인지 창문을 향해 자신의 몸을 던지고, 이를 지켜 보던 머스버그 이사(폴 뉴먼)는 그 자리에 있던 이사들과 함께 자격이 현저히 떨어지는 대리인을 사장으로 내세워 주가를 떨어뜨린 후 다시 그 주식을 거둬들여 경영권을 차지할 계략을 세운다. 이러한 계략에 적임자로 낙점된 노빌, 그는 영문도 모른 채 하루아침에 회사의 사장이 되고 한편 이를 수상히 여긴 기자 에이미는 신분을 속인 채 그의 비서가 되어 마침내 은밀한 이사회의 계략마저 파악하는 동시에 순수한 열정으로 가득한 그를 사랑하게 된다. 그렇게 주가가 폭락하고 이때 노빌은 주머니에 늘 지니고 다니던

설계도를 꺼내 놓으며 회사를 살릴 획기적인 아이디어 상품이라 소개하지만 낡은 종이에는 그저 완벽한 원 하나가 그려져 있을 뿐, 실패를 확신한 머스버그는 생산에 동의한다.

하지만 이사회의 예상과는 달리 아이디어 상품은 대성공을 거두는데 그것은 바로 '훌라후프'. 성공의 달콤함에 빠져 버린 주인공 노빌, 이제 그의 하루는 게으르게 흘러가고 이전의 노빌로 돌아오라는 에이미의 간곡한 충고마저도 무시하는 지경에 이르렀으며, 친구처럼 지내던 동료의 아이디어를 조롱하며 심지어 그를 파면하기까지 한다. 한편 계획이 틀어진 머스버그는 회사를 차지할 새로운 계략을 꾸미고 여기에 말려든 노빌은 다시 한번 파멸을 향해 치닫는데…….

1959년을 맞이하는 뉴욕의 밤을 배경으로 누군가의 독백이 들려오며 영화는 시작된다. 이때 하늘을 가르는 카메라워크와 함께 신비롭게 흘러 나오는 선율이 있으니 바로 구 소련 시절의 작곡가 '하차투리안'(Aram Khachaturian, 1903~1978)의 발레 <스파르타쿠스>(Spartacus) 중 '스파르타쿠스와 그의 아내 프리기아를 위한 아다지오'(Adagio of Spartacus and Phrygia)이다. 가난한 구두 수선공의 아들로 태어난 작곡가 하차투리안은 늦은 나이에 이르러서야 제대로 된 음악교육을 받을 수 있었으며 자신의 고향인 아르메니아의 민속 선율을 서구화된 작곡 기법에 녹여낸

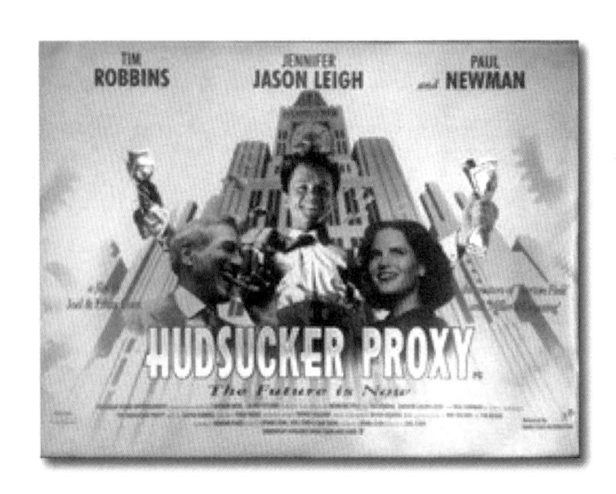

▶ 볼쇼이 발레의 스파르타쿠스 초연에서 프리기아 역을 맡았던 '에카테리나 막시모바'

것으로 유명하다. 그렇게 그는 '프로코피에프'(Prokofiev), '쇼스타코비치'(Shostakovich)와 더불어 20세기 구소련을 대표하는 작곡가로 평가 받으며 대표작으로 '바이올린 협주곡'(Violin Concerto in D minor)과 발레음악 <스파르타쿠스>, 그리고 <가이느>(Gayane)를 남겨 놓는다. 이중 영화에 사용된 발레곡 <스파르타쿠스>는 로마의 노예 검투사 스파르타쿠스의 반란과 죽음을 다룬 대작으로 그를 대표하는 작품이라 할 것이다. 스파르타쿠스는 기원전 1세기 로마의 검투사로 노예들의 반란을 주도, 인간의 존엄성과 자유를 외치며 로마의 폭정에 저항했던 인물로 비록 그의 시도는 실패로 돌아갔지만 이후 많은 혁명가들에게 영감을 준 역사적 인물이다.

포로가 되어 로마로 끌려 온 스파르타쿠스와 그의 아내 프리기아는 노예시장에서 다른 곳으로 팔려가며 이별을 맞고 죽음의 결투를 벌여야 하는 검투사가 된 스파르타쿠스는 동료를 규합, 탈출을 도모한다. / 탈출에 성공한 노예들, 이제 크라수스 장군과 스파르타쿠스의 결투가 벌어지고 여기서 승리한 스파르타쿠스는 장군을 추방하기로 한다. / 치욕적으로 살아 남은 장군은 복수를 위해 로마군단을 이끌고 반란군을 제압하기 위하여 나타나고 스파르타쿠스는 이에 맞서 싸우다 결국 장렬한 죽음을 맞이한다. 그의 아내 프리기아가 슬피 울부짖는 가운데 그를 찬양하는 민중들의 합성이 울려 퍼진다.

이러한 내용 중 영화에 사용된 '아다지오'는 3막에 등장하며 프리기아와의 사랑을 확인하는 장면에서의 2인무다. 그 선율이 아름다워 한번 들으면 쉬이 잊혀지지 않는 매력을 지닌 것으로 듣다 보면 상당히 이국적이라는 것을 알 수 있는데 이는 조국 아르메니아의 민속음악을 바탕으로 한 작곡가의 작풍이 드러난 것이다. 하여 그 화성이 매우 독특하면서도 이국적이며 이를 타고 흐르는 선율 또한 변방의 것, 고대의 것으로 꿈결 같아 지극히 현실을 배경으로 하였으나 판타지적 요소가 가미된 영화의 분위기를 한층 돋우어 주는 역할을 할 뿐 아니라 마치 다른 차원에 존재하는 뉴욕을 보여주는 듯 몽환적인 느낌을 효과적으로 전달한다.

▶영화 <허드서커 대리인> 스틸컷

동그란 원 하나만 달랑 그려진 설계도로 성공을 확신하는 노빌, 하지만 도무지 팔리지 않는다. 그렇게 길에 내다 버려진 훌라후프는 정처 없이 굴러가다 어느 소년의 앞에 멈춰 서고 이때 멋지게 실력을 뽐내는 소년, 이를 지켜보던 아이들은 상점으로 내달려 이제 훌라후프는 미 전역을 휩쓰는 히트 상품이 된다. 그리고 이 모든 장면을 관통하며 흐르는 음악이 있으니 '하차투리안'의 또 하나의 명작 <가이느> 중 '칼의 춤'(Sabre Dance)이다. 이 곡은 하차투리안의 작품 중 대중에게 알려진 가장 친숙한 멜로디이자 그의 이름을 단숨에 세계에 알린 출세작으로, 코카사스의 중앙아시아 지역에 전해지는 민속음악적 색채를 지녔기에 이 역시 작곡가의 작풍이 물씬 풍기는 것이다. 곡은 첫 4마디의 호전적인 도입부 이후 유명한 주제부가 격렬하게 이어지다 여러 악기로 재현되며 고양되어 마침내 폭발하는데, 마치 중앙아시아의 무사들이 말을 타고 도전해 오는 듯 상당히 원시적이면서 강렬하다. 하여 절묘하고도 빠르게 전개되는 영화적 장면에 커다란 긴장감을 불어넣어 주는 효과를 발휘하며 노빌의 아이디어가 성공할지 실패할지 숨죽여 지켜보도록 하는, 참으로 절묘한 음악의 활용인 것이다.

영화에서는 세 번의 다른 아이디어 상품 설계도가 등장한다. 하지만 그 도안은 모두 같으며 완벽하게 둥근 원이다. 첫 번째는 훌라후프였으며 동료가 보여 준 두 번째의 것은 구부러지는 빨대다. 그리고 영화의 마지막 장면, 주인공이 또 한번 이사회에서 발표한 그것은 바로 원반이다. 이것뿐이겠는가? 접시, 각종 구기 종목의 공, 오늘날 없어서는 안될 자동차의 바퀴 등. 그렇다면 원의 모양을 지닌 가장 위대한 발명품은 무엇일까? 적어도 나에게 있어선 너무나도 명확하다. 그것은 오늘도 바쁘게 돌아가며 변함없이 아름다운 음악을 들려주고 있기 때문이다.

추천 음반

KHACHATURIAN: Spartacus
Aram Khachaturian (conductor)
Wiener Philharmoniker
1962/03/08-11, Sofiensaal, Vienna

비교적 최근의 것으로는 '므라빈스키'(Mravinsky)의 뒤를 이어 상트 페테르부르크 필하모닉 오케스트라(구 레닌그라드 필하모닉 오케스트라)의 수장이 된 '테미르카노프'(Yuri Temirkanov)의 음반(SIGNUM, 2005)이 추천의 대상이다. 이전의 러시아적 박력을 기대하는 이들에게는 다소 아쉬운 대목이 있을 수 있겠으나 오랫동안 서구의 오케스트라를 지휘하며 쌓아 온 지휘자의 음악적 유연함이 곡의 아다지오와 만나 그 신비로움을 아름답게 묘사한다.

작곡가에 의한 자작 자연이 항상 성공적이라고 할 수는 없지만 적어도 <스파르타쿠스>에서의 성과는 탁월하며 아직까지도 경쟁자가 없어 보인다. 작곡가이자 지휘자로서 하차투리안의 확신에 찬 해석은 이 곡이 자신의 작품이라 웅변하는 듯하며 이를 멋지게 울려내는 빈 필의 역량은 최고이며 녹음 또한 훌륭한 명연주 명음반인 것이다.

죽음마저 초월하는 징글맞은 인연

쇼스타코비치 '왈츠 2'(Waltz 2)

— 영화 <번지점프를 하다>(2001)
감독: 김대승 / 주연 : 이병헌, 이은주

2005년 2월, 당시 25세의 앞길 밝은 여배우가 스스로 목숨을 끊었다는 소식이 전해진다. 그녀의 허스키한 목소리는 매력적이었으며 눈빛은 깊고도 슬펐었다. 배우 '이은주', 대표작이라 할 수 있는 영화 <번지점프를 하다>에서 여주인공 '태희'로 분한 그녀는 이렇게 얘기했었다. 인생의 절벽 아래로 뛰어내린대도 그 아래는 끝이 아닐 거라고. 아마도 그렇게 믿었었나 보다. 무엇이 그리 괴로웠을까? 그녀는 스스로를 생의 절벽 아래로 밀어 그렇게 우리의 곁을 떠나갔다.

1983년, 우연히 자신의 우산 속으로 뛰어든 태희의 모습에 인우는 첫눈에 운명적인 사랑을 느낀다. 이름조차 알지 못하는 그녀를 그리워하던 중 우연히 대학 캠퍼스에서 그녀를 발견, 수줍게 접근을 시도하고 결국 서로는 사랑하게, 아니 사랑할 수밖에 없다. 서서히 마음을 확인하

며 이젠 서로에게 가장 소중한 존재가 되어 버린 두 사람. 사실 태희에게 있어서도 인우는 운명 같은 사람이다. 그의 우산으로 뛰어든 날, 창밖을 바라보던 그녀의 가방 속엔 우산이 있었지만 그를 사랑할 수밖에 없는 심장이 그녀를 움직였던 것이다. 그렇게 아름다운 시간이 흐르고 입대 날이 얼마 남지 않은 인우, 비가 내리는 길에서의 다툼은 오히려 두 사람의 사랑을 더욱 깊어지게 만들고 그날 그렇게 풋풋하게 하나가 된 그들. 이제 입대 날이 되어 기다려 보지만 "당연히 같이 가야지, 근데 혹시 좀 늦더라도 꼭 기다려야 해."라고 약속했던 태희는 끝내 나타나지 않는다.

꼭 기다려야 한다는 그녀의 당부를 잊지 않았기에 쉽게 기차에 오르지 못하는 인우의 모습을 뒤로 하고 그렇게 17년이 지나 2000년, 고등학교 선생님이 된 인우는 새롭게 담임을 맡게 된 학생들에게 인연에 대해 이야기한다. 그리고 학생들이 믿고 따르는 멋진 선생님이 된 그의 반에는 현빈이라는 남학생이 있다. 그런데 이게 무슨 일인가? 자신의 제자인 현빈에게서 그토록 사랑했던 태희를 느끼는 것이다. 결코 옛사랑과 닮은 것이라고는 없는 현빈, 반의 농구 대표로 뽑힐 만큼 건장한 남자 학생에게서 말이다. 함께 했던 추억이 서린 음악과 행동들, 현빈의 말 하나 하나가 그 옛날 태희가 자신에게 했던 것이어서 인우의 넋을 놓게 하지만 무엇보다도 인우의 심장이 현빈에게서 태희를 느끼는 것이다. 이제 인우의 눈과 귀는 현빈에게 향하고 그런 그의 행동으로 인해 결국 학교에도 좋지 않은 소문이 돌기 시작한다. 거리를 두려 노력해 보지만 그토록 사랑했던 여인을 느끼는 인우에게는 이제 어쩔 수 없는 일이 되어버리고 만 것이다. 추문에 힘겨운 현빈은 인우에게 저에게 왜 이러시냐고 쏘아붙이지만 그런 현빈에게 인우는 "나는 너를 이렇게 느끼는데 왜 날 조금도 기억하지 못하니."라며 흐느낀다. 인우는 "난 다시 태어나도 너만 찾아 다닐 거야, 악착같이 찾아서 다시 사랑할 거야." 라고 그녀에게 고백했었다. 그렇다면 죽음에서 환생한 태희가 악착같이 사랑을 찾아온 것일까? 여기서 놀라운 것은 사실 현빈도 인우에게서 전생의 사랑을 느끼는 심장을 지니고 있었던 것이다.

학교에서 쫓겨 나 모든 것을 잃은 듯 기차역 벤치에 멍하니 앉은 인우, 17년 전 사랑하는 여인을 애태우며 기다리던 그곳, 이때 현빈은 옛날 태희가 교통사고를 당했던 바로 그 횡단보도를 건너 그를 찾아 온다. "미안해, 많이 늦었지?" "아니 지금이라도 와줘서 고마워." 늦더라도 꼭 기다리라던 약속은 이제야 지켜지고 그들은 함께 뉴질랜드로 향한다. 그곳엔 태희가 해 보고 싶다던 번지점프가 있다. 그들은 다음 생에도 악착같이 서로를 찾아내 다시 사랑할 수 있을까? 아마 그럴 것이다. "내가 누군가를 사랑한다면 그게 너야, 너인지 알 수 있어, 너 아니면 누구와도 사랑할 수 없으니깐." 나란히 손을 마주 잡은 두 사람, 불안한 듯한 인우의 표정과 달리 현빈의 얼굴엔 평온한 미소가 있다.

그런 현빈, 아니 태희의 얼굴을 본 인우의 얼굴에도 평온이 찾아오고 그들은 함께 지금의 세상 밖으로 줄 없는 번지점프를 한다.

무심코 들어선 교실, 현빈의 폰에서 흘러나오는 울림, 그 선율은 인

우로 하여금 운명적 사랑인 태희와 함께 했던 바닷가에서의 추억을 떠올리게 한다. 붉은 석양 아래서 함께, 어설프지만 행복한 춤을 추던 아름다운 장면에서의 음악, 바로 러시아의 작곡가 '쇼스타코비치'(Dmitry Shostakovich, 1906~1975)의 '왈츠'다. 이렇게 간단히 제목을 이야기하더라도 이 곡이 무엇인지 짐작할 수 있을 만큼 유명한 선율이지만 좀 더 정확히 이야기하자면 <재즈 오케스트라를 위한 모음곡 2번>(Suite for Variety Orchestra) 중 6번째 곡 '왈츠 2'(Waltz 2)이다. 왈츠 2이니 왈츠 1이 있을 것이고 모음곡 2번이니 1번이 있을 것인데 실제 쇼스타코비치가 작곡한 2개의 모음곡에 왈츠라는 제목을 지닌 것이 3개나 있으니 그냥 왈츠라고 하면 헛갈릴 수도 있겠다. 하지만 영화에 사용된 왈츠 2가 너무도 유명하여 그냥 왈츠라고 한다면 일반적으로 이 곡을 가리킨다.

▶ 음악 '왈츠'가 흐르던 장면 / 스틸컷

1999년 '재즈모음곡 2번'의 원본이 발견되는 해프닝으로 인해 왈츠 2가 포함된 이 작품의 원제마저 논란거리다. 하지만 이미 대중에게 깊이 각인된 후인지라 처음 세상에 소개되었을 때 그대로 일반적으로 통용되고 있는 것이니 헛갈리지만 그냥 '쇼스타코비치의 왈츠' 하면 되겠다.

작곡가 쇼스타코비치, 어려서부터 음악적 재능을 보인 그는 1925년, 졸업 작품 <교향곡 1번>을 선보이며 주목 받기 시작하는데 그 명성은 러시아를 넘어 이미 세계적인 것이었다. 하지만 졸업 이후 피아니스트와 작곡가로서 성공적인 행보를 이어가던 그에게 다가온 차가운 위기, 1930년대에 들어 민족적 형식과 사회주의적 내용을 표방하는 사회주의 리얼리즘 정책이 수립된 것이다. 이에 쇼스타코비치의 작곡 성향은 비판의 대상이 되었지만 곧 그의 대표작이라 할 <교향곡 5번>을 완성하며 비판을 찬사로 바꾸어 낸다. 이후 레닌그라드 음악원과 모스크바 음악원의 교수로 지내며 활발한 작품 활동을 이어가지만 늘 감시의 대상이었으며 <교향곡 9번>에 이르러 결국 다시 한번 형식주의자라는 지다노프 비판의 표적이 되어 자기비판을 하기에 이른다.

이렇듯 그의 음악적 삶은 사회주의 체제의 수호자로서의 사상적 음악과 예술가로서의 순음악적 창작 사이에서 끝없이 고뇌한 위태로운 줄타기였던 것이다. 이처럼 차가운 시대를 지나 온 그가 이토록 사랑스럽고 위트 가득한 모음곡을 창조해 냈다는 것은 오히려 당혹스럽다. 그것도 경쟁국 미국의 음악이라 할 재즈를 바탕으로 하였으니 더욱 그렇다. 하지만 이는 우연한 것이 아닌 새로운 음악과 장르에 늘 도전하며 실험했던 그의 열정으로부터 얻어진 결과물이었다. 다양한 장르의 음악을 클래식과 접목하려는 시도가 왕성했던 20세기 초, 당시 서유럽의 작곡가들은 유럽을 넘어 서반아시아, 남아메리카 등 다양한 지역의 음악과 형식적 결합을 시도하며 음악적 다양성을 추구한다.

그 중 가장 큰 영향을 미친 것은 미국의 재즈, 이는 비단 유럽에만 국한되지 않고 1차 세계대전 후의 소비에트 연방에도 그 장르적 특성이 유입되어 적극적으로 수용되기에 이른다. 이에 1930년대에 접어 들어

이전의 실험적인 형식을 벗어나 영화음악 등을 작곡하며 대중에게 다가가려 했던 '쇼스타코비치' 역시 그 영향을 받아 당시로는 실험적 장르라 할 재즈에 관심을 가지게 된다. 그 결과 1934년 세 개의 곡으로 구성된 <재즈오케스트라를 위한 모음곡 1번>을 발표하게 된 것이다. 그리고 4년 후, 이러한 성과는 이어져 스테이트 재즈 오케스트라의 위촉을 받아 그 2번을 작곡하게 되는데 이는 이전의 것보다 더욱 확장된 8곡 구성의 대규모 오케스트라를 위한 작품으로 재즈에 대한 그의 관심이 마침내 음악적 결실로 맺어진 걸작인 것이다.

이러한 곡이 악보로만 머물다 세상에 소개된 것은 1988년이다. 그리 오래 전이 아님에도 이토록 빠른 속도로 대중으로부터 큰 사랑을 받을 수 있었던 데는 '스탠리 큐브릭'(Stanley Kubrick) 감독의 영화 <아이즈 와이드 셧>(Eyes Wide Shut, 1999)의 역할이 컸다. 영화에서 흐르던 선율이 확실한 대중의 귀도장을 찍었던 것이다. 그리고 이후 각종 CF와 공연장에 등장하며 인기가 치솟던 곡은 영화 <텔 미 썸씽>(1999), <번지점프를 하다> 등에 사용되며 국내에서 더욱 널리 알려지게 되는데 이젠 누구나 한번쯤은 접해본 인기 곡이다.

담임을 맡은 반 학생들과의 첫 대면, 그 속엔 현빈, 아니 다시 사랑하기 위하여 자신을 기어코 찾아온 태희가 있다. 이때 인우는 학생들에게 인연에 대하여 이야기한다. 이 넓은 우주에서 엄청난 확률로 우리들은 만난 거라고. 옷깃만 스쳐도 억만 겁의 세월이 필요하다는 말을 빌리지 않더라도 운명 같은 인연인 것이다. 비록 남녀의 사랑이 아닐지라도 소중한 인연들이 곁에 있다. 그렇다면 기나긴 세월을 함께 했을 것인데 결코 소홀히 대하지 말아야 할 것은 영화에서의 두 연인처럼 다음 생에서 또 다른 모습으로 만나 인연을 이어갈 이들이기 때문이다. "다음 생에는 여자로 태어나야지"라는 태희의 말에 "나도 여자로 태어나면 어쩌지"라며 걱정하는 인우에게 태희는 이렇게 이야기한다. "그럼 또 사랑해야지." 그들은 그렇게 다음 생으로 점프를 한다. 다시 만나 사랑하리란 믿음을 가지고서 말이다. 학생들에게 인연을 이야기하던 인우의 말이 맞았다.

"인연이라는 게 좀…… 징글징글하지?"

추천 음반

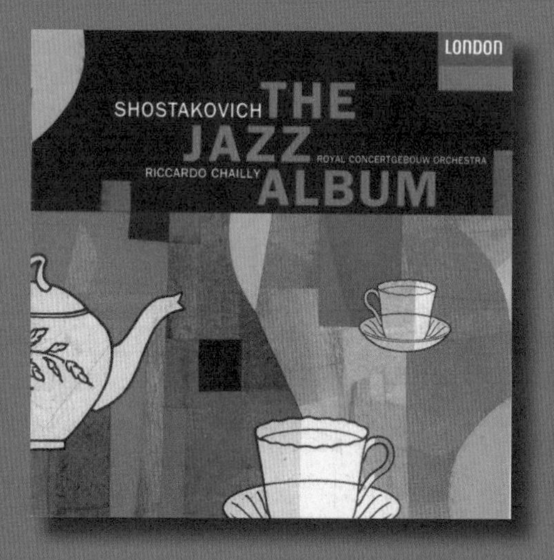

SHOSTAKOVICH: Jazz Suite No. 2
Riccardo Chailly
Royal Concertgebouw Orchestra
1991/04~05, Grotezaal, Concertgebouw, Amsterdam

곡의 인기에 비해 전곡 녹음이 많지 않다. 아마도 '리카르도 샤이'(Riccardo Chailly)가 '로얄 콘서트헤보우 오케스트라'를 대동하여 만들어낸 업적이 쉬이 뛰어넘기 힘든 수준이라 그런 것일 수도 있을 것이다. 과연 음반에서 들려오는 관악 주자들의 신기에 가까운 역량은 '이보다 잘할 수 있을까' 감탄을 자아내는데 시종 유쾌한 선율과 절묘한 리듬감으로 곡이 지닌 즐거움을 잘 이끌어 낸 명반이다. 더불어 이 곡의 해석에 있어 러시아 지휘자들의 역할을 빼 놓을 수 없는데 한때 KBS교향악단의 상임을 지낸 '키타엔코'(Dmitri Kitaenko)가 RCA레이블을 통해 이 곡의 녹음을 남겨 놓고 있으며, '야블론스키'(Dmitry Yablonsky)와 '쿠차르'(Theodore Kuchar) 역시 좋은 연주를 들려 준다. 특히 낙소스(NAXOS) 레이블을 통해 녹음을 남긴 '야블론스키'의 연주(2001)는 러시아악단이 맞나 싶을 정도의 재즈에 적합한 연주를 들려주며 재즈의 레퍼런스 'Tea for Two'의 쇼스타코비치 편곡버전인 <Tahiti Trot> 에 있어서는 '샤이'의 아성을 뛰어넘어 곡의 아기자기함과 위트를 제대로 보여준 수연이다. 이처럼 낙소스는 놀라운 가성비로 새로운 연주자와 레퍼토리를 발굴, 보급하는데 그 역할을 해 온 레이블로 음악감상의 폭을 넓히고 싶은 이들에게 있어 소중한 음악 창고다. 참고로 피아니스트 백건우가 남긴 최고의 명반 '프로코피예프' <피아노협주곡 3번>(PROKOFIEV, Piano Concerto No.3, op. 26) 역시 이 레이블을 통한 녹음이다.

세상에서 가장 슬픈 선율

스탠리 마이어스 <카바티나>(Cavatina)

— 영화 <디어 헌터>(1978)
감독: 마이클 치미노 / 주연: 로버트 드니로, 메릴 스트립

쥐어짜듯 가슴이 아린 영화를 보아내기란 항상 버겁다. 한때 감정적 혈기가 넘쳐 세상 모든 슬픔을 다 받아들일 듯 했으며 무너지지 않을 것처럼 견고해 보이는 부조리에 거침없이 짱돌을 날리곤 했다. 하지만 이젠 7번방에 선물로 온 딸 아이를 위해 목숨마저도 웃으며 버리는 아버지를, 국가란 국민이라 부르짖으며 억울한 청년을 살려내려는 변호인의 절규를 지켜보기엔 내 감정 근육이 힘에 부치는 것이다. 육신의 건강을 위하여 운동이 필요하듯 정서적 건강에도 단련이 필요하다. 영화 <디어 헌터>는 이러한 정서적 건강함을 지키기 위한 수련에 훌륭한 재료이긴 하나 사실 그 정도가 심할 수도 있다. 영화를 보고 난 후 찾아오는 허무함과 대상을 알 수 없는 분노를 경험할 확률이 상당히 높아 감정 과잉으로 인한 패닉에 빠질지도 모를 일이다. 제51회 아카데미 작품상과 제44회 뉴욕비평가협회 작품상을 수상한 반전영화의 걸작, 베

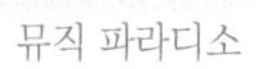

트남전쟁을 배경으로 1978년 개봉했으니 벌써 40여 년이란 세월이 흘렀지만 여전히 울림이 크며 젊은 시절 '메릴 스트립'과 '로버트 드니로'의 연기는 빛을 발한다.

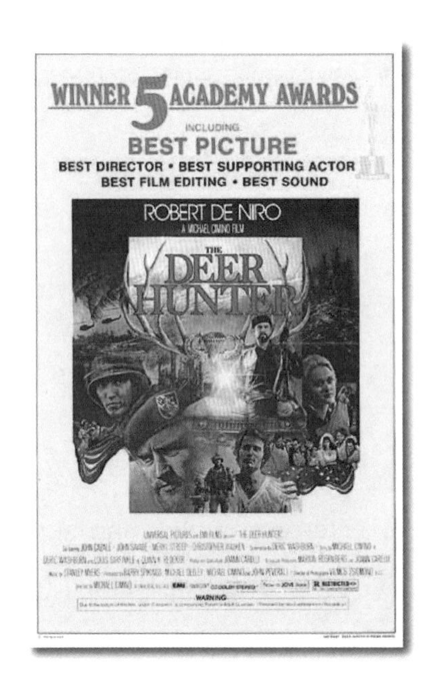

미국 펜실베니아주에 위치한 조용한 마을, 마이클과 닉, 그리고 스티븐. 이들은 주말이면 함께 사슴사냥을 즐기며 서로의 우정을 다지는 평범한 젊은이들이다. 그러던 어느 날, 스티븐의 결혼 피로연 후 함께 베트남으로 떠나면서 이 세 젊은이들의 비극이 시작된다. 그들이 도착한 곳은 지금껏 상상조차 해보지 못한 지옥과도 같은 곳. 입대 전 평화롭던 삶을 살아왔던 이들은 전쟁포로가 되고, 죽음의 게임인 러시안룰렛에 목숨이 저당 잡히는 잔인한 일을 겪으며 영혼은 날로 피폐해져 간다. 사람이 속절없이 죽어나가는 대규모 전투 장면 없이도 전쟁의 참혹함을 보여주는 데 부족함이 없는, 아니 더욱 가혹하게 보여주는 순간이다. 이후 마이클은 극적으로 탈출에 성공하여 귀국하지만 그를 기다리는 것은 반신불수가 된 스티븐과 베트남에서 실종된 닉의 소식이다. 이후 친구들 없이 홀로 사슴사냥에 나서는 마이클, 그런 그의 모습은 외롭고 초라하다.

그러던 어느 날, 마이클은 스티븐 앞으로 매달 거액의 돈이 송금된다는 사실을 알고 닉이 살아있음을 감지한다. 그를 찾아 다시 베트남으로 향하는 마이클. 그리고 마침내 닉을 발견한 곳은 러시안룰렛으로 거액의 돈이 오고 가는 도박장. 힘들게 발견한 친구와 마주 앉은 마이클은 제발 그만두라고, 나를 기억하지 못하느냐고 울부짖지만 이미 정신이 나가 버린 듯한 오랜 친구는 끝내 자신의 머리에 방아쇠를 당겨버리고 만다. 닉은 너무나도 그리웠던 친구를 다시 만나 이젠 이 지옥 같은 곳을 벗어나 그렇게 친구의 품 안에서 최후를 맞이한 것이다. 닉의 장례식 후, 남겨진 이들은 말이 없다. 그리고 맥주잔을 부딪치며 누가 시작했는지도 모르는 <God Bless America>를 함께 부르지만 희망찬 찬가가 아닌 서글픈 비가다.

이렇게 영화가 끝나고 옛 시절, 그들의 모습을 보여주며 무심한 듯 슬프게 흘러나오는 기타 선율이 있으니 바로 영국의 영화음악 작곡가 '스탠리 마이어스'(Stanley Myers, 1933~1993)의 대표곡 <카바티나>(Cavatina)다.

카바티나란 원래 2절 또는 곡의 반복이 없는 단순한 성격의 짧은 노래를 뜻하는 음악 용어이다. 그렇다면 고전음악사에 있어 가장 유명한 카바티나는 무엇일까? 바로 독일의 작곡가 '베토벤'(Beethoven, 1770~1827)의 만년의 걸작 <현악 4중주 제 13 번>(String Quartet No. 13 in B flat major op. 130)의 5악장이다. 지금도 보이저 2호에 실려 우주를 날고 있을 이 곡은 영화 <불멸의 연인>(1994), 병상의 베토벤이 그의 불멸의 연인을 마지막으로 만나 수수께끼 같은 메시지 '그래야만 하는가'(Must it be?)를 악보에 남기는 장면에서 인상적으로 사용된다.

그리고 20세기에 등장한 영화 <디어헌터>의 주제곡 <카바티나>, '시간을 이겨내고 그 가치가 변하지 않는 것'이라는 클래식의 사전적 의

미로 따지자면 이 곡이 탄생한 이후의 40년이란 시간은 아직도 부족해 보이고 좀 더 시간적 검증이 필요하다 하겠지만 곡의 예술성과 인기로 보아 이미 기타를 위한 작품에 있어 클래식으로 자리한 듯하다. 흔히 지상에서 가장 슬픈 음악으로 '바흐'와 '비탈리'의 <샤콘느>가 언급된다. 이 곡 역시 못지않아 영화의 장면 때문인지 깊고도 먹먹한 슬픔을 사무치게 자아낸다. 이제는 기타리스트라면 누구나 자신의 레퍼토리로 삼아야 할 레퍼런스가 되어 버린 것이다.

▶ 러시안룰렛 게임을 하는 장면 / 스틸컷

영화 <디어 헌터>는 개봉과 동시에 명작의 반열에 오른다. 동시에 미국적 시각으로 다뤄진 베트남전 영화라는 비난 또한 비껴가지 못했다. 하지만 전쟁이 인간의 영혼을 파괴해 가는 과정을 보여줌으로 그 참상을 신랄히 고발한다는 측면에서 볼 때 확실히 인류애를 바탕으로 한 반전 영화의 걸작임에 틀림없다. 평온한 삶에서 벗어나 느닷없이 전쟁 속에 놓였을 때 왜 그들이 그곳에 있는지, 그리고 있어야 하는지에 대해 영화는 어떠한 설명도 없다. 단지 평화로움에서 아비규환으로의 빠른 장면전환이 있을 뿐이며 그 극명한 장면적 대비는 평화로움을 서글프게, 지옥을 더욱 잔혹하게 보여주며 효과를 극대화한다. 이러한 전개는 어떠한 이유도 전쟁에 당위성을 부여할 수 없으며 젊은이들의 피를 요구할만한 명분을 지닌 전쟁이라는 건 애당초 존재하지 않음을 보여주는 것이다. 영화가 던지는 이러한 질문들 속에 스러져가는 주인공들의 모습이 서글프다.

영화의 마지막 장면, 화면 속에서 이미 세상을 떠난 '닉'이 환하게 웃고 있다. '마이클'은 여전히 장난스러우며 '린다'의 표정은 왜 이리도 행복한지. 전쟁이 이들을 망쳐놓기 이전의 모습들, 그 햇살 같은 모습들과 어울려 달래 듯 <카바티나>가 흐른다. 그리고 이토록 슬픈 기타 소리와 더불어 잔잔히 호소하던 가수 '존 레논'(John Lennon, 1940~1980)의 노랫말이 떠올라 날로 게을러져만 가는 나의 감정 근육을 되살리려 하는 것이다.

'모든 사람들이 평화 속에서 살아가는 곳을 상상해 봐요' - Imagine

추천 음반

'Romance De Amor'
Xuefei Yang

영화 <디어 헌터> OST에서 이 곡을 연주한 행운의 기타리스트는 '존 윌리엄스'다. 영화 <스타워즈>와 <조스>의 음악을 만들어 낸 영화음악 작곡가 '존 윌리엄스'와 혼동될 수 있고, 영국의 작곡가 '본 윌리엄스'와도 이름이 닮아 있지만 지금 언급하고 있는 존 윌리엄스는 20세기를 대표하는 클래식 기타의 거장이다. 그는 현대 클래식 기타의 부흥에 있어 최고의 거장이라 할 수 있는 '안드레스 세고비아'를 사사하였으며 그로부터 기타의 왕자라는 극찬을 받은 최고의 클래식 기타리스트인 것이다. 그런 그가 <카바티나>에 있어 이루어 놓은 성과와 권위는 쉬이 넘볼 수 없는 높은 곳에 있다.

이러한 연유로 곡의 감상에 있어 그의 연주를 앞에 두어야 하겠지만 또 한 명의 기타리스트를 추천하자면 바로 중국의 여류 기타리스트 '슈 페이 양'(Xue Fei Yang)이다. 그녀는 2006년 데뷔 앨범 'Romance de Amor'(영화 <금지된 장난> 주제곡)를 통해 은근히 어려운 이 곡을 노래하듯 아름답게 풀어낸다. 녹음도 훌륭하여 오디오테스트용 음반으로도 손색이 없으니 기타 소리를 좋아하시는 이들에게 있어 선곡과 음질 모두를 취할 수 있는 좋은 선택이 될 것이다.

'An die Musik'(음악에 부쳐)

F. 쇼버

오 그대 예술이여!

삶의 거친 회오리가 나를 함정에 빠뜨리던

수많은 우울한 시간에도

오 그대 예술이여!

너는 내 가슴을 따뜻한 사랑으로 빛나게 했고

나를 더 나은 세계로 나아가도록 이끌었도다.

너의 하프에서 도망치고자 그렇게 자주 한숨을 쉬었음에도

너는 너의 사랑스럽고 성스러운 화음으로

나에게 몇 번이나 천상의 세계를 열어 보여 주었는지

오 친애하는 그대 예술이여!

나 진정 그대에게 감사하도다.

자연의 사랑스러운 청춘 시절이여!

1판 인쇄　2020년 12월 11일
2판 1쇄　2021년 3월 15일

지은이　심광도
펴낸이　구주모
표지　송은정
유통·마케팅　정원한

펴낸곳　도서출판 피플파워
주 소　(우)51320 경상남도 창원시 마산회원구 삼호로38(양덕동)
전 화　(055)250-0190
홈페이지　www.idomin.com
블로그　peoplesbooks.tistory.com
페이스북　www.facebook.com/pepobooks
ISBN　979-11-86351-34-5 (03680)

이 도서의 국립중앙도서관 출판예정도서목록(CIP)은 서지정보유통지원시스템 홈페이지(http://seoji.nl.go.kr)와
국가자료종합목록 구축시스템(http://kolis-net.nl.go.kr)에서 이용하실 수 있습니다.